高等学校经济与工商管理系列教材

行政管理学
（第 2 版修订本）

曾维涛　许才明　主　编

清华大学出版社
北京交通大学出版社
·北京·

内容简介

全书共由 13 章内容构成，着重介绍了行政管理学的基础理论知识和学科的基本内容，包括：行政管理学概述、行政组织、行政环境、行政职能、人事行政、行政领导、行政决策、行政执行与监督、行政立法、财务行政、机关行政、行政效率、行政改革。

本书适合于高校行政管理学、公共管理学、工商管理学、政治学、经济学、法学等专业作教材使用，也可供广大公务员及各类型领导管理者参考。

本书封面贴有清华大学出版社防伪标签，无标签者不得销售。
版权所有，侵权必究。侵权举报电话：010-62782989　13501256678　13801310933

图书在版编目（CIP）数据

行政管理学/曾维涛，许才明主编．—2 版．—北京：北京交通大学出版社：清华大学出版社，2014.7（2018.7 修订）

（高等学校经济与工商管理系列教材）

ISBN 978-7-5121-1952-9

Ⅰ.①行… Ⅱ.①曾… ②许… Ⅲ.①行政管理－管理学－高等学校－教材 Ⅳ.①D035

中国版本图书馆 CIP 数据核字（2014）第 133177 号

责任编辑：黎　丹　　特邀编辑：衣紫燕
出版发行：清 华 大 学 出 版 社　邮编：100084　电话：010-62776969
　　　　　北京交通大学出版社　邮编：100044　电话：010-51686414
印　刷　者：北京鑫海金澳胶印有限公司
经　　　销：全国新华书店
开　　　本：185×260　印张：15.75　字数：394 千字
版　　　次：2014 年 7 月第 2 版　2018 年 7 月第 1 次修订　2018 年 7 月第 2 次印刷
书　　　号：ISBN 978-7-5121-1952-9/D·164
印　　　数：3 001～5 000 册　定价：39.00 元

本书如有质量问题，请向北京交通大学出版社质监组反映。对您的意见和批评，我们表示欢迎和感谢。
投诉电话：010-51686043，51686008；传真：010-62225406；E-mail：press@bjtu.edu.cn。

努力编写高质量的公共经济与管理教材

（代序）

改革开放以来，我国渐渐走上市场经济道路，实行社会主义市场经济带来的高效率使中国经济步入发展的快车道，综合国力大大增强，人们的认识水平也不断提高。20世纪后期及至当前，是我国经济社会飞速发展的好时机，同时又是人们科学认识世界的大好时代，产生了很多富有创见性的思想。其中在市场与政府关系方面，"市场能干的，政府就不要去干；市场不能干的，政府就要去干"成了最通俗也最为大众所接受的一种表述。伟大的时代需要理论也必将促生理论。中国社会主义市场经济的发展，客观要求政府转换职能、转换思路、规范行为，切实把政府经济管理职能转到主要为市场主体服务和创造良好发展环境上来。因此，科学界定政府职能，改变政府行为，加强公共管理，调整财政支出，有效提供公共品，结合西方成熟理论，构建有中国特色的公共经济与管理理论框架成了理论工作者义不容辞的责任与义务。

公共领域内的改革从来就没有停止过。从公共管理角度来看，近年来政府在完善市场经济体系的同时，在财政体制、财政管理、公共服务、行政管理体制等方面都进行了改革并在和谐社会构建中已初见成效；从公共经济与公共政策角度来看，政府综合运用财政政策进行宏观经济调控的力度、时机把握恰到好处，保证了我国经济健康、稳定、快速增长，人民福祉水平不断提高。但是，我国经济社会发展中面临着一定的不确定性也给公共政策、公共管理带来了一定的挑战。因此，在未来的理论研究中，如何围绕公共管理、公共经济领域内存在的关键问题展开研究并加以理论提炼与传播，是每位理论工作者都必须接受的挑战。

为了更好地将研究与现实结合起来，更有效率地服务经济社会建设，江西财经大学公共管理学院自2003年以来就启动了这方面的工作，并通过设立公共政策研究中心、引进与挖掘人才、密切与实践部门的联系、加强同行间的交流与探讨等措施来实现这种结合。在近五年的尝试与艰苦工作中，江西财经大学公共管理学院一批年富力强的教研人才，始终以学科建设为中心，不断推进教育创新与科学发展，在科研、教学及为经济社会服务方面取得了突出的成绩，多项科研成果为实际部门所采纳，受到国家与当地政府相关部门的广泛赞誉。

为巩固理论研究成果与满足教学需要，同时也为同行与实践部门提供系统、实用的学习参考书，江西财经大学公共管理学院根据多年来的教学、科研经验，结合目前的学科最新发展成果，组织编写了《财政学》、《税法》、《公共管理学》、《行政管理学》、《社会保障学》五本教材。希望学院以这项工作以契机，在实践中不断检验教材质量，不断提升教材水平。全体教研人员继续迎难而上、勇于探索、刻苦钻研，在学科建设方面继续奋勇向前，奉献更多高水平的教研成果！

2014年5月

第 2 版前言

近些年来,我国行政管理环境发生了较大的变化,尤其是党的十八大和十八届三中全会对行政改革作出了新的规划,赋予了全新的内容,这为我国今后一段时期的行政改革指明了更加清晰的方向和目标。为了适应社会的发展和教学的需要,我们重新组织力量对教材进行了修订,校正了原教材中的一些错误之处,更新了包括所有"微型案例"在内的部分相对陈旧的资料,同时还增加了一些新的章节,使现有内容更加准确、丰富、全面并紧扣时代脉搏。此次修订由本教材主编曾维涛教授、许才明教授共同负责完成,行政管理专业硕士研究生刘博洋、朱椿荣、陈露、曾强强、时悦、何唯、许应祥、王山等人参与了具体的修订工作。

本书配有教学课件和相关的教学资源,有需要的读者可以从网站http://www.bjtup.com.cn下载或与cbsld@jg.bjtu.edu.cn联系。

本教材的编写和修订参阅并借鉴了国内外众多专家学者的研究成果,在此一并致谢!但由于编者的水平有限,书中难免存在不足之处,敬请各位读者批评指正。

编 者
2014 年 5 月

前　言

近年来，全国不少高等院校新设了行政管理专业，其教学和研究规模得到进一步扩大。但是行政管理学作为一门实践性很强的学科，许多教材建设又相对滞后。有鉴于此，我们不揣浅陋，尝试编写了这本教材，希望有补于这门学科专业的教学工作。

全书共由13章内容构成，着重介绍了行政管理学的基础理论知识和学科的基本内容。其结构与内容包括：第1章行政管理学概述，研究行政管理学的基本含义、研究对象、内容与方法，行政管理学在西方国家的产生和发展，以及在中国的理论和实践发展状况；第2章行政组织，研究行政组织的含义与特征、内容和类型，行政组织的结构、理论，行政组织设计的原则及我国现阶段行政组织的有关特点；第3章行政环境，研究行政环境对行政管理的必要性，我国现阶段行政环境的特点及行政环境对我国行政管理产生的影响；第4章行政职能，研究西方国家行政职能的演变及转轨时期我国行政职能的转变；第5章人事行政，研究人事行政的基本概念、原则，国家公务员制度的演变和基本理论及中国公务员制度的基本内容；第6章行政领导，研究行政领导的含义、特点、行政领导者的职责，行政领导的方式与类型、行政领导者的素质及其结构优化及领导艺术；第7章行政决策，研究行政决策的分类、基本原则与程序，行政决策的体制；第8章行政执行与监督，研究行政执行的地位、作用与常见方法，我国行政监督的制度和我国行政监督制度的改革；第9章行政立法，研究行政立法的分类、基本原则、要求、程序和效力及我国的行政立法体制；第10章财务行政，研究财务行政的基本概念、公共财政、政府审计等方面的内容；第11章机关行政，研究机关行政的主要内容，机关行政及机关管理的现代化；第12章行政效率，研究行政效率在行政管理中的地位，行政效率的测定、提高效率的途径及电子政府与电子政务；第13章行政改革，研究行政改革的原则和方向，改革的阻力、动力和对策，当代西方国家和中国的行政改革。

本书由江西财经大学公共管理学院行政管理系教师负责编写，主编曾维涛、许才明完成大纲编写、统稿和定稿工作。本书写作分工具体如下：曾维涛负责第1、2、3章，汪柱旺、陈文才、颜丹参与写作；许才明负责第4、5、6章，李文平、郭小林参与写作；吴军民负责第7、8、9章；贾宝和、毋晓范负责第10章；贾宝和、廖亮负责第11章；罗晓华负责第12、13章。廖少纲参与了各章节的修改和校对工作。

本教材的编写参阅并借鉴了国内外众多专家学者的研究成果，但由于编者的水平有限，书中难免存在不足之处，敬请各位读者批评指正。

编　者

2009年1月

目 录

第1章 行政管理学概述 ……………………………………………………… (1)
  1.1 行政管理与行政管理学 ………………………………………………… (1)
  1.2 行政管理学的产生和发展 ……………………………………………… (8)
  1.3 行政管理学在中国的发展状况 ………………………………………… (15)
  重要概念 …………………………………………………………………… (16)
  课堂讨论 …………………………………………………………………… (16)
  思考题 ……………………………………………………………………… (17)
  微型案例 …………………………………………………………………… (17)

第2章 行政组织 …………………………………………………………… (18)
  2.1 行政组织的概述 ………………………………………………………… (18)
  2.2 行政组织的结构、体制和编制管理 …………………………………… (21)
  2.3 行政组织理论 …………………………………………………………… (30)
  2.4 我国的行政组织 ………………………………………………………… (34)
  重要概念 …………………………………………………………………… (35)
  课堂讨论 …………………………………………………………………… (35)
  思考题 ……………………………………………………………………… (36)
  微型案例 …………………………………………………………………… (36)

第3章 行政环境 …………………………………………………………… (38)
  3.1 行政环境及其对行政管理的必要性 …………………………………… (38)
  3.2 我国现阶段行政环境的主要特点 ……………………………………… (43)
  重要概念 …………………………………………………………………… (47)
  课堂讨论 …………………………………………………………………… (47)
  思考题 ……………………………………………………………………… (47)
  微型案例 …………………………………………………………………… (47)

第4章 行政职能 …………………………………………………………… (48)
  4.1 行政职能概述 …………………………………………………………… (48)
  4.2 行政职能的历史变迁 …………………………………………………… (52)
  4.3 转轨时期我国行政职能的转变 ………………………………………… (54)

重要概念 ··· (59)
　　课堂讨论 ··· (60)
　　思考题 ··· (60)
　　微型案例 ··· (60)

第5章　人事行政 ··· (62)
　　5.1　人事行政概述 ··· (62)
　　5.2　中西方国家公务员制度的建立与基本特点 ······················· (65)
　　5.3　中国公务员制度的基本内容 ······································· (69)
　　重要概念 ··· (74)
　　课堂讨论 ··· (74)
　　思考题 ··· (75)
　　微型案例 ··· (75)

第6章　行政领导 ··· (77)
　　6.1　行政领导和行政领导者概述 ······································· (77)
　　6.2　行政领导的方式与类型 ·· (80)
　　6.3　行政领导者的素质 ·· (82)
　　6.4　行政领导的艺术 ··· (86)
　　重要概念 ··· (88)
　　课堂讨论 ··· (88)
　　思考题 ··· (88)
　　微型案例 ··· (88)

第7章　行政决策 ··· (90)
　　7.1　行政决策概述 ··· (90)
　　7.2　行政决策的基本原则、程序及方法 ······························· (95)
　　7.3　行政决策体制 ··· (100)
　　重要概念 ··· (103)
　　课堂讨论 ··· (103)
　　思考题 ··· (103)
　　微型案例 ··· (103)

第8章　行政执行与监督 ··· (105)
　　8.1　行政执行与监督概述 ··· (105)
　　8.2　行政执行的手段与方式 ·· (111)
　　8.3　行政执行的保障及其控制 ··· (113)
　　8.4　行政监督制度 ··· (118)
　　8.5　我国行政监督的现状及完善 ······································· (126)

重要概念 ·· (129)
　　课堂讨论 ·· (130)
　　思考题 ··· (130)
　　微型案例 ·· (130)

第9章　行政立法 ·· (132)
9.1　行政立法概述 ··· (132)
9.2　行政立法体制 ··· (139)
9.3　行政立法的程序及效力 ··· (143)
　　重要概念 ·· (148)
　　课堂讨论 ·· (148)
　　思考题 ··· (149)
　　微型案例 ·· (149)

第10章　财务行政 ··· (151)
10.1　财务行政概述 ··· (151)
10.2　公共财政 ··· (153)
10.3　政府审计 ··· (162)
　　重要概念 ·· (166)
　　课堂讨论 ·· (166)
　　思考题 ··· (166)
　　微型案例 ·· (167)

第11章　机关行政 ··· (168)
11.1　机关行政概述 ··· (168)
11.2　行政机关管理的主要内容 ··· (172)
11.3　机关管理的科学化 ··· (186)
　　重要概念 ·· (194)
　　课堂讨论 ·· (195)
　　思考题 ··· (195)
　　微型案例 ·· (195)

第12章　行政效率 ··· (197)
12.1　行政效率的概述 ·· (197)
12.2　行政效率的测定 ·· (203)
12.3　提高行政效率的途径 ·· (207)
　　重要概念 ·· (213)
　　课堂讨论 ·· (213)
　　思考题 ··· (214)

微型案例……………………………………………………………………(214)

第 13 章　行政改革……………………………………………………………(216)
　13.1　行政改革概述………………………………………………………(216)
　13.2　行政改革的动力、阻力与对策……………………………………(220)
　13.3　当代西方国家的行政改革…………………………………………(223)
　13.4　当代中国的行政改革………………………………………………(227)
　重要概念……………………………………………………………………(236)
　课堂讨论……………………………………………………………………(237)
　思考题………………………………………………………………………(237)
　微型案例……………………………………………………………………(237)

参考文献………………………………………………………………………(239)

第1章

行政管理学概述

行政管理学是关于国家公共行政管理的科学，通常又称为公共行政学。行政管理学最早由西方学者提出并创建，其学科基础、理论框架、研究方法及表述方式等，都明显带有西方色彩的风格。我国于20世纪80年代开始引进西方的行政管理学，在此期间产生了具有中国特色社会主义的行政管理学。

1.1 行政管理与行政管理学

1.1.1 行政管理的含义

行政，是行政管理学的一个基本概念。"行政"一词有它的历史渊源，两千多年前古希腊学者亚里士多德认为行政即执行政务。行政一词在我国古代也有记载，如"行其政事"、"行其政令"。根据《史记·周纪》记载：召公、周公二相行政，号曰"共和"。但在当时，行政并不作为行政管理学的基本概念。行政管理学产生于19世纪末20世纪初，其概念和理论在形成和发展中受欧美国家特定社会历史条件与一些重要政治与行政学家的思想理论的影响。行政管理学作为一门独立性的科学，行政管理有一个兼收并蓄、融会贯通、不断完善的过程，其概念不会只局限于某个国家或某些学者的论述，而是处在不断发展和演化的过程中。对于怎样准确地把握行政管理的含义，目前中外学者还没有统一的认识。在国内，大多数的学者更倾向于将行政管理界定为政府管理。本书所采取的定义是：行政是国家权力机关的执行机关依法管理国家事务、社会公共事务和机关内部事务的活动。

要完整、准确地理解行政管理的特性，还必须从横向来比较管理与行政、政治与行政、三权分立与行政之间的联系与区别。

1. 管理与行政

所谓管理，是指在特定的环境下，对组织所拥有的资源进行有效的计划、组织、领导和控制，以便实现既定的组织目标的过程。管理与行政的概念是有区别的。首先，从纵向来看，管理的历史比行政长，管理是一种社会现象，是集体活动中一种必不可少的职能，自从出现人类群体活动以来就出现了管理活动。早在原始社会，为了取得物质生活资料和保证自身的安全，必须调整和协调人与人、部落与部落及人与自然界之间的关系，从而形成了原始的管理活动，如组织领导、纪律约束、分工合作、指挥控制、监督协调等，否则较大规模的狩猎就无法进行。当时的管理只有社会属性，不具有阶级性、政治性，所以还不是行政。随着阶级和国家的产生，管理代表了统治阶级的意志，有鲜明的阶级性和政治性，行政活动就产生了。所以，"行政"的产生要晚于管理。其次，从横向来看，"管理"的外延更宽，从生产到生活，从个人到国家，都需要管理，而"行政"的外延要窄得多，它主要是指国家政务的管理。由此可以看出行政与管理是有密切联系的。

行政管理学通常称为公共行政管理学，这里的"公共"显然是相对于"私人"而言。任何一个管理单位除其本身特殊的业务管理之外，还有诸如决策、计划、协调、人事、监督、庶务等通常被称为行政管理的活动。于是在私人组织中，也就有"私人行政"的需要和可能。公共管理与私人管理虽然有许多相似之处，但在管理主体、管理权限、管理职能和管理目标等方面两者之间仍有重要区别。

公共管理是面向社会、服务大众的管理活动。这种管理活动首先和主要是由在任何社会中都是最大和最具权威性的公共组织——政府来承担和完成的。从这一意义说，公共管理就是政府的管理，公共管理学就是研究政府管理活动及其规律的科学。但是，社会是极其复杂的，大众要求的服务也是多种多样的，尽管政府拥有公共管理的丰富资源，但也不可能把其管理范围无限延伸和扩展，总有些方面、有些领域是政府管理不了或管理不好的。即使在计划经济年代，政府的高度集中统一也未能把社会和公众的需要全包起来，更加难以向社会提供高效优质的公共服务。而市场经济的发展和社会文明的进步，要求政府转变职能，管好它必须管和管得好的公共服务，而政府管不了和管不好的公共服务则由市场机制和社会机制来提供。这不仅弥补了政府管理资源的不足，而且由于公共服务提供主体的多元化，更能满足社会和公众多方面的需要，于是从事公共管理的社会中介组织、非营利组织、企业乃至私人机构等非政府组织就应运而生。这样，公共管理方面就有狭义和广义，即有政府的公共管理和非政府组织的公共管理之分。同为公共管理，两者应当遵循同一管理规律，在管理规范、管理知识和技巧的运用等方面，也有许多相通的地方。但政府的公共管理以国家名义依法行使国家行政权力，而非政府组织则不能以国家名义实施它所提供的公共服务。在管理的权威性、管理范围的广泛性和管理事项的多样性等方面，非政府组织的公共管理仍不及政府的公共管理，而在管理的效率和效益方面，非政府组织的公共管理又常常优于政府的公共管理，所以两者仍有一定的区别。

2. 政治与行政

政治和行政同是历史的范畴。在相当长的时间里，无论是在理论上还是实践上，两者都没有明显的界线。美国学者古德诺认为政治是国家意志的表现，行政是国家意志的执行。因此，行政不受政治权宜措施的影响和政党因素的制约，凡属执行国家意志的管理活动就是行政。美国学者威尔逊认为，政治是立法团体和其他政策制定集团专有活动，行政是行政官员执行法律和政策的专有活动。由此，"政治是国家意志的表达"和"行政是国家意志的执行"就成为行政学中一种影响很广的观点。

政治和行政分离的理论是对19世纪80年代美国政府体制改革经验的概括和总结。尽管这对于行政管理学从政治学中分离出来成为一门独立的学科起过积极的作用，在行政管理学的发展史上具有划时代的意义，但它将行政与政治截然分开则是不科学的，不能客观地反映当代世界各国行政与政治二者关系的实际。因为任何国家的行政与政治都是紧密联系、不可分开的。在当代资本主义政党政治的国家，其政府本身就是政党政治的产物，而政府的管理活动旨在执行执政党的纲领和政策；再从行政活动的过程来看，行政机关不仅要积极参与或影响国家重大政治决策的制定，而且在行政管理活动中也要不断作出许多政治性的决策从而体现出国家意志，这就是"行政中的政治"。与此同时，任何反映、体现国家意志的政治决策往往也都需要通过一定的行政程序才能得以产生。由此可见，行政与政治是互相联系的，根本无法分开也不可能截然分开。

从马克思主义的观点来看，政治与行政都是建立在一定的经济基础之上、为一定经济基础服务的上层建筑，两者既密切联系，又相互区别。

第一，政治的实质是阶级之间的关系。在一定社会形态中，各阶级之间特别是统治阶级和被统治阶级之间的关系构成政治的实质内容。在阶级社会中，政治首先是阶级的政治，而行政的根本任务就是巩固统治阶级的政治统治。

第二，政治的核心是国家政权，某些政党、集团之所以拥有立法权和政治决策权，正因为其所属的阶级掌握了国家政权。一切政治行为和政治活动，归根结底是为了夺取政权和巩固政权，而行政正是以国家政权为后盾，以维护和巩固国家政权为根本任务的。所以，政治主导行政，行政从属于政治，行政的目标、职能、行为和活动都不同程度地、直接或间接从属于政治，这是理解行政概念不可忽略的基本观点。

3. 三权分立与行政

用"三权分立"的观点来解释行政，仅仅以国家职能部门及其活动分工来界定行政管理的含义是片面的，它不能全面客观地反映当代的国家行政管理现实。因为即使在当代资本主义国家，"三权分立"也已经发生了很大的变化，原来相互鼎立的立法、司法、行政三权及其职能日益相互渗透。这种相互渗透具体表现为：行政机关的活动内容不断扩展，它不仅拥有某种立法权（如委托立法），而且还拥有司法性质的裁决权（如行政裁判）；同时，立法机关和司法机关本身也存在某些行政管理职能（即立法行政与司法行政）。另一方面，从社会主义国家行政管理的实践与理论来看，社会主义国家的政治体制根本就不存在立法、行政、司法"三权"的分立，因而也就完全不能生搬"三权分立"的观点来解释社会主义国家的行政管理。在我国，全国人民代表大会是最高权力机关，行使立法权，国务院和地方各级人民政府则行使行政权，审判机关和检察机关行使司法权，但国家行政机关、审判机关和检察机关都由人民代表大会产生，并对后者负责，接受后者的监督。可见，在承认国家权力统一性的前提下，立法、司法、行政是国家权力的三大系统。行政是有别于立法和司法的一种国家权力，行政活动也有别于立法活动和司法活动。

1.1.2 行政管理学研究的对象、内容和方法

1. 行政管理学的研究对象

行政管理学又称公共行政学、行政学等。行政管理学是以行政为研究对象，研究国家权力机关的执行机关行使国家权力，依法管理国家事务、社会公共事务和机关内部事务的客观规律的科学。行政管理学研究的基本对象是政府管理社会公共事务的行为，即行政行为。行

政行为的主体是政府机关及其工作人员，或者是经行政机关授权、委托行使行政权力的其他社会公共组织。行政行为的客体是指国家事务、社会公共事务和行政机关的内部事务。具体来说，它包括如下几个要点。

（1）行政管理主体是国家权力机关的执行机关，即行政机关

在我国，行政管理主体是国务院和地方各级人民政府。任何类型的管理，其管理主体必须具有对管理客体的支配权。而这种支配权的性质、来源和活动的方式，则依管理类型的不同而各异。行政管理的支配权即行政权，它源于国家权力，是国家权力结构的组成部分。在我国，行政机关是国家权力机关的执行机关，其行政权力是国家权力机关依法授予的。因此，行政管理是以国家权力为根据的、行使国家行政权的一种公共管理。

（2）行政管理的客体是国家事务、社会公共事务和行政机关的内部事务

行政管理的范围遍及国家和社会生活的各方面和全体国民。其他任何一种社会管理都没有行政管理这样广泛的周延性和关系国家与社会全局的重要性，因此也决定了行政管理学有比其他管理科学更广阔的研究领域和更广泛的适用性。当然，行政管理具体的作用范围是受社会需要、法律和资源限制的，绝不可因其具有广延性而任意地、无限制地扩大和延伸。

（3）行政管理活动的根本原则是依法管理

依法行政是现代行政管理的本质特征。行政管理必须以法律为根本的活动准则，在法律规定的范围内实施管理。任何行政机关和行政人员都没有超越宪法和法律的特权。把个人意志代替国家意志凌驾于法律之上的行为，属违法行为。

2. 行政管理学研究的内容

一般来说，一门学科的研究内容取决于它的研究对象及其范围。行政学的研究内容，既应当包括行政管理的基本理论和具体实践、静态的组织人员机构和动态的行政运行过程，也应包括一般管理要素和具体行政管理实施。基于这样的理解，本书关于行政管理学研究的主要内容，设有行政管理学概述、行政组织、行政环境、行政职能、人事行政、行政领导、行政决策、行政执行与监督、行政立法、财务行政、机关行政、行政效率、行政改革共13章。这些内容紧密联系，从而构成了现代行政管理学研究的核心内容。这样设计和安排行政管理学的体系结构，既阐明了国家行政管理的主体及其各种要素，也反映了国家行政管理活动的过程及其基本环节；既指出了行政管理学研究的逻辑起点，也找到了行政学研究的最终归宿，从而揭示出国家行政管理的基本规律。

当然，也必须指出，本书所关注和研究的内容仅仅是构成行政管理学研究的核心内容，尚不能概括现代行政管理学的全部研究范围。随着社会的不断发展和行政管理学研究的日益深入，行政管理学研究的领域将不断得到拓展。我们应当从目前我国社会主义初级阶段的行政管理和行政管理学研究的实际出发，适应社会主义市场经济体制和政治文明建设与全面推进依法行政、建设法治政府的需要，认真吸取当代世界各国行政管理、行政管理学研究的先进经验和有益知识，加强行政管理学的研究，不断丰富和完善行政管理学的学科体系，以建设和发展具有中国特色的社会主义行政管理学。

3. 行政管理学的研究方法

行政管理学使用的大多数分析方法是众多社会科学共同使用的方法。在实际的研究过程中，行政管理学使用的分析方法常常是交叉、交替和混合使用的。常用的方法有如下几种。

(1) 规范方法

古典学派是这一方法论的典型代表。这一方法对行政现象进行探讨时，着眼于建立一般理论和一般原则，认为这些理论和原则可以解释所有的行政现象。这一方法的特点是偏重于价值考虑，论及的是"应该如何"和"应当是什么"，往往追寻的是一种理想状态的东西。事实上，今天的行政管理学研究在相当程度上还受到一般理论和原则的影响。

(2) 实证方法

也称经验方法或行为主义方法。自20世纪40年代以来，这一方法在西方的社会科学包括行政管理学的研究中成为一种主流的方法。其特点是专注于寻找事实，只提供事实，它关注"是什么"，而非"应当是什么"，即认为要解决问题，首先要了解问题。正如医生看病，首先要知道病情，才可对症下药。该方法在研究中还主张价值中立，因为价值的渗透会妨碍对事务的客观理解。着眼于发现事实是这一方法的优点，因为这是任何科学研究的前提。

(3) 历史分析方法

此方法是一种基于时间序列的纵向的分析方法，社会科学皆适用此研究方法。该方法从历史分析的角度，注重公共行政和行政管理学的起源、发展及演变沿革的过程，探索行政管理规律，寻求对现今行政管理具有指导意义的原则和原理。

(4) 比较分析方法

该方法既包括历时性比较，也包括共时性比较。通过比较，可以了解和提供不同行政制度或行政模式、不同公共政策选择等，研究不同政府间的行政理念、行政思想、行政原则和管理职能、体制、方式、手段等方面的差异，这为借鉴提供了可能。研究实现高效、民主行政的途径和方法，是一种既适用于空间序列，又适用于时间序列的分析方法。

(5) 系统分析方法

又称生态研究法或环境研究法。该方法从系统的整体出发，研究行政系统与要素、要素与要素、行政系统与社会环境之间的相互联系和相互作用，寻求最优化的行政选择。运用系统的方法研究行政管理，可以统筹全局，分清主次，掌握要点，对研究和解决复杂对象的问题提供了重要的方法和手段。

(6) 法学分析方法

这是早期行政管理学家运用的方法，主要是从法理、法律、法规的角度研究政府、公职人员及行政行为的合法性、规范性、合理性等，研究政府官员依法行使其职权的活动。在现代实行民主宪政的国家，法学分析方法是广泛使用的分析方法之一。

(7) 案例分析方法

又称个案分析法。此方法强调行政管理的特殊性方面，是对已经发生的真实而典型的行政事件，通过广泛收集各种相关事实材料，用公正、客观的态度予以描述，将有关的人、事、情景及当事人的观点交给读者评判，以此来验证某一个或某些理论命题，加深对原理的理解，把握理论的普遍适用性。案例的积累有助于区分某些类型的不同事件，以便采取相应的方法加以解决。该方法的关键在于资料真实、全面，充分反映事件全过程中的各个主要因素及相互关系。

4. 行政管理学的特点

行政管理学作为一门理论与应用相结合的系统的科学，是由行政管理学特殊的研究对象及与其他学科的关系所决定，其学科特点包括以下几个方面。

(1) 综合性

行政管理学的综合性是由政府行政管理的复杂性、广泛性决定的。从学术上看，行政管理理论融合了政治学、法学、社会学、管理学及信息论等多种学科理论，其理论知识具有综合性。此外，政府公共行政管理涉及的对象和事物几乎无所不包，与此一致，行政管理学也就必须要研究涉及各个方面的管理问题，如司法行政、公安行政、商业行政等，这是行政管理学的最大学科优势和最突出的特点之一。

(2) 实践性

行政管理学是实际的、应用的、具体的。行政管理学系统地总结了行政管理的经验和方法，目的就在于明晰和规范行政管理活动，提高行政管理水平。实践性是行政管理学的生命力和效用性的基础。

(3) 系统性

政府是依法建立的、具有一定结构和序列的组织系统，其管理功能和行政活动或行政行为是按照一定法则相互联系和开展的，进而产生整体效应。这就要求行政管理学用系统的观点和方法看待、研究各种行政现象及其相互关系，这样才能提出和解决各种复杂的行政问题，合力效应才能得到体现。

(4) 发展性

随着时代的进步，政治在发展，行政也在发展。与此一致，研究国家行政现象的行政管理学也必须不断更新、创造和发展。新的行政管理理论和方法也层出不穷，这些理论和方法都适应了政府在新的社会历史条件下行政管理的需要。这样，行政管理学才历久不衰，为各国政府和相关学科所重视。

5. 行政管理学与相关学科的关系

任何一门社会学科都是建立在与其他学科相互联系、相互比较、相互交叉的相互关系的基础之上的。行政管理学科的交叉性、综合性特点决定其与其他相关学科的关系。

(1) 行政管理学与政治学

一般认为，行政管理学源自于政治学。从渊源上说，行政管理学是从政治学的母体中分离出来的分支学科。但经过百余年的演变，二者的研究领域已经各具比较明显的差别。

政治学主要研究国家的基本理论和制度，诸如国家的起源、构成要素、体制，国家的政治原则、政治权利、政治制度，以及民族和宗教等其他政治性的原则和实践。行政管理学则主要研究政府体制和政府行为等行政现象，研究如何管理和推行国家事务，因此事务是其基本内容。就相互关系而言，行政学是为政治学指引其努力的方向，政治学则有赖于行政学充实它的内涵。

(2) 行政管理学与行政法学

行政管理学与行政法学的关系密切，二者都将政府行政作为研究对象，都是有关行政的科学。行政学的产生，就是从研究法律对行政活动的规范开始的。后来，由于政府政务扩展、自由裁量范围扩大，行政管理日益受到人们的关注，旨在研究行政管理内在规律的行政管理学才摆脱了行政法学的束缚，逐渐形成现代意义上的行政管理学。从学科性质来看，行政法学是一门法学学科，是行政法的理论表现形式，它以规范国家行政的法律规范及其产生和变化规律为研究对象，其研究目的在于使国家行政制度化、法律化，以实现行政法治。而行政管理学则以行政活动及其内在规律为研究对象，以阐明行政管理的原理、原则、方法和技术为任务，目的在于为增进行政效能提供理论依据。因此，旨在促进行政法治和行政效能的行政法学与行政管理学联系密切，互为表里，相辅相成。

(3) 行政管理学与企业管理学

企业管理学是一门不断发展的、综合性的科学，其研究目的是通过合理利用人、财、物、信息等资源，提高工作效率和经济效益，以提高生产力、协调生产关系来促进社会的发展与进步。它对行政管理学产生重大、直接的影响和推动。尤其在西方提倡用企业精神改造政府这一口号后，二者相互融合的趋势更加明显。但行政管理学是国家行政机关管理国家事务、社会公共事务和机关内部事务的管理理论，又不完全等同于以工商企业管理为重点的管理科学。

(4) 行政管理学与社会学

社会学是研究人类社会各种社会现象的学科，是社会科学的基本学科之一。它是从社会整体出发，通过社会关系和社会行为来研究社会的结构、功能、发生和发展规律的学科，它从过去主要研究人类社会的起源、组织、风俗习惯的人类学，倾向变为研究现代社会的发展和社会中的组织性或者团体性行为的科学。从管理的角度来看，一方面，社会学研究整个社会的管理，而行政管理是社会管理的一部分，因此行政学不能仅从行政组织本身的结构与功能来研究如何提高行政效能；另一方面，社会学不以行政权力的行使作为专门研究对象，社会学所研究的许多社会问题都需要行政学研究如何经由国家行政加以解决。因此，加强行政学与社会学这两门学科的相互配合、相互渗透是十分有益的。

除了以上学科外，行政管理学与经济学、统计学、心理学、社会心理学、运筹学等学科都有着比较密切的关系。

1.1.3 学习和研究行政管理学的意义

行政管理学是一门生命力很强的学科，也是一门发展非常迅速的学科。在短短20多年的时间里，行政管理学的发展速度如此之快，这表明学习和研究行政管理学的重要性已经被充分认识。具体而言，研究和学习行政管理学的重要意义主要表现在以下几个方面。

(1) 有利于指导我国行政管理体制改革，建立和完善适应社会主义市场经济和民主政治的行政体制

近20多年来中外行政管理的实践充分证明：行政体制改革是当代行政管理发展的主要动力。当代中外行政管理学不约而同地将行政改革作为研究重点，都为行政体制改革做出了贡献。在我国，社会主义市场经济和社会主义民主政治已成为不可逆转的明智选择，建立和完善与之相适应的行政体制成为振兴中华的历史呼唤。理论的力量在于满足实践提出的要求并以实践为基础，改革实践也需要改革理论的指导。21世纪初，我国已基本告别计划经济时代，初步建立了社会主义市场经济和社会主义民主政治，行政体制也正在脱胎换骨，但新生并不等于成熟，深化改革的任务还任重道远。因此，在我国深入开展行政管理学研究，必须继续将行政体制改革作为重点对象，也必将在历史需要的巨大引力作用下展示理论创新和对策创新的风貌，为指导改革实践做出新的贡献。

(2) 有利于优化行政管理的具体制度和方法，迎接全球竞争的新挑战

和平与发展是当今时代的两大主题，但世界并不安宁，各国发展也并非一帆风顺。目

前，多极化政治格局尚在形成之中，但现实格局是"一超数强"，美国领导世界的霸主雄心与多极化趋势格格不入，社会主义中国还面临着"西化"和"分化"的威胁。新科技革命、经济全球化和知识经济初显端倪，既为发展中国家提供了发挥"后发优势"和比较优势的机遇，也意味着前所未有的挑战，这种挑战将随着中国加入WTO而更加严峻。在新的国际竞争形势下，中国必须强化忧患意识和机遇意识，加快经济发展，进一步提高综合国力。为此，必须全面地迅速地提高政府素质、企业素质、国民素质和民族素质，其中提高政府素质具有主导性战略意义。1997年世界银行报告经过广泛而严肃的研究后得出结论："如果没有有效的政府，经济的、社会的和可持续的发展是不可能的"，为此，政府应当"采取一项两部分的战略：使政府的作用与其能力相适应，然后提高其能力"，而"政府的能力是指政府以最小的社会代价采取集体行动的能力。这种能力的概念包含国家官员的行政或技术能力，但是远远不限于此。它还包含更深层次的机构性机制，以灵活性、规则和制约机制来促使政治家和公务员按照集体的利益行事"。显然，提高政府能力除需要深化行政体制改革外，优化具体行政管理制度和方法不可或缺。

(3) 有利于建设高素质的专业化国家行政管理干部队伍

"人为行政之本"。党的"十八大"报告提出"要深化干部人事制度改革，建立集聚人才体制机制，择天下英才而用之。打破体制壁垒，扫除身份障碍，让人人都有成长成才、脱颖而出的通道，让各类人才都有施展才华的广阔天地。"完成这一伟大而艰巨的任务，必须在完善公务员制度、机构改革和动态管理等方面取得新的突破。在此方面，行政管理学具有独特的学科优势和义不容辞的历史责任，同时也能够以新的研究成果为优化国家行政管理干部队伍提供有益的理论支持和对策支持。

(4) 有利于繁荣社会科学，优化政风，推进社会主义精神文明建设

国家现代化离不开精神文明的现代化。行政管理学是一门重要的社会科学，它的发展程度是社会科学繁荣与否的标志之一。行政管理学既研究行政体制、管理制度、管理方法和技术等"硬件"问题，也研究行政文化即行政价值、行政道德和行政心理等"软件"问题。因此，研究行政管理学有利于指导行政文化建设，推动政府管理遵守为人民服务的行政宗旨，转变工作作风，并通过"官风正则民风淳"的示范效应为我国的社会主义精神文明建设做出贡献。

(5) 有利于提高行政绩效，促进经济和社会进步，造福人民

我国是人民民主专政的社会主义国家，我国的各级政府是人民的政府。因此，我国的理论工作者和实际工作者进行行政管理的理论研究和对策研究，归根到底是研究人民政府的行政绩效问题，即不仅研究行政管理投入与产出比例的机械效率，而且进一步研究这种效率的社会价值。显然，这种研究必能指导行政管理实践正确地履行行政职能，提高行政绩效，有效地促进经济和社会的全面进步，最终造福于人民。

1.2 行政管理学的产生和发展

1.2.1 行政管理学在西方国家的兴起

行政管理学作为一门独立的学科，产生于19世纪末20世纪初。1845年，法国科学家

安培在《关于科学的哲学论述》一文中最早提出行政科学一词。有人认为这是行政管理学产生的胚胎，后称为官房学。最早提出"行政学"概念的是在德国学者史坦因1865年撰写的《行政学》一书中，但他没有形成独立的行政学体系。

真正意义上的行政管理学诞生于美国。1887年，威尔逊发表了著名的《行政研究》，主张行政从政治中分离，标志着行政管理作为一门独立的学科出现。本部分将以美国行政管理学的发展为主线来阐述公共行政学的发展历程。

对公共行政学发展阶段的划分，国内外学者有着不同的看法。由于划分阶段的根据不同，划分方法各异。其中比较有代表性的有以下几种。美国著名管理学家丹尼尔·A.雷恩依据管理思想的演变将整个管理思想的演变划分为4个时期：早期的管理思想、科学管理时代（19世纪末—20世纪初）、社会人士时代（20世纪20年代开始）和当前时代（第二次世界大战以后）；美国学者杰伊·M.沙夫利兹和阿尔伯特·C.海德依据行政管理思想发展的时间顺序把行政管理学的发展划分为5个时期：早期研究阶段、两次世界大战期间、20世纪60年代、20世纪70年代和20世纪80年代。

中国学者对行政管理学发展阶段的划分大多参照外国学者的划分标准和方法。其中有代表性的有以下几种。夏书章教授把西方行政学的发展历程概括为3个时期：形成阶段——传统管理时期（19世纪末—20世纪20年代）、成长阶段——科学管理时期（20世纪20年代—40年代）、科学化阶段——现代化管理时期（始于20世纪40年代）；也有学者将其划分为：形成时期的行政思想（19世纪末—20世纪30年代）、发展时期的行政思想（20世纪40年代—60年代）和繁荣时期的行政思想（20世纪70年代至今）；还有学者将行政管理发展划分为三个范式，分别是传统公共行政范式（19世纪末—20世纪40年代）、对传统的批判与新行政管理思想的出现（20世纪40年代—70年代）和公共管理范式（20世纪70年代至今）。

以上这些划分方法都具有一定的合理性。综合以上学者的研究成果，本书将西方行政管理学发展划分为：传统行政管理学（19世纪末—20世纪30年代）、新行政管理学（20世纪40年代—70年代）和多元化行政管理学（20世纪70年代以后）3个阶段。

1. 传统行政管理学：政治-行政二分（19世纪末—20世纪30年代）

西方现代行政管理学作为一门独立的学科，最早出现在美国，这与美国的社会历史背景和理论渊源有着必然联系。

首先，行政国家出现的要求。资本主义发展初期，各国普遍奉行的是以亚当·斯密为代表的古典经济学派所倡导的自由放任政策，政府职能仅限于保护个人财产、维护社会秩序和保卫国家免受侵略。19世纪中后期，随着第二次科技革命带来的资本积累的迅速推进，以美国为代表的西方主要资本主义国家相继进入短龄资本主义时期。这一时期，社会生产力的迅速发展和经济结构的巨大变化使社会管理任务变得更为复杂和繁重。同时，因垄断造成的社会问题已无法在社会的政治中得到解决。因此，需要政府改变以往"守夜人"的角色，积极主动地干预社会活动，于是出现了所谓的"行政国家"。原有的行政法无法适应时代发展的要求，迫切需要有一门科学理论来指导国家行政活动，以使政府更好地履行其职能、完成使命。

其次，政府积极主动地行政与文官制度是密不可分的。美国的文官制度经历了从"绅士政府"（1789—1828年）、"政党分肥制"（1829—1882年）到"功绩制"（1883年）的过程。1883年1月，美国国会通过了《调整和改革美国文官制度的法案》，由此确立了功绩制原则，奠定了美国公务员制度的基础，成为现代行政管理学的实践前提，直接推动了行政学理论的产生。

最后，科学管理运动的兴起，使管理科学成为传统公共行政学的一个重要理论来源。19世纪末至20世纪初，为改进垄断资本主义生产方式下的企业管理，泰勒等人开始倡导科学管理运动。其基本精神是科学地确定每一个工作人员如何以最佳的方式完成各项任务，从而提高工作效率。于是，美国的行政学者开始通过科学管理来寻求提高行政效率的方法。可以说，科学管理运动的兴起促使了行政学的科学化。

正是在这样的背景下，1887年威尔逊发表了《行政学研究》一文，该论文被认为是行政管理学的开山之作。在文中，威尔逊主张政治与行政分离，第一次明确提出应该把行政学当作一门独立的学科来进行研究。该文涉及3个方面：第一，说明行政研究领域的历史；第二，提出研究的必要性和价值；第三，确定该领域的研究范围和这一领域最好的研究方法。威尔逊强调了行政科学研究的必要性，并为美国指出了"拿来主义"的道路，既要借鉴法国、德国在行政管理方面的先进经验，又须将其"本土化"，以坚持美国自己的政治道路。他进而指出，阻碍美国引进欧洲行政管理科学的因素主要是人民主权和将公众舆论当作政府的最高原则。针对美国的特点，威尔逊指出，最适合美国行政学研究的方法是比较研究的方法，并再次强调借鉴欧洲良好的行政制度必须坚持美国自身特色。威尔逊对公共生产力的定义——政府如何以最高的效率和最低的成本（金钱或能量）去做那些政府应该做的事情——仍然是公共生产力的一种重要定义。威尔逊研究了政治与行政的关系，认为行政管理就是"行动中的政府"，行政不同于政治，"行政是置身于'政治'所特有的范围之外的，政治是在'重要而且带有普遍性的事项'方面的国家活动，而在另一方面，'行政管理'则是'国家在个别和细微事项方面的活动。因此，政治是政治家的特殊活动范围，而行政管理则是技术性职员的事情'"。他强调，行政管理本身是置身于政治所特有的范围之外的，行政管理的领域是一种事务性的领域，它与"政治"和"宪法原则"问题有着根本的区别。

对政治-行政二分法的系统论述，是由古德诺完成的。古德诺将政府分解为两种职能及过程：政治是国家意志的表现，也是民意的表现和政策的制定，是由议会掌握的制定法律和政策以表达国家意志的权力；行政则是国家意志的执行，也是民意和政策的执行，它是由行政部门掌握的执行法律和政策的权力，所包含的机构和程序是行政学的研究对象。行政原则不同于政治原则。在《政治与行政》一书中，古德诺阐述了政治与行政的分离和协调。在他看来，政治使"国家意志"的表达及执行之间达到协调，除此之外，便只能使国家冲突和瘫痪了。同时古德诺并不把政治简单地看作是立法机构或法律制定过程，也不把行政学简单地看作是行政部门或法律的实施过程。他澄清了由"二分"提法造成的一种政府功能只存在于一种政府机构之中的误解，提出"实际政治的需要要求国家意志的表达与执行之间的一致"。古德诺对这一观点的阐述奠定了建立系统行政学的理论基础。

马克斯·韦伯的官僚制（bureaucracy，也译作科层制）理论构成了西方行政管理学的另外一个重要理论基础。韦伯依据组织中权威的性质不同，将组织分为3种类型：一是神秘型组织——权威行使的方式基于领导者个人的人格，以对个人的崇拜为基础的组织形态；二是传统型组织——权威合法性建立在传承而来的制度和习俗基础之上的组织形态；三是法理型组织——权威的合法性来自于组织内部的各种规则的组织形态，法理型组织兼备合法性与合理性特征。韦伯将官僚制看作是一种建立在权威合理性基础上的最有效率的组织形式。官僚制在纪律的精确性、稳定性和严格性及组织的可靠性和效率方面优于其他组织形式，因而在指挥和控制现代社会方面发挥主要作用。由此，韦伯进一步阐述了官僚制的主要特征。一是合理的劳动分工：明确划分每个组织成员的职责权限并以法规的形式严格固定这种分工；二是层级制的权力体系：将各种公职或职位按权力等级组织起来，形成统一指挥的链条，沿自上而下的等级制形成层级制的权力体系；三是对事不对人的法规：官僚制组织通常要制定一整套程序来规范其成员的管理行为，以保证整个组织管理工作的一致性和明确性。在组织成员之间的公务关系中，存在的只是对事的关系而非对人的关系。韦伯的官僚制理论对于传统行政管理学注重正式政府组织及其结构形式的研究产生了重要影响。

20世纪20—30年代，基于政治-行政二分法、官僚制理论和科学管理运动的推动，行政管理学形成，其标志是1926年美国出版的两本行政学教科书：怀特的《行政学导论》和魏劳比的《公共行政学原理》。怀特对行政学的基本理论进行了系统研究，他把行政要素划分为四大部分：组织原理、人事行政、财务行政和行政法规，除了一般公共行政以外，用大量篇幅讨论了组织和人事两大问题。魏劳比的主要贡献在于提出了政府机构活动中的一些基本原则，他在研究一般公共行政原理的同时将重点放在公共行政的财务和预算上，注重宪法权力。这两本教科书的出版，使得行政学作为一个新的研究领域从政治学中独立出来，开始为人们接受并进入大学课堂。1939年，美国成立了全国行政学会，交流、发展、传播公共行政的知识和资料，以增进行政管理的研究。至此，行政管理已完全成为一门独立的科学。

传统行政管理学以政治-行政二分法为理论基础，以效率原则作为最高标准，采用制度或法理的研究方法，以正式的政府组织为主要研究领域，强调行政活动的集权化，致力于行政管理的一般或普遍原则的探索。但由于传统公共行政学过分强调对组织结构和体制的研究，采取静态的研究方法，因而存在缺陷与局限性。因此，传统的行政管理学范式由于其自身的权限和时代的发展必然遭到质疑和挑战。

2. 新行政管理学（20世纪40年代—70年代）

1929—1933年，资本主义世界出现了有史以来最为严重的经济危机，对资本主义经济造成了前所未有的打击。凯恩斯主义学派——主张政府主动地、全面地干预经济，随之兴起并被广泛应用。第二次世界大战后，各国在重建经济过程中纷纷仿效美国，政府作用的发挥和政府规模进一步扩大，将行政国家推向顶峰。另一方面，行为科学、计算机科学的发展和系统论、信息论、控制论等新学科的兴起，也促进了行政管理学的研究深入，行政学者们对政府管理的关注日益增加。随着传统公共行政学局限性的暴露，他们开始从不同角度反思甚至批判传统公共行政学，从而推动了行政管理学研究转换的范式。

（1）对传统行政管理学的反思与批判

20世纪30年代末期，行为科学的兴起对传统行政管理对人的忽视提出了质疑和批判。美国学者梅奥于1933年发表的《工业文明中的人的问题》中阐述了社会人的假设，论述了非正式组织对生产率存在直接影响，并提出新型领导所需要的不是以工作为中心的技术职能，而是以人为中心的社会技能。巴纳德则系统地论述了正式组织和非正式组织的特性及二者之间的关系。他提出，非正式组织在正式组织中的作用是保持组织内的沟通和联络，保持组织内的凝聚力，保持组织内个人正直、自尊和独立选择的感情需要。马斯洛在《人的激励理论》和《动机与人格》中提出了人的需求层次理论，即人的各种需求可以归纳为5个层次：生理、安全、感情、尊重和自我实现，且各种需求是按其优势程度或重要程度由低到高逐渐形成的。人的满足需求行为也是由低层次到高层次需求逐级推进的。这些行为科学理论在行政管理学中的应用，实现了管理学研究与心理学研究的结合，促进了传统行政管理学的发展。

第二次世界大战后，对行政管理传统的批判中最有影响力的是罗伯特·达尔的《公共行政学的三个问题》和赫伯特·西蒙的《行政行为：对行政组织决策过程的研究》。

达尔在《公共行政学的三个问题》一文中指出了传统公共行政管理学所遇到的3个难题：行政管理学与规范价值的关系问题、行政管理学与人类行为的关系问题和行政管理学和社会环境的关系问题。达尔认为："没有一种行政管理科学是可能的，除非：第一，规范价值的地位清楚了；第二，人在公共行政领域中的属性被更好地了解及其行为被更多地预测；第三，有各种可以比较的主体，以便从中能找到各种超越国家边界和历史经验的原则和概括。"达尔对行政管理学的批判，指出了传统行政管理学研究的先导。他指出，"公共行政学的研究必须变成一门具有广泛基础的学科，不应将它束缚在一种狭窄地界定为技术知识和过程之上，而必须扩展到变化着的历史、社会、经济和其他的条件因素上。"

西蒙在《行政行为：对行政组织决策过程中的研究》中对传统行政管理的批判主要集中在两个方面：一是对传统行政管理学，尤其是古利克和厄威克等人提出的行政原则进行了批判，指出这些行政原则像谚语一样，总是成对出现，无论哪条行政原则均可找到另一条看似同样合理的原则，尽管两者导致相反的意见，却无法判定哪种合理，它们相互矛盾却可以并行不悖；二是对传统行政管理中政治-行政二分法的批判。西蒙认为，政治与行政不能截然分开，因为行政行为也包括必须从事某些决策活动。从事实和价值分析的角度看，政治与行政都包含着事实与价值两种因素，然而判断价值问题与事实问题的标准是不同的，前者是居于人的主观价值，而后者基于客观、实证的真实。在此基础上，西蒙主张用行政行为的动态研究方法取代传统的制度静态研究方法，并试图建立一种以决策过程为核心的新行政学理论。西蒙认为，管理就是决策，决策者在决策过程中的理性是有限的，因而只能寻求满意解而非最优解。他的决策理论还包括管理决策的过程、类型和技术等内容。在此基础上，西蒙试图用一种更充分的概念框架，应用行为主义研究方法和定量研究方法，来建立一种以决策过程为核心的新行政管理学理论。但是，西蒙简化了传统行政管理学的基本理念，特别是坚持将事实和价值、手段和目的分开，将价值因素仍然排除在行政学研究的范围之外，未能真正超越传统公共行政学。

这一时期的行政管理学以建立规范理论为目的，更多地展示了行政管理的公共性，但缺少对现实层面行政管理事务处理的关注。正如尼古拉斯·亨利所言，理论界形成了"有公共而无行政"的局面，"对公共管理者智能的研究和培养，可以说没有多大的建树"，因此对公共行政的实践并没有实质的指导意义。

（2）新行政管理学的确立

1968年，由美国学者沃尔多发起的一群青年行政学者在西拉丘兹大学的明诺布鲁克会场举行研讨会，会议的目标是弄清行政管理学的相关问题及这个学科如何改变以迎接20世纪70年代的挑战。会议论文于1971年以"走向一种新行政管理学：明诺布鲁克观点"为名结集出版，该书是"新行政管理学"的宣言。"新行政管理学"的兴起标志着传统行政管理学主导地位的终止及新行政管理范式的形成。新行政管理学倾向于抛弃传统的过于稳定的官僚体制，寻求具有灵活性的行政组织结构或官僚组织形式。新行政管理学以公平与民主作为行政管理学的目标和理论基础，倡导民主主义的行政模式及灵活多样的行政体制的研究，拓展了行政学的研究范围，采用新的研究方法，围绕授权、参与、促进、沟通、适应等民主行政中的问题展开讨论，其实际上是一种民主的行政理论，也是行政管理学向政治学的母体回归。

3. 多元化行政管理学

20世纪70年代以来，凯恩斯主义在资本主义国家盛行一段时期之后，西方各主要市场经济国家相继出现了高通货膨胀、高财政赤字、高失业率和低经济增长的现象，这种三高一低的现象被称为"滞胀"。这一现象的出现使人们对政府干预模式导致行为产生了怀疑，声讨政府的浪潮迅速弥漫。与此同时，美国国内发生了一系列与传统价值观相背离的事件，如民权运动、越南战争、水门事件等，这些都改变了公众对政府的看法，降低了公众对政府行为有效性的期望值。在这样的背景下，从20世纪80年代开始，西方主要资本主义国家纷纷开始进行改革。无论是传统行政管理学理论还是新行政管理学理论都无法解释政府管理所面临的问题，更无从为现实政府管理活动提供理论指导。另外，20世纪70年代之后西方社会科学研究的一个主要趋向是跨学科、交叉综合研究不断涌现，推动了行政管理学向多元化方向发展，出现了公共选择和政府失败理论、新公共管理理论及新公共服务理论等。

詹姆斯·布坎南是公共选择和政府失败理论的主要创始人。"政府失败"是公共选择理论的研究重点，分析政府行为的效率及寻求政府最有效率工作的规则制约体系，这是公共选择理论的最高目标。所谓"政府失败"，是指国家或政府的活动并不像应该的那样"有效"。在布坎南看来，政府作为公共利益的保证人，其作用是弥补市场的不足，并使从事经济活动的社会成员所作的决定的社会效应比政府干预以前更高，否则政府的存在就没有任何意义。布坎南认为，政府工作机构低效率的原因是基于缺乏竞争机制、缺乏低成本的激励机制、政府机构的自我膨胀、监督信息不完备和政府的寻租行为。因此，布坎南提出了补救政府失败的政策及建议，即创立一种新政治技术，提高社会民主程度，重建基本宪法原则，并通过新的宪法规则来约束政府的权力；在公共部门恢复自由竞争，改善官僚体制的运转效率，包括在行政管理体制内部重新建立竞争机构和在最高行政级别恢复个人积极性的激励机制；改革赋税制度，在公众愿意的效用上限制政府的税收收入，约束政府权力。

政府失败理论提出之后，行政学者开始转向管理学寻求解决现实问题的理论和方法。政府改造理论主张依靠企业家精神并借鉴企业管理方法来改造政府，在理论界体现为新公共运动和企业家政府理论，该理论主要体现在戴维·奥斯本与特德·盖布勒合著的《改革政府——企业精神如何改革着公营部门》一书中。在书中，作者详细分析了官僚制的优缺点，指出了什么是企业家政府及建立企业家政府的必要性，并提出了企业家政府的基本特征与改革政府的十项原则，即从划桨到掌舵、从服务到授权、从垄断到竞争、从规章到使命、从投入到效果、从官僚到顾客、从浪费到收益、从治疗到预防、从集权到分权、从计划到市场。他们建议实行以顾客为中心的行政管理，以及非官僚制、民主决策和对行政过程的约束，而这些都是为了更有效地进行公共管理。

新公共服务理论是在新公共管理理论的争论中产生并发展起来的。新公共服务来自于民主政治理论，尤其是其中关于公民及政府关系的理论和组织人本主义。新公共服务学派用公众取向、民主取向或社区取向等理论来反对新公共管理运动中完全的企业取向。新公共服务的核心理念在于：对价值的承诺，服务、授权和务实的渐进主义及献身于公共服务伦理标准。

行政管理学在经历了由政治-行政二分法开端，吸纳管理学理论以建立学科体系，回归政治学传统，再到新管理主义，体现了公共行政学交叉学科的特点及学科融合的趋势。企业家政府理论和新公共服务理论的争论反映了在当代社会的现实背景下，行政管理学中政治学母体和管理学方法之间的争论和对现实的积极回应，与此同时，行政管理学本身也在这种多元化的争论中不断发展、成熟。

1.2.2 行政管理学的发展趋势

随着经济和科学技术的迅猛发展，以及社会矛盾问题的加剧，行政管理学的研究继续沿着多元的、多方向的趋势发展。这里将重点分析行政管理学发展的3个重点。

（1）研究领域的拓宽和加深

首先，从学科内涵看，传统行政管理以提高效率为中心，强调权力结构、规章制度和组织职能，侧重于探讨固定不变的管理原则、严格的等级制度和机械的效率及服从等方面的内容，并在此基础上奠定了行政管理学理论体系的基本框架。20世纪70—80年代开始的公共管理学又突破了传统行政学和行为主义行政学的学科界限，提出并且深入研究拓展了政府管理的新课题，如社会公平、公共物品、政府失败、公共选择、政府责任、绩效测定等问题。

总之，百年来行政管理学之所以不断发展，一方面是不断加深行政管理过程中诸如行政权力、行政组织、行政法规、人事行政、财务行政等问题的研究，使传统课题获得了新的内涵；另一方面是行政和环境、行政与市场、行政与文明、行政与伦理、行政与心理等课题的研究，加大了行政管理学跨学科、跨领域的步伐，使行政管理学在综合各学科知识的基础上，提高了回应日益复杂的社会经济、政治及政府面临迫切问题的能力，拓宽了西方行政管理学的研究领域。使行政管理发生革命性变革的还有信息化、电子化等现代科学技术在行政管理领域的广泛运用。

另外，从研究层次看，早期学者多作单层面的研究，如只从理论、制度或法律的研究，发展为多层次的研究，即既研究理论、原则、规律性，又研究行政管理实践的程序、手段、方法和艺术，还研究行政活动中技术性的问题，如公文处理、档案管理、办公自动化等。从抽象的行政理论到具体的技术，行政管理学已成为能够为多层次内容所构成的逻辑体系。

（2）研究内容和研究方法更结合实际

行政管理学是一门应用学科。研究内容和研究方法紧密结合实际，是使其具有生命力的根本所在。随着社会的发展，行政管理研究和政府的行政行为及行政活动的结合，呈现更加紧密的趋势。例如，20世纪70—80年代，西方国家经济"滞胀"，财政赤字日增，政府机构膨胀，政府效率低下，公共政策失灵，所有这些既证明了政府全面干预的失败，又说明了行政体制改革的必要。于是在西方国家乃至全球掀起了被称为"政府再造"、"政府重塑"的行政体制改革浪潮。适应于这种需要，公共选择理论、新公共管理理论、治理理论等先后问世，提出的种种方法和理论，成为当代行政改革的理论指导。

（3）不同学派之间的争鸣和交流

在行政管理学研究过程中，或因研究重点不同，或因研究方法相左，或是其他援引，形成了各具特色的理论观点和学术派别。在管理科学这一领域内，学派之繁多犹如茂密的丛林，且有继续扩大之势。因此，在同一时间内，可能并存有不同发展阶段行政管理的特性。例如，行为主义管理学派批评传统行政管理关于"经济人"的偏颇，把自己的理论建立在"社会人"、"自我实现的人"、"决策人"的假设之上，把行政管理学推进到一个新阶段。但在20世纪70—80年代提出的公共选择理论的理论体系中，又可以看到"经济人"的身影。总之，行政管理学的不同理论派别之间不是势不两立的敌对营垒，而是争鸣和交流的关系。正是这种争论和交流促进了行政管理学的发展。

1.3 行政管理学在中国的发展状况

1.3.1 行政管理学在中国的理论发展

我国是世界上著名的文明古国，有着丰富的行政管理经验，特别是在漫长的封建社会中形成了一套严密的封建行政管理体系和管理思想，如实行大一统的国家行政组织体制；实行封建雇佣官僚制度；在中央集权制内部实行严格的等级制度；制定严格的行政管理法规，如我国最早的成文法典《周礼》及后来出现的《秦律》、《唐六典》、《元典章》、《明清会典》等；建立严格的监察和官吏管理制度，包括官吏的选拔和任用、考核和奖惩、致仕（退休）制度等。所以，国外不少学者认为历史上最早研究管理并有所成就的当首推中国。1972年美国出版的《管理思想史》就指出："3000年前，在中国的概念里已有现代管理的轮廓，如组织、协作、增加效率的程序和各种控制方式。"

现代意义上的行政学在西方产生以后，我国学者不断将其著作翻译引进并进行广泛研究。现有资料表明，我国在19世纪末20世纪初就翻译出版了美国的《行政要术》、《行政纲目》和日本的《行政学总论》、《行政法撮要》等著作。伟大的革命先行者孙中山先生，借鉴国外行政管理理论，结合中国具体情况提出了许多宝贵的行政管理思想，如立法、司法、行政、考试、监察五权分立思想，中央与地方均权思想，选拔优秀人才思想等。

1.3.2 行政管理学在中国的实践发展

在理论研究发展的同时，行政管理学也步入了我国高等院校的殿堂。到新中国建立以前，许多大学政治学系及培训学校大都开设了行政学课程，并有一定数量的留学生出国深造。在西方行政管理思想的影响下，结合中国当时的社会实际情况，伟大的资产阶级革命家孙中山先生提出并实践了五权分立的思想，组建了我国近代史上的第一个资产阶级政府。

新中国成立以后，作为一门社会科学的行政管理学，却由于众所周知的原因，在1952年我国高校院系调整时与某些学科一样被撤销了。从客观上讲，这在相当程度上影响了我国行政管理，即各级国家行政机关管理科学化的进程，亦影响了我国行政管理学学科的发展。

1978年，中国共产党十一届三中全会纠正了较长期以来"左"的错误，进行了广泛的拨乱反正，为我国社会科学的繁荣发展提供了充足的条件。1980年12月，中国政治学学会的成立，酝酿了恢复和发展行政管理学的氛围，一些研究者开始公开著文呼吁和讨论有关行政管理学的问题。1981年，在昆明召开了全国政治学会年会和政治学规划会，对行政改革进行了讨论。

1982—1984年，我国国家行政改革过程中所暴露出来的缺乏系统的科学行政管理理论指导的缺陷，对恢复和发展行政管理学提出了现实要求。这就从理论和实际两个方面为恢复和发展行政管理学创造了充分的条件。

1984年，由国务院办公厅和劳动人事部联合发起召开了全国性的行政管理研讨会，并正式筹备建立中国行政管理学会。此后，在全国范围内很快掀起了一股学习和研究行政管理学的热潮，不少大学和研究单位先后设置了行政管理学专业或开设了行政管理学课程，各省纷纷建立了行政管理学会，并创办相关刊物，同时各地也相继成立了一批行政管理干部学院。1988年，中国行政管理学会正式成立，并发行了会刊《中国行政管理》。1995年，国家行政学院在北京正式成立，主要培训各级政府司局级以上官员。行政管理学开始纳入国家行政建设的轨道。

在我国行政管理学恢复和发展的过程中，先后发表或出版了一大批论文、专著或教材，并在国家社科基金和各部委大量立项，大批科研成果不断涌现。进入20世纪90年代中期以后，各类关于行政管理学研究的论文和专著开始多起来，且研究质量明显提升；与此同时，还引进和翻译出版了一批西方国家学者的行政管理学教科书和专著。这些都对我国行政管理学的建设起到了积极和直接的推动作用，为我国行政管理学的不断发展提供了必要的条件。

在今后行政学的发展中，应当坚持：第一，体现中国特色，突破传统行政学的界限，实现中国行政学实质性的发展；第二，坚持理论联系实际，重点解决当今中国行政发展和社会发展中的重大问题；第三，进一步加强行政学的跨学科、跨专业的综合性研究；第四，继续加强行政学分支学科和部门行政的研究，促进我国行政学体系的整体性繁荣；第五，加强比较行政研究的力度。

重要概念

行政管理	公共管理	行政管理学	政治	三权分立
传统管理	科学管理	新行政管理	新公共管理	官僚体制

课堂讨论

当前，人们关于行政管理与公共管理之间关系的问题颇多争论，有人甚至提出若干种公共管理范式，认为现阶段公共管理已进入"公共服务范式"，请谈谈你的看法，并用案例解释。

思 考 题

1. 简述行政管理学的含义、研究内容、方法和手段。
2. 简述西方行政管理学科发展的历程。
3. 简述出现在20世纪70年代末新公共管理运动的主要内容，并谈谈你的看法。
4. 试阐述行政管理与工商管理的关系。
5. 公平与效率，何者为行政管理之根本，试阐述你的看法。

微 型 案 例

漳州政务服务标准化向基层延伸

近年来，漳州市授权市行政服务中心根据当地实际制定政务服务标准化体系，并推动这一体系向县、镇、村延伸。目前，漳州县区100%建立行政中心，镇街100%建立便民服务中心，村居100%建立便民服务代办点。近来，漳州又以群众路线教育实践活动为契机，推动市、县两级下基层现场办公常态化。

漳州政务服务标准体系确定各类标准1 064项，不仅是审批时限、程序、名称的标准，还包括服务平台建设、服务项目进驻、服务项目办理、服务保障、服务管理等标准。通过实施标准化，漳州市行政服务中心群众办事满意率连年保持100%。漳州规定行政审批审核事项100%进驻中心，并于去年对审批项目集中清理，精简211项，精简幅度达62%。纪检监察部门主导的电子监察系统覆盖市、县、镇三级网络，对服务节点进度一目了然，对服务延时、失误等及时提出警告。

（资料来源：福建日报，2014-3-3 (1)，有删节）

案例思考题

1. 简要谈谈各地行政服务中心成立的背景和意义？
2. 结合案例，试分析行政服务中心与建设服务型政府间的关系。

第 2 章

行政组织

行政组织是行政管理活动的主体,行政管理活动都是通过行政组织来推行的。行政组织与行政效率、行政改革、人事行政、行政职能等密切相关。

2.1 行政组织的概述

2.1.1 行政组织的含义与特征

1. 行政组织的含义

行政组织作为社会组织的一种重要类型,它有广义和狭义之分。广义的行政组织泛指一切具有计划、组织、指挥、协调、监督等功能的组织机构,它既包括政府机关,也包括立法与司法机关、政党等政治组织及企业等经济组织、学校医院等事业单位和社会团体、宗教团体等组织中的行政事务管理机构。狭义的行政组织是指国家立法机构的执行机构,即各类政府行政组织的统称,它是行使国家行政职权、履行国家行政职能的法定主体。

我国政府行政组织包括中央人民政府和地方各级人民政府。前者为最高国家行政机关,任务是组织和管理全国政治、经济、文化和社会服务等方面的行政事务;后者为地方各级国家行政机关,任务是在中央人民政府的领导下,组织和管理所辖行政区域内的各种行政事务。

2. 行政组织的特征

(1) 政治性

作为国家机器的重要组成部分,行政组织代表国家行使行政权力,其所拥有的权力和责任均来自国家。行政组织所从事的管理活动不单是普通的社会管理活动,而是有特定的政治目的和政治意义,它不仅要代表国家实现对社会公共事务的管理,而且要体现统治阶级的意志,维护统治阶级的利益。列宁曾把"政治"解释为对国家事务的管理活动,孙中山也把"政治"解释为管理众人之事。从这个意义上说,任何行政组织都具有政治性。社会主义国家政府是党和国家密切联系人民群众的纽带,人们的生老病死、生产和生活的各个方面都同各级政府发生直接或间接的关系,行政组织效率的好坏直接关系到人民群众的切身利益,关系到国家的盛衰和政局的稳定。社会主义制度的优越性也就体现在能有一个富有效率的行政组织体系。

(2) 法制性

行政组织依法代表国家行使行政权力,它要依照法律、规定和程序设立,依法行使职权和依法承担责任。行政组织的宗旨目标、职能范围、机构设置、人员编制、行为规范、运作方式和财政预算等都由宪法和法律规定,一切行政行为必须具有相应的法律依据。我国行政组织机构的组建要依据政府组织法的规定进行,各工作部门的设立要经同级人民代表大会常务委员会备案批准。行政组织的主要领导人员要依法选举和罢免,一般行政人员的任用也要遵循《公务员法》的有关规定。政府及其工作人员在管理社会公共事务中,也要运用法律手段或依法采用经济和行政手段来进行。法治取代人治,依法行政是行政发展的必然归宿。

(3) 强制性

行政组织的强制性来自国家赋予的行政权力及其严密的组织结构。与其他社会组织相比,行政组织具有至高无上的权威,这是由国家宪法和组织法明确规定的。行政组织依法设立,并按照法定职权行使权力、承担责任。政府制定和发布的政策、法规、法令、决定等,每个组织和个人都必须遵守和执行。违抗行政权力、阻碍国家公务执行,就会受到国家法律的制裁和国家机器的惩罚。行政组织的强制性,其覆盖面可达国家主权范围内的任何组织和个人。

(4) 社会性

行政组织必须承担管理社会公共事务的社会职能,它体现了行政组织的社会性特征。任何国家的行政组织在行使管理社会公共事务职能时,都需为全社会提供服务,其行为都具有维护社会公共利益的属性。行政组织的这种社会性是由于行政组织为了达到维护阶级统治、稳定社会秩序的目的所决定的。

(5) 服务性

首先,行政组织作为管理国家事务的机构,必须履行发展和完善社会各种公共事务的服务职能,即政府必须努力发展经济、文化、教育及各种公共福利事业,为整个社会提供服务。其次,行政组织作为上层建筑的重要组成部分,必须为经济基础服务。它要根据国家政治、经济、文化等事业的需要,制定各项法规政策,发挥其管理职能的作用,巩固经济基础,促进社会的发展。

2.1.2 行政组织的要素和类型

1. 行政组织的要素

行政组织是一个复杂的有机系统,它的构成要素主要包括以下6个方面。

(1) 组织目标

组织都是为了实现一定的目标而建立起来的,目标决定着组织行为的方式和组织发展方向,是组织赖以建立和存在的出发点和前提。组织目标表明了对一个组织所要处理的事务、完成的工作和努力方向的要求,又是评价行政组织建设和行政组织活动的标准,它为衡量政府工作效能的高低提供了一个客观的尺度。因此,行政组织必须有明确清晰的目标,并由上到下、由宏观到微观地进行目标分解，依次确定所属的各个目标、分目标，形成一个多层次、多系列的组织目标体系。

(2) 机构设置

机构是行政组织的实体，也是履行行政职能、达到组织目标的载体。设置科学合理、精干高效的行政机构，是行政组织建设的核心内容。

(3) 人员构成

行政人员是行政组织的主体，是行政组织活的灵魂，一个行政组织只有具备高素质的行政人员、合理的人员结构，才能有效运转。

(4) 权责体系

权责体系是行政组织内部权力分配、权责关系、指挥系统、运行程序、沟通渠道及各种机构、各个岗位在组织中的地位、作用及其内在联系的具体体现，它直接关系到行政机构的设置及其运转。因此在日常行政管理活动中，应当通过合理的权责分配，使上级与下级、部门与部门、人员与人员之间形成既分工又合作的关系，从而增进行政组织的整体功能。

(5) 规章制度

行政组织的规章制度是指以规范性的书面文件等形式对行政组织结构、组织目标、职能、任务、内部分工、权责关系、活动方式、运行程序等进行严格规定。规章制度是行政组织依法行政的根本保障，同时规章制度对行政组织成员具有普遍的约束力，它保证了行政组织的整体性、连续性及其成员的组织性和规律性。因此，建立健全的行政组织法、编制法及组织内部的各项具体法规、制度，是行政组织建设十分重要的内容。

(6) 物质因素

物质因素包括行政经费、办公场所、办公设备、物资、用品等，它们是行政组织为实现组织目标而开展组织活动所必不可少的物质手段。没有这些物质条件，组织就无法实施行政管理。因此，物质因素也是行政组织必不可少的一大要素。

2. 行政组织的类型

行政组织可以按照不同的标准进行划分，如按照行政管理活动性质或分工的不同，可以将其划分为咨询部门、决策部门、执行部门和监督部门等；按照行政管理对象的性质不同，可以将其划分为政治管理部门、经济管理部门、社会管理部门和文化管理部门等；按照工作性质的不同，可以将其划分为领导机构、执行机构、监督机构、咨询机构、信息机构、辅助机构和派出机构等。本书将主要从工作性质这一方面对行政组织的类型进行研究。

(1) 领导机构

又称行政首脑机构，是指在其领导的范围内具有决策、组织、指挥、协调、控制与监督等权力的机关，处于行政组织机构设置的相对最高层。领导机构的职能是对辖区内的重大行政管理问题进行决策，并指挥督导决策的实施。它统筹全局，运筹帷幄，是行政组织的中枢，也是提高政府行政管理效率的关键。

(2) 执行机构

执行机构是在领导机构的领导下分管专门行政事务的机构。其主要职能是：对上贯彻执行领导机构制定的方针、政策和决策，接受行政首长的监督和指挥；对下行使政府管理职能，负责领导或指导业务上相同的下属行政部门的工作。执行机构具有执行型、专业性、局部性等特点。

（3）监督机构

监督机构是对各种行政机构及其管理活动进行监督检查的执法机构，如监察机构、审计机构等。它是建立健全行政组织制衡机制的重要组成部分，是促使行政机构及其工作人员依法行政、忠于职守的重要保障。

（4）咨询机构

亦称智囊团伙或参谋机构，是由权威的专家学者和富有实际经验的政府官员组成，专门为政府出谋划策、提供咨询意见和决策方案的机构。咨询机构既不是执行机构，也不同于秘书班子，其基本职能是调查预测、参谋咨询、协调政策和辅导领导机关做好决策。咨询机构是现代行政决策体制必不可少的重要组成部分，已越来越受到各国政府的重视。

（5）信息机构

信息机构是专门负责信息的搜集、加工、传递、储存，为领导机构和有关部门提供各种行政信息、沟通情况的情报服务机构，如统计局、信息中心、情报室、档案室、资料室等。它也是现代行政决策体制的重要组成部分，是行政组织科学化、现代化的重要保障。

（6）辅助机构

又称为办公机关或幕僚机关，是协助行政首长的领导工作而设置的办事机构。辅助机构包括两种类型：一种是设置于各级政府内部的办公厅（室），它承担着参与政务、处理事务、搞好服务的职能，具有综合性、执行性、服务性等特点，它对各行政职能部门没有直接指挥的权力，但在授权条件下可以代表行政首长；二是协助行政首长处理专门或特别事务的办公机构，如国务院侨务办公室等。它可以根据行政首长的授权，就该机构的专门业务范围对外发布通知或下达指示等。

（7）派出机构

派出机构是一级政府按管辖地区授权委派的代表机构，如省人民政府下设的行政公署等。派出机构不是一级政府行政机关，其主要职能是承上启下实行管理。我国现已基本不设立这种类型的派出机构。

2.2 行政组织的结构、体制和编制管理

2.2.1 行政组织的结构

行政组织的结构是指构成行政组织各要素的配置和排列组合方式，包括行政组织各成员、单位、部门和层级之间的分工协作及联系、沟通方式。对于任何行政组织来说，最重要的问题之一就是要建立合理的组织结构，它极大地影响着组织的正常运行。在组织能否成功地达成其目标的问题上，组织结构合理与否是决定性因素之一。一般来说，组织结构越合理，其内部各组成要素的相关度就越大，组织内部力量的相互抵消和内耗就越少，组织的整体功能就越好。因此，由组织结构所确定的各组成要素的相互关系十分重要，它规定了组织各层次上诸要素的职位、职责和职能及相互之间的关系，由此规定了组织存在的总格局。没

有这种总格局，任何组织的活动都无从设想。

在组织结构的设计中，主要问题之一是进行专业化分工，即将组织系统划分为若干系统，使其完成不同的任务、履行不同的职能。行政组织的基本结构有纵向结构和横向结构两种，下面将分别阐述。

1. 行政组织的纵向结构与横向结构

1）行政组织的纵向结构

行政组织的纵向结构又称组织的层级化，是行政组织内部按上下层级关系有序构成的结构形式。行政管理的等级原则要求职权和职责等级垂直分布，形成等级结构，即纵向的层级结构，它的职权和职责从最高层向最低层沿直线分布。层级化以上下级关系为重点，对各级政府上下级之间、职能部门的上下级之间，对机构、职位、人员的配备和责任、权力、工作程序等进行科学划分，每一层级都有自己明确的管辖范围，有其自己的职责和权力。层级越高，权力和责任就越大。层级化的结构要求下级必须服从上级的领导、命令和指挥。

行政组织结构层级化的优点是权力沿直线分布，权力链清楚，利于政令统一，权力集中便于领导与管理；同时层层隶属、层层节制的上下级关系，有利于信息传递和监督，有利于调动下属工作人员的积极性，是提高行政效率的重要保证。

2）行政组织的横向结构

行政组织的横向结构又称行政组织的部门化，是指同级行政部门之间平衡分工的结构形式。也就是说，一级政府除决策机构外，还要按行政目标、权力责任和业务性质等划分若干个平行的职能部门。这种划分既是对行政目标职能的分解，也是一种分权。

行政组织结构的部门化是行政管理活动的客观需要。国家行政事务包罗万象，十分复杂，而且随着社会的发展，分工会越来越细，专业性越来越强，对管理的要求越来越高。所以，部门化是行政管理活动的必然要求。

行政组织结构部门化的作用是很大的，它是层级化的基础，如先设立人事部，才考虑其下设什么局和处等。部门化有利于实现行政组织的管理职能，促使各方面职能落到实处。但这并不是说部门越多越好，相反，部门设置要合理、要精干，职责、权力要明确，部门林立，机构臃肿，会造成行政效率低下。同时，部门化有利于整体协调，突出行政管理的专业特征，对于所管理的对象实行专业化管理，有利于提高行政管理效果。

3）行政组织的管理层次与管理幅度

管理层次和管理幅度是影响行政组织结构的两个决定性因素。管理层次决定行政组织的纵向结构，管理幅度决定行政组织的横向结构。科学地设计行政组织，首先必须确定出管理层次和管理幅度。

管理层次，是指行政组织的纵向层级数目，也称管理层级。例如，目前我国政府管理层次分为中央、省、市、县、乡镇五级，中央政府（国务院）内部又分为部委办、局、处等。管理层次通常都是从组织的最高层的金字塔式形式层层向下分解，上下层之间有比较明确和严格的隶属关系。组织高层偏重于宏观的战略决策与规划，因而人数相对较少；组织下层则偏重于执行、落实等方面的事务，因而人数相对较多。

管理幅度，是指上级机关或领导所能直接管理的下级机构或人员的数目，又称管理跨度，它决定着管理的横向范围。科学管理的管理幅度没有统一的标准，一般来说，它取决于如下一些因素：一是管理者与被管理者的性格、知识、技能、经验、作风等；二是组织的规章、制度、规划、技术设备、人际关系等；三是社会总体发展水平、社会对组织的支持程度、社会道德水平和意识形态等。

在其他条件不变的情况下，行政组织的管理幅度与管理层次成反比例关系，即管理幅度越宽，管理层次越少；管理幅度越窄，管理层次则越多。两者组合的不同形式，决定了行政组织的结构形式是扁平型、正三角型还是直角三角型。

追求管理幅度与管理层次的适当比例，是行政组织设计的关键问题。在组织设计和建设过程中必须兼顾，做到管理幅度适当，管理层次少而精。如果管理幅度太宽，而管理层次太少，则使行政事务过分集中于少数领导，疲于应付，并且控制较松，甚至会出现指挥不力的现象；如果管理幅度太窄，而管理层次过多，则会导致公文旅行，手续繁杂，滋生官僚主义，不仅不利于行政机关本身的管理及其职能的发挥，而且还将浪费人力、物力、财力，影响行政效率。

2. 行政组织结构的方式和功能

（1）直线式行政组织

这种组织结构最早在军事组织中产生，其特点是将组织的各种职位按垂直系统直线排列，组织指令是按照垂直方向从组织的最高层次向最低层次自上而下地传达和贯彻，各级主管人员对所属的一切事物全面负责。一个下属只服从一个上级的指挥，其工作只对上级负责。因此，它是一种以行政首长完全行使行政权力作为组织动力和以指挥-服从关系为特征的组织结构模式。

直线式组织结构的优点是：权力集中，命令统一，决策迅速。这种组织结构的指挥命令系统单一，一切行政指挥权都集中于上级；每级行政人员的权力和责任明确；横向之间的联系不多，减少了摩擦。但这种组织结构也存在明显的局限：由于权力高度集中，同一层次上所有的管理职能都由一人承担，容易造成行政领导顾此失彼。这种组织内部没有专业化的管理分工，它适合于政务比较单一、内部分工简单、管理层次较低的组织。

（2）职能式行政组织

这种组织结构是在各级行政首长的领导下，按专业分工设置管理部门，各部门在其业务范围内有权向下级发布命令和下达指示，下级要服从上级主管人员的指挥，也要听从各职能部门的指挥。其特点是各级行政领导都设有其直接管理的相应的职能机构，各职能机构在自己的业务范围内有权直接管辖、指挥下级单位。

这种组织结构方式的优点是：能适应日趋细致的社会分工和日益复杂的生产技术，能充分发挥职能机构和专业部门的作用，各职能部门能够对下级的工作进行有效的指导，并且有利于减轻直线主管人员的负担，使他们集中精力于组织的战略规划等宏观管理问题。这种方式的弱点在于：由于实行多头领导，容易出现"政出多门"的现象，妨碍了统一指挥。

（3）直线职能式行政组织

这种组织结构是在直线式组织结构和职能式组织结构相结合的基础上形成的，其特点是行政领导的统一指挥与专业职能部门的管理相结合。一方面，它按照组织的任务和管理职能划分部门和设置机构，实行专业分工以加强行业管理；另一方面，这种组织结构将管理部门和管理人员分为两类，即直线指挥机构和管理人员、职能机构和管理人员。直线指挥机构和管理人员在自己的职权范围内有指挥和命令的权力，对自己范围内的工作承担全部责任；而职能机构及其人员通常为直线指挥人员的参谋，这些人员对下级机构只有业务指导的义务，而没有决策权和指挥权。

直线职能式组织结构吸收了直线式和职能式组织结构的优点，扬弃了其缺点，是前两种组织结构模式的综合和发展，因而在实践中被广泛采用。但这种方式也不是尽善尽美的，它的缺陷之一是各职能部门的横向联系薄弱；其二是由于没有直接指挥和命令的权力，致使各职能部门的工作人员经常陷入请示和汇报之中。

（4）直线综合式行政组织

它是在直线式组织结构模式的基础上，同时设立直接向行政首长负责的参谋机构和职能机构而形成的一种混合体。参谋机构主要起"思想库"和智囊的作用，为各项行政活动尤其是重大决策提供建议、方案；职能机构主要实施部门行政管理，并参与决策。这种组织结构方式符合现代社会发展对国家行政组织的要求，因而成为迄今为止最广泛应用的一种行政组织结构模式。

3. 行政组织结构设计的原则

1）职能目标原则

从根本上说，行政组织的设置就是为了实现政府的各项职能。因此，必须首先根据政府的职能目标合理设计行政组织，这是行政组织设计的一项基本准则。具体来说，行政职能的产生决定了行政组织的存在，行政职能的内容和范围决定了行政组织设置的规模，行政职能的变化决定了行政组织要作相应的调整。

职能目标原则要求行政组织的设置必须适应政府职能的需要，把实现政府职能的目标放在首要地位。

任何国家都是根据社会政治、经济和文化发展的要求设置政府组织机构的。我国从秦汉至清朝，中央政府一直延续实行"六部制"，表明这种行政组织基本上适应古代封建社会的管理模式。由于科学技术的飞速发展，社会生产和生活高度社会化，使得政府管理职能不断扩大，行政组织也急剧增加，许多管理经济和社会事务的机构应运而生。新中国成立以后基本上是按照产品经济的要求设计政府机构，随着经济体制改革的不断深入，社会主义市场经济蓬勃发展，必然要求对现行政府机构和行政体制进行合理调整。因此，科学分解和界定政府职能是我国当前政府机构改革的关键问题之一。

2）完整统一原则

所谓完整统一，是指政府各部门、各层次及其内设机构之间互为条件、互相配合，共同构成一个有机的统一体，它是行政组织正常运转的重要前提和条件。一个行政组织如果不完整，有些职能就无法实现，就会出现管理缺位；如果不统一，就会影响政府职能的正常发挥，甚至引发行政组织内部冲突与矛盾。

行政组织是国家行政权力的载体。现代国家无论是单一制或联邦制、集权制或分权制，在一定地域范围内只能有一个政府行使这种权力。只有完整统一，行政组织才能保证行政权力的统一和行政权力的彻底贯彻。

有效地达到完整统一，必须做到如下两点。

①机构设置要完整。组织与组织之间要有明确的隶属和制约关系，上下左右行政组织构成一个完整的有机体；领导指挥要统一，上级行政机关或首长对其下级实施统一领导和指挥，上下相互作用构成一个垂直的指挥系统；

②对于同一个行政机构不能实行多头领导，同一项管理活动只能有一个领导指挥中心，

避免多头管理、政出多门的现象。

3) 精简原则

行政机关的机构是否精简、人员是否精干、政务是否简化、办事是否简便、开支是否节俭,都直接关系到政府与人民群众的关系问题。因此,精简原则是行政组织设置的根本原则。精简原则的主要内容如下。

(1) 机构设置要合理

精简机构并不意味着机构越少越好,而在于强调机构设置的合理性。要做到机构设置的合理性,关键是要求机构设置的数量应以客观需要为依据,即国家建设发展需要的而现在又没有的机构要增设,多余的机构要裁并。

(2) 层次与增幅划分要科学

分级分层管理是行政管理的必然要求。然而,层次的划分应科学,应尽量减少不必要的层次。这是因为每增加一个层级,机构和人员也会随之成倍增加,这样一来,势必会造成机构臃肿,管理环节增加,从而导致行政组织的运转失灵。因此,必须要科学地划分管理层次,尤其是要坚决撤销那些大事管不了、小事又不愿意管的中间层次。另外,由于行政领导个人时间、精力与学识的限制,其直接控制幅度也应该有一个合理的限度,超出限度就会造成控制松散、指挥乏力的情况,也会影响行政效率。所以,贯彻精简原则,在机构设置中应尽量减少不必要的行政层次,同时相应调整控制的幅度,让两者实现动态适应。

(3) 简化办事程序

办事程序复杂、手续烦琐,是与精简原则相违背的。而办事程序的复杂与否,直接影响到机构的设置和人员的安排。复杂的办事程序,必然要求有臃肿的机构和人员与它相适应。因此,简化办事程序,不仅可以精简机构,还可以精简办事人员。为提高行政效率,应尽量简化办事程序,并使其明确化、具体化,用最少量的时间、最简单的程序完成最大量的工作。

(4) 工作人员要精干

首先,要求领导班子要精干,副职不宜过多,虚职也不应过多地设立。一般来说,领导班子的精干程度与工作人员的精干程度成正比关系。其次,要求工作人员要精干。行政工作人员是行政管理活动的主体,行政管理任务完成得好坏,其中一个重要因素就是行政工作人员的数量和质量。工作人员的精干,一方面要求定编定员要科学,以防止有人没事干或有事没人干等现象的发生;另一方面要求工作人员的政治、思想、业务、能力、身体等方面的素质要胜任其所担负的工作并富有创造性。

4) 法制原则

法制原则是当今行政组织结构设计的根本原则,是现代文明的重要标志。法制原则,就是用法律、法规规范行政组织的一切活动。首先,行政机构的设置、人员的编制要有严格的法律依据,不能根据任何人的个人意见增加、减少、撤并任何组织机构和职位,从而保证机构的权威性、合法性和稳定性。其次,各个行政机构和职位的职能、权限和责任,要通过法律加以明确,任何人不能随意更改,任何机构职位权限的扩大与缩小,责任的增加与减少,都必须严格按照法定程序,依法行事。最后,任何行政组织和个人在实施行政管理的过程中都要严格依法行事,既不能超越权限滥用职权,也不能消极怠工;既不能随心所欲实施奖惩,也不能是非不分,敷衍了事。只有依法行政,才能保证行政组织有效地发挥职能,才能防止以权谋私等腐败现象的出现。

5）职、责、权一致的原则

行政组织是一个权责体系，在行政机构的设置、运行和管理活动中必须贯彻职、责、权相一致的原则。在行政管理活动中，职务、权力和责任是互为条件的，只有保持平衡，才能有效地实现管理职能，否则就会出现负面作用。所谓有"职"，就是要明确规定一个机构的职能范围，明确规定一个工作人员的职务范围，使其在其位，谋其政；所谓有"权"，就是要赋予与职能、职务相对应的权力；所谓有"责"，就是要对执行的职务承担行政责任。职、权、责一致是行政管理活动的一个定律，如果有职无权，则无法尽职，行政管理就会出现空挡；而有权无责，则一定会出现滥用职权，这是一切罪孽丛生的基本条件；有责无权，不仅无法尽责，而且会奖惩不当，挫伤人的积极性，使事业受损。值得注意的是，要坚决克服和防止有权无责的现象。只有使职、权、责三者一致，才能相互促进，相得益彰，收到最佳的效果。

6）人本原则

行政管理的核心和动力是人，调动人的积极性、主动性和创造性是提高行政效率的根本途径。行政组织的设置必须充分考虑到人的积极性、主动性的发挥。行政管理活动是由人来承担的，有高素质的人才，并且发挥其积极性，才有高效率，因此要防止重物不重人、重才不重德的倾向。同时，更要重视培养人才。现代管理思想把人的因素放在首位，并不是说同行为主义一样，重人际关系而不重效率，恰恰相反，是把人的因素作为提高行政效率的首要因素来认识的。行政组织的权力结构，职、责、权的划分，规章制度、监督考核制度的健全等，都要围绕调动人的积极性这个中心。

2.2.2　行政组织体制

1. 行政组织体制的含义

体制一词在中文里含义很广，一般是指某一个组织的制度及运行方式，其实质是权力关系的制度化和程序化。行政组织是行使国家权力，对社会公共事务进行管理的执行性机构。在它代表国家对社会事务进行管理时，首先要将国家权力在行政组织内部进行分配，然后各个行政组织依据各自权力的大小对社会事务进行管理。这就是行政组织体制的对象，即行政组织内部各个层级、各个部门之间的权力分配关系。在人类历史上，行政组织各个层级、各个部门之间的权力关系有多种形式，于是就形成了多种权力分配关系。将这多种权力关系制度化，并按此制度所规定的关系运行，就是行政组织体制。

2. 行政组织体制的地位与作用

1）行政组织体制与行政组织结构的关系

行政组织结构所表现出来的层级制的纵向分工和职能制的横向分工，实际上就是行政组织纵向分权和横向分权关系。可以说行政组织结构是行政组织的载体，而行政组织权力分配关系则是行政组织结构的灵魂和核心，也是整个行政组织运行的动力。没有权力的分配，也就没有结构的分工；没有权力中服从与被服从、指挥与被指挥的关系，行政组织就无法有共同的目标和共同的行动，也就是说行政组织无法运行。

2）行政组织体制科学与否的重要性

行政组织权力分配关系科学与否、是否与时代需要一致，关系到行政组织政治职能和社会职能完成的好坏，关系到行政组织效率的高低。因此，研究行政组织体制，对各种体制的内容、优缺点及其运行条件是否科学进行分析，对实现我国行政组织权力分配科学化、健全我国行政组织体制具有重要意义。

3. 行政组织体制的类型

根据人类社会行政管理实践中出现的各种情况，可以从不同的角度对行政组织体制进行划分。从中央政府与地方政府之间的关系看，有集权制、分权制和均权制；从决策权归属看，有首长制、委员会制和混合制；从层级与部门关系看，有完整制和分离制；从城市行政首长权力关系看，有名誉市长制和城市经理制等。

1）集权制、分权制和均权制

集权制是指行政决策权主要集中于中央级行政组织，中央行政组织对地方行政组织具有完全的指挥、监督权力，地方行政组织接受中央行政组织命令的一种行政组织体制。此种体制的基本特征是中央政府高度集权，严格控制全国各地行政事务，地方政府没有或极少有自主权。法国是实行集权制较为典型的国家。

分权制是指地方行政组织对其管辖地区内的地方行政事务有自主决定权，中央行政组织一般不加干涉的一种行政组织体制。该体制的基本特征是地方政府受中央政府的控制较小，地方政府在行政业务上具有较大独立性，其地方事务可完全根据地方需要实施管理。美国是实行分权制的国家之一，其州政府的自主权很大。美国联邦政府与州政府之间各有自己的职权范围，宪法与法律明文规定了分别授予联邦中央与各州的权力，州政府在自己的职权范围内可独立行使职权，不受联邦政府的任何干预。

均权制是指中央行政组织与地方行政组织的权力保持平衡，既不偏于集权也不偏于分权的一种行政组织体制。其基本特征是折中于中央集权与地方分权二者之间，主要根据事权的性质进行合理的划分，凡适宜中央管辖的事务划归中央政府管，凡适宜地方管辖的事务划归地方政府管，并维持中央与地方之间的协调、配合关系。均权制是一种较为理想的组织体制，其理论依据在孙中山先生的"均权"学说中得到明确的阐述。孙中山先生认为，"政治里头有两个力量：一个是自由力量，一个是维持秩序的力量。政治中的这两个力量，正如物理学里头有离心力与向心力一样。政治里头的自由太过，便成了无政府，束缚太过，便成了专制。自由与专制这两个力量不要各走极端，像物理的离心力与向心力互相保持平衡一样。"因此，"权之分配，不当以中央或地方为对象，而当以权之性质为对象，权之宜属于中央者属之中央也，权之宜属于地方者属之地方也"。"凡事务有全国一致之性质者划归中央，有因地制宜之性质者划归地方，不偏于中央集权或地方分权"。故均权制者主张凡是有关全国人民之利益的重要事务，应划归中央政府管辖；凡是有关地方局部利益之事务，应划归地方政府管辖。权力的划分，应以不损害地方政府积极性和不妨碍中央政府对地方政府的宏观控制为原则。

2）首长制、委员会制和混合制

首长制又称一长制或独任制，是指行政组织的法定最高决策权由行政首长一人执掌的行政组织体制。其基本特征是行政首长对行政机关各种事务拥有最终决定权，一人决定一切行政措施，其他领导成员均为行政首长的幕僚，只有建议权，而无决定权。美国的总统制是首长制的典型。例如,林肯总统某次召集七位部长开会讨论一个重要问题,七位部长均反对林肯的意见,但林肯仍坚持自己的主张,并最后宣布说:"七人反对,一人赞成,赞成者胜利。"

委员会制又称合议制,是指行政组织的法定最高决策权由两个以上人员组成的集体或委员会所执掌的一种行政组织体制。其基本特点是行政组织的决策是由两个以上的地位平等的委员所负责,行政组织的最高决策权属于全体委员,一切行政措施均由委员会按照"少数服从多数"的原则集体讨论决定。瑞士是实行委员会制的典型国家。瑞士的行政权力由合议制机构行使,政府由行政委员会组成,该委员会由议会两院联席会议选举产生,其组成成员地位平等,每个委员主持某一个部的工作。遇到重大问题,均由委员会集体讨论决定。主席由委员们轮流担任,主席是名义上的国家元首,对外代表国家。主席仅负责召集行政委员会会议,并不拥有对重大事务的最后决定权。

混合制又称委员会和首长并立制,是指行政组织的事权一部分由委员会集体讨论决定,另一部分由行政首长个人决定的一种行政组织体制。其基本特征是行政组织中既设有合议制的委员会,又设有专门的行政首长,重大问题的决策权由委员会集体讨论行使,具体问题的决策权由行政首长个人行使。

3) 完整制和分离制

完整制是指同一层级地方政府的各个行政部门均受同一行政组织首脑机关领导的一种行政组织体制。其基本特征是指挥、控制权集中于本层级的行政组织,本层级地方政府的首脑机关对该层级的所有工作部门实行一元化领导。凡是采用分权制的国家,大多采用完整制,其高级地方政府的行政部门一般均属同级政府首脑机关领导。前南斯拉夫是采用完整制的典型国家。那时的南斯拉夫实行的是联邦制度,其联邦与共和国和自治省之间是合作、协调关系,而非上下级关系。南斯拉夫联邦的各共和国、自治省等高级地方政府机构(严格说,它不是一般意义的地方政府)有权决定本区一切重大事务,而不受联邦政府机构的任何干预。美国州政府的各行政部门,也实行的是完整制的领导关系,州级各行政部门只受州政府领导,不受联邦即中央政府各部门的领导。

分离制是指同一层级的地方政府各个行政部门分属两个以上行政组织领导的行政组织体制。其基本特征是地方政府中的各行政部门既受同级政府首脑机关领导,又受上级政府同类部门的领导,因此分离制是实行二元领导的组织体制。我国行政组织体制基本上属于分离制,我国很多行政机关均实行"双重领导"与"双重负责"制。在分离制的双重领导体制中,有的部门实行以地方政府领导为主,有的实行以上级同类部门领导为主。例如监察部,即以部门领导为主。在上级部门领导为辅的体制中,有的只有业务指导关系,如气象局之类的技术性单位。

4) 名誉市长制和市经理制

名誉市长制是指城市政府仅设立一个名誉市长,行政及立法实权皆由民选的市议会或民选的委员会所执掌的行政组织体制。其基本特征是否定"权力分立",实现"立法与行政的统一"。市的一切立法与行政权均由民选的市议会或民选的委员会统一行使。市议会或委员会的组成成员中,除一人被指定为"市长"外,其他委员均负责主管市政府各行政部门的具体工作。市长仅为名誉性或礼仪性的,并不掌握行政实权,与其他委员一样,他只领导一个部门的工作。

市经理制是指城市的立法权由民选的市委员会或市议会所掌握,再由市委员会或议会聘任一名市经理执掌行政权的行政组织体制。该体制产生于美国,其基本特征与做法是:作为立法机关的市议会或市委员会由选民选举产生,专门负责制定各种政策和法律,并控制财权。市委员会根据市政管理的需要,聘请一位受过专门训练的市政专家为市经理,以专门负责领导与管理市政府的各项行政工作。市议会对市经理有聘任、监督和随时撤换的权力,市经理要执行市委员会的政策和法规,并对之负责。市经理的待遇及任期不定,完全取决于任职期间的工作业绩。

2.2.3 行政组织的编制管理

1. 编制管理的含义及其作用

行政组织的编制管理是指按法律规定的制度和程序,对行政组织的职能范围、机构设置和人员配备等进行的管理。它包括职能管理、机构管理和人员编制管理三方面。从实际运作来看,编制管理的具体内容包括:

① 制定编制方案;
② 确定各部门的职能范围,进行科学的职能配置;
③ 审批机构与人员;
④ 监督编制执行情况;
⑤ 做好编制统计;
⑥ 制定有关的编制法规。

为了加强编制管理工作,我国县级以上的各级政府都设立了机构编制委员会,根据统一领导、分级管理的原则,对编制工作进行具体的管理。

2. 编制管理的意义

(1) 编制管理是建立精干高效的行政组织体系的重要前提

一定的机构和人员编制,是进行行政管理活动的基本条件。而建立精干合理的行政机构,配备精明的工作人员,使整个行政组织体系高效协调的运转,必须依靠科学的编制管理。这是在行政管理体系中居于较高层次的管理,有人称之为"母管理"。

(2) 编制管理是防止官僚主义,密切政府与群众关系的重要手段

官僚主义的表现形式很多,产生官僚主义的原因也很复杂。但实践证明,机构臃肿、层次繁多,必然运转不灵、反应迟钝,影响领导与群众之间的及时沟通,使之脱离群众或者瞎指挥;人浮于事、职责不清,也必然造成互相推诿、拖拉扯皮、办事缓慢等官僚主义作风的产生。而科学的编制管理依靠法律手段,严格按照编制设置机构和人员,可以有效地改变上述状况,为改进机关作风,密切政府与群众的联系,防止和铲除官僚主义创造良好条件。

(3) 编制管理有助于节省国家财政开支

行政机构的经费开支由国家财政拨款。机构和人员过多,势必增加国家财政支出,并相对减少用于经济建设和人民消费的资金。而科学的编制管理是节省行政经费的一项重要措施。近年来,我国把机构设置、人员编制与行政经费挂钩,超编者财政部不拨款,银行不开支,收到较好效果。

3. 编制管理的原则

编制管理直接涉及政府机构的设置和人员配备，政策性强，影响深远。为了切实搞好编制管理，应遵循下述几个基本原则。

（1）精简原则

精简原则包括精简机构、减少层次和精简人员、实行合理定编定员两个方面。应严格根据行政管理职能、管辖范围等情况来决定机构和层次的设置，合理确定机构人员数额，并严格按数额配备适合的工作人员。

（2）统一原则

统一原则包括三个方面的内容：首先是统一领导，严格按照国家的统一规定、统一制度、统一程序进行；其次是统一职能目标，明确分割行政机构的职责权限，防止机构重叠，政出多门；最后是机构设置要统一完整，既要做到每个行政机构各自形成有机的整体，也要做到任何行政机构都是全国政府机构的一部分。

（3）立法原则

编制立法是指有关行政组织内部机构设置及其职责权限、结构比例和人员定额的法律规范的总和。行政组织编制立法的目的是要做到设编必须有法定条件、扩编必须有法定程序、超编必须有法律制裁，用法律的形式把机构设置及其职责权限、结构比例和人员定额固定下来，使编制管理有法可依。

2.3 行政组织理论

2.3.1 西方行政组织理论的发展

1. 古典行政组织理论

19世纪末20世纪初，对行政组织的研究就开始了。这一时期的行政组织理论被称为古典行政组织理论。古典行政组织理论将专业化分工引入行政组织管理，强调通过严格的制度、规范的程序和明确的奖惩求得组织效率的提高。这一时期的行政组织理论侧重于组织内部的静态研究，忽视了社会环境对组织的影响和组织成员的社会需求。这一时期的代表人物主要有泰勒、法约尔、韦伯等。

泰勒的科学管理理论是以企业组织为研究对象的。其主要贡献体现在3个方面：一是主张将组织中管理者的管理职能与员工的作业职能分开，既要各负其责，又要相互协作；二是强调组织管理职能的专门化，每个管理人员都要尽可能分担某一种专门职能；三是提出了组织管理中的"例外原则"，即强调高层管理人员应把一部分权力下放给下级，自己只保留例外事项的处理权。

法约尔的一般组织理论是从高层管理者的角度，以大型企业整体组织管理为对象，就组织结构的规定性和管理过程的原则性，提出了组织管理的5种职能和14项原则。5种职能是：计划、组织、指挥、协调、控制；14项原则是：工作分工、权责一致、纪律、统一指挥、统一领导、个人利益服从整体利益、报酬、集权、等级系列、秩序、平等、稳定、主动性、团结精神。这些原则既是管理的原则，同时也是组织的原则。

韦伯是德国著名的社会学家、政治经济学家，也是官僚制组织理论的奠基人。他认为，任何组织的存在都是靠权威来维持的，合法的权威主要有3种来源：一是基于习俗管理的传统权威；二是基于领袖个人魅力的神授型权威；三是基于理性和社会契约的法理型权威。每一种权威各有其理想的组织类型，官僚制则是法理型权威最适宜的组织形式。官僚制的主要内容包括：组织成员分工明确；报酬、晋级和提薪都相对固定；组织内部层级节制；组织中规章制度严明；管理中的决定和命令形成文件下达，以文件"档案"作为管理的基础。这种组织类型具有准确、迅速、统一、严格服从和减少冲突等优点，对其后相当长时期内的组织建构都产生了影响。但在发展过程中，官僚制组织也逐渐暴露出一些弊端，20世纪后半期的行政组织改革主要是针对这些弊端进行的。

2. 行为科学组织理论

20世纪30年代，行为科学的兴起对西方整个科学界产生了巨大冲击。行为科学的思想与方法对组织理论也产生了重要影响，形成了行为科学组织理论。行为科学组织理论改变了从静态的组织结构角度研究组织的状况，开始从动态、从心理行为机制的角度来进行研究，弥补了以往古典组织理论研究的不足，丰富了组织理论的研究内容。行为科学组织理论的主要代表人物包括梅奥、巴纳德、西蒙等人。

梅奥是美国著名心理学家和社会学家，现代管理学中人际关系学派的创始人。他曾于1927—1933年间主持了著名的"霍桑实验"。通过大量访谈和研究，梅奥提出了几个基本思想。一是"社会人"理论，认为组织中的人不是"经济人"，而是"社会人"，是复杂社会系统的成员。"社会人"不单纯追求金钱收入，还需要得到友谊、安定和归属感。二是"非正式组织"理论。梅奥发现，人们只要在一起活动，就会自发地形成"非正式组织"。管理者应力求在正式组织和非正式组织之间保持平衡，避免冲突。三是指出作为新型的组织领导者，其能力主要表现在通过提高组织成员的满足度来激励组织的"士气"，从而提高组织的效率。

巴纳德是美国公共管理和组织管理方面的理论家，他从系统论的角度对组织进行定义，提出组织是由两个或两个以上的人有意识地进行协调活动的系统。作为一个协作系统，组织必须具备3个要素：一是共同的目标；二是协作的意愿；三是信息。此外，巴纳德还提出了组织平衡的思想，认为组织成员对组织的贡献与组织对成员的满足程度将决定组织能否继续存在。虽然梅奥发现了非正式组织的存在，但真正对非正式组织进行系统研究的学者是巴纳德。他指出，非正式组织能对正式组织起到补充、限制的作用，如果引导得好，非正式组织能对正式组织产生积极影响，促进正式组织功能的发挥；如果引导得不好，非正式组织会对正式组织产生消极影响，妨碍正式组织功能的发挥，导致组织的僵化和衰退。

西蒙是美国著名的行政学家，诺贝尔经济学奖得主。他提出"管理就是决策"，并以决策理论为核心，建构了一个更加全面、系统和成熟的现代组织理论体系。其主要思想包括：第一，组织的基本功能是决策，而有效地组织应以正确的决策为基础；第二，组织的目标是追求决策的合理性；第三，成员参加组织的动因主要是组织对成员个人利益的实现存在诱因；第四，组织的影响方式主要是权威、组织成员对组织的忠诚、信息沟通、效率准则和培训等；第五，组织结构的设计应与决策的过程相吻合，将组织整体结构设计为层级制，并注意组织结构是组织内部分工的依据。

3. 现代组织理论

20世纪60年代以来，西方组织理论进入了一个新的发展阶段，这一时期的组织理论被称为现代组织理论。现代组织理论的研究和发展与系统论、控制论和信息论的引进密切相关，它不再把组织作为一个封闭的、孤立的团体，而是作为一个与内外部环境密不可分的开放团体，既注重组织的静态研究，也注重组织的动态研究，更注重组织与内外环境适应性的研究，从而使人们得以更广泛、更全面，同时也更深刻地理解组织问题。现代组织理论包括系统与权变组织理论、行政生态组织理论和学习型组织理论等众多流派。现代组织理论的代表人物包括帕森斯、卡斯特和罗森茨韦克、里格斯、伯恩斯和斯托克、本尼斯、圣吉等人。

帕森斯是最早将一般系统论运用于组织研究的美国学者。他认为，任何一种组织，其本身就是一个处在各个社会系统之中的社会分系统。处在社会系统中的组织，必须具有适应环境、达成目标、统一协调和形态维持4个特质。这4个方面的特质主要通过组织的3个层级来体现：一是决策层级，负责决策和组织方向，该层级处于组织的最高地位，与客观的社会环境直接发生关系，其工作状态是完全开放式的；二是管理层级，负责解决内外协调问题，该层级处于组织的中间层级，其工作性质是半开放、半封闭状态；三是技术层级，负责组织具体目标的达成，又称操作层级，处于组织的基础地位，其工作性质属于封闭状态。各层级之间应职责清楚、授权分明、各司其责，不得互相干涉。

伯恩斯和斯托克于1961年发表了《创新的管理》一书，把环境分为相对稳定的环境、不稳定和动荡的环境。两种不同的环境形成了两种不同的组织结构模式，即机械式组织模式和有机式组织模式。这种适应型组织的理论观点反映出进入20世纪后半期，西方社会所发生的从工业社会向后工业社会或称为信息社会、知识经济社会的转型。本尼斯也在他的《官僚制组织结构的灭亡就要来到》等著作中批判了传统的官僚制，并对未来的组织进行了展望。他认为，每一个历史时期都会产生一种与这个历史时期相适应的组织结构模式，官僚制模式已脱离了当代社会的现实，行将灭亡，未来的能够有效解决组织对内协调和对外适应问题的组织必然是有机-适应型组织。这种组织具有几个特征：一是临时性，组织将变成适应性极强的、迅速变化的临时性系统；二是围绕有待解决的各种问题设计机构；三是解决工作问题要依靠由各方面专业人员组成的群体；四是组织内部的工作协调有赖于处在各个工作群体之间交叉重叠部分的人员，他们身兼数职，同时属于两个以上的群体；五是工作群体的构成是有机的，而不是机械的，谁能解决工作问题谁就发挥领导作用，无论他预定的正式角色是什么。当然，这种官僚制过时论并未获得普遍的认同，仍有许多学者坚持官僚制可以通过自身的发展适应变化的环境。

彼得·圣吉是美国麻省理工学院教授，他在《第五项修炼——学习型组织的艺术与实务》（1990）中提出，在知识经济时代进程加快、组织环境日益复杂多变的背景下，企业要持续发展，就必须建设学习型组织。所谓学习型组织，是指通过培养弥漫于整个组织的学习气氛，充分发扬员工的创造性思维能力而建立起来的一种有机的、高度柔性的、扁平的、符合人性的、能持续发展的组织。这种组织具有持续学习的能力，具有高于个人绩效的综合绩效。要创建这种新型组织，就必须进行5个方面的修炼：自我超越、改善心智模式、建立共同愿景、团体学习和系统思考。学习型组织理论认为，在新的知识经济时代，知识已经成为重要的生产要素，具有独立化和资本化的功能。因此，组织结构的设计与变革，必须适应知识经济的需要，有利于知识的生产、沟通、共享、深化和转化。这一理论不仅对企业组织变革产生了重要影响，对政府等公共组织也有深远的影响。

2.3.2 马克思主义的行政组织理论

马克思主义行政组织理论是马克思主义国家学说的组成部分。我们应当以马克思主义的国家学说为指导，研究政府行为组织理论。

1. 马克思、恩格斯对社会主义国家政府组织原则的构想

马克思、恩格斯在他们的著作中对社会主义国家政府组织作了研究，特别是对工人阶级的第一个政权——巴黎公社的经验作了总结，对未来的国家管理作了一些原则性论述。他们对未来社会的基本设想是："劳动者自由联合体"，即靠劳动者"自治"，整个社会自上而下由劳动者直接参加管理。马克思认为，政府只应有"为数不多的重要职能"，主张实行所谓"大社会"、"小政府"，认为政府就应该建成巴黎公社那样"议行合一"的组织形式，强调"廉价政府"，主张官员由群众直接选举和进行监督，政府及其官员应是人民的公仆，等等。根据当时的社会条件，马克思、恩格斯对政府组织和管理还不可能进行周密的设计，但从他们的论述中可以看出来对未来政府组织的一些原则构想，这对研究政府组织还是很有价值的。

2. 列宁的组织理论

俄国十月革命后，列宁十分重视国家机关管理，亲自担任政府首脑即人民委员的主席。他论述了政府组织管理的重要性，创立了工农兵苏维埃政权的组织形式；强调人民群众要参加国家管理，重视民主自治，重视监察制度；主张机构要精简，要明确职责，工作要按程序，会议文件要简短，积极倡导运用先进科学知识和方法进行管理，重视提高干部素质，克服官僚主义，不断改进工作，提高效率。这些理论和原则，丰富和发展了马克思主义行政组织理论。

3. 我国在革命斗争实践中创造的行政组织理论

我国在民主革命和社会主义革命实践中创造了许多行政组织理论，内容十分丰富，其中的一些理论同西方行政学者所提倡的相符合，同时又具有自己的特色。例如，党在革命斗争中，根据实际提出每个时期的中心任务和奋斗目标，使党及各级组织形成一个团结战斗的坚强整体，充分发挥了组织的战斗力量。在延安时期我党就非常强调精兵简政，使边区政府机构人员精干，组织极富效率；我党还始终坚持民主集中的原则，强调组织中的人际关系，强调官兵一致、上下一致、团结互助等。在社会主义建设时期，尤其是党的十一届三中全会以来，党和政府把工作重点转移到以经济建设为中心的轨道上，党的十四大又确定了建立社会主义市场经济体制的目标，这就要求各级政府组织要转变职能，从组织目标、组织结构到权责体系都要做相应的改革和调整，要充分发挥组织的作用，广泛团结一切可以团结的力量，使组织精干、高效，为社会主义现代化建设服务。我们研究组织理论不能只照搬西方的东西而丢掉自己的长处，要很好地研究社会主义国家在长期斗争实践中的组织理论和经验，作为丰富和发展马克思主义组织理论的一个重要内容。

2.4 我国的行政组织

2.4.1 我国行政组织结构

1. 中央人民政府的建制

中央人民政府即国务院,是我国最高行政机关,统一领导全国地方各级国家行政机关的工作。国务院由全国人民代表大会产生,对全国人民代表大会负责并报告工作。其职责是贯彻执行和组织实施最高权力机关的决议、法律和法令。具体地说,国务院有制定行政法规的行政立法权,有发布命令、指示的命令权,有组织编制的审定权,有对行政人员的任免、奖惩权,有财务预算收支的审计权,有对外事务的外交权,有管理国防建设、抗击外敌入侵的军事权,有对科教文卫管理的决策权、监督权等。

国务院由总理、副总理、国务委员、各部部长、各委员会主任、审计长、秘书长组成。国务院实行总理负责制,由总理领导国务院的工作,副总理、国务委员协助总理工作。凡属中央政府的重大问题,由总理召集和主持国务院常务会议(由总理、副总理、国务委员、秘书长组成)和国务院全体会议(由国务院组成人员组成)讨论决定。各部、委则实行部长、主任负责制。

国务院机构设置主要有部(委)、直属机构、办公机构、办事机构、部委归口管理的国家局、非常设机构等,部委下设司(局)、处(室)。

2. 地方人民政府的建制

各级地方政府是设置于一定行政区域内的行政机关,是同级权力机关的执行机关,又是国务院统一领导下的行政机关。各级地方政府同样实行行政首长负责制。省、自治区、直辖市一级职能机关分厅、局、委和处、室、办两层,市、县一级设局、委和科、室两层,乡政府一般设综合性办公室,不设专门性的横向职能部门。

2.4.2 我国行政组织的地位和职权

1. 领导机构

我国行政组织中的领导机构,是指中央人民政府和地方各级人民政府的行政首脑机关,也就是各级人民政府的指挥中心和决策中心。国务院的领导机构是由国务院总理、副总理、国务委员、各部长、各委员会主任、审计长、秘书长组成的常务会议。省政府的领导机构是由省长、副省长、各厅(局)长、审计长、秘书长组成。以下各级人民政府以此类推。我国实行行政首长负责制,但在重大问题上先经过领导机构讨论,在此基础上行政首长作出最后决定。

2. 职能机构

职能机构是各级人民政府下设的职能部门,如国务院的各部、委,省、市、县政府的厅、局、科等。职能机构在行政领导机构的直接领导下，负责组织和管理某一方面行政事务。它是根据行政管理的需要，按法定程序建立的，主要任务是贯彻执行领导机构决策、领导和指导对口下属行政部门的工作。

3. 办公机构

办公机构是指各级人民政府设立的办公厅（室）等，它是协助行政首长掌管本级行政组织内综合性工作的机构，它的行政首长通常参加本级政府的常务会议。

4. 办事机构

办事机构是指各级人民政府内为协助行政首长处理专门事务而设立的具体工作机构。例如国务院目前有4个办事机构，即国务院侨务办公室、国务院港澳事务办公室、国务院法制办公室和国务院研究室。地方各级人民政府也建立了相应的办事机构。

5. 直属机构

直属机构是指在领导机构统一领导下，主管某一方面专业性业务的行政机构。我国国务院目前有16个直属机构，如国家统计局、国家税务总局、中华人民共和国海关总署、国家旅游局、国家新闻出版署（国家版权局）、国家体育总局、国家安全生产监督管理总局、国家预防腐败局等。地方各级人民政府也相应地建立了若干直属机构。直属机构的地位在法律上低于职能机构，它的行政首长不属于本级人民政府领导机构的组成人员。

6. 参谋咨询机构

参谋咨询机构在编制上有的属于办事机构，有的属于直属机构，但在职能上是一样的，主要是调查研究，了解情况，为领导机构出主意、提建议、当参谋和完成领导机构安排的其他工作。例如各级人民政府的政策研究室等就是此类机构。

7. 派出机构

在我国行政组织体系中，派出机构只有省、县和市辖区的人民政府才有。省政府的派出机构是行政公署，但行政公署除了一些地域较大的省份存在以外，大多已不存在；县人民政府的派出机构是区公所；市辖区人民政府的派出机构是街道办事处。派出机构是地方人民政府根据行政管理的需要，按法律规定或经上级批准，在所辖区内设立的代表机构。这种机构不是一级国家行政机关，它代表该级机关指导所属区域的工作，负责督促和检查下级行政机关执行上一级国家行政机关的有关指示和决定，完成上级国家行政机关下达的各项任务。

另外，各级人民政府还根据某一阶段性的行政事务而设立临时机构。

重要概念

行政组织　　组织结构　　行政组织体制　　集权制
首长制　　　官僚制　　　学习型组织

课堂讨论

结合实际论述行政组织的类型。

思考题

1. 行政组织有何特征？
2. 如何正确处理管理层次与管理幅度的关系？
3. 均权制有何优缺点？在市场经济条件下，如何正确运用才能发挥其优点避免其缺点？
4. 传统的科层组织与学习型组织有何不同？试比较二者的差异。

微型案例

省管县改革捆手绑脚，难施展，陷僵局

《经济参考报》记者在多地调研了解到，已在多个省份推行的省直管县改革，在一定程度上节省了行政成本、提高了行政效率，促进了县域经济经济发展。但部分基层干部和专家表示，当前这一改革总体处在探索阶段，仍显"羞羞答答"、力度不够。虽然不少地方省直管县改革取得了一定成效，但在当前省管县改革过程中，仍然存在诸多问题和困难，包括财政体制改革与行政体制改革不同步，省与县权限对接困难、有效约束机制缺乏等问题。

首先，部门利益难协调，部分地区市对扩权县不支持。多个省份的基层干部反映，垂直部门在扩权政策中定位模糊。土地、金融、工商、税务等垂直部门对当地经济发展具有举足轻重的影响，且部门利益有强化趋势，扩权政策显得无能为力。一些地方垂直部门也以行政规章为由，拒绝放权，就算放权也是"放小不放大，放虚不放实"，收费项目的"放权"，成为核心问题。

其次，管理权限对接中存在问题，权力配置不公。河南省社科院专家在对该省直管县改革的调查中发现，在没有扩权基础的多个县份，虽然有36到40个局委部门与省直部门进行了对接，但其承接的管理权限受阻。其背后是市级部门将本应下放给县的权限，诸如驾驶证、许可证、资格证、资质证、统筹缴费、汽车交易监管、招商项目审批、公安权限、畜牧权限、民政权限、新农村建设项目等共计36至43项实际权限未能下放给试点县。

再次，"强县扩权"尚缺乏有效的约束机制。数据显示，在我国各大省份中，最多的如四川、河北、河南等省下辖县均在150个以上，全国平均每个省级行政单位下辖80多个县。辖县大省在改革中遭遇省级财政管理半径激增，从而产生"管理真空"难题。部分专家认为，有效监督机制不匹配，极易产生政府的短期化行为，存在"由放而乱"的可能性。

（资料来源：经济参考报，2014-3-13（007），有删节）

案例思考题

1. 结合案例讨论，如何多管齐下打破省直管县改革"僵局"？
2. 从行政层级与行政效能之间的关系来分析我国行政组织改革的深层原因及未来的发展趋势。

第 3 章

行 政 环 境

一个政府的行政管理活动与政府的行政环境密不可分。行政环境是行政管理活动的前提，公共行政活动必须适应行政环境；同时，行政环境是行政管理施加影响的对象，行政管理可以改造行政环境。行政环境研究以系统论为基础，研究行政环境可以有效地反映政府行政行为的合法性和合理性。

3.1 行政环境及其对行政管理的必要性

3.1.1 行政环境问题的提出

行政管理活动是在一定环境中进行的，行政组织和行政人员只有在一定的环境中才能求得生存和发展。

1. 行政生态学的兴起

生态学形成于 19 世纪末 20 世纪初。第二次世界大战以前，行政管理学的研究重点侧重在组织内部因素的研究上，如行政组织设立、权限划分、人员行为等，忽略了研究行政现象的外部环境因素。到了 20 世纪中叶，各种环境危机的加深，唤起了人们对环境问题的普遍关注和高度重视，生态学在这种强烈呼吁拯救环境的呼声中有了更大的发展。

在西方，最早将生态学概念引入行政管理学领域并借用其观点将行政管理比拟成生物有机体，将行政环境视为生态环境来研究政府行政现象的是美国哈佛大学教授约翰·高斯。1935 年，他在一次演讲中首次提出政府组织行为必须考虑环境的因素，要对行政环境作集中研究。1947 年，在《政府生态学》一文中，高斯首次正式把"生态学"一词引入行政管理学，强调外部环境因素对行政管理的重要性。1957 年和 1961 年，美国哈佛大学的 F. W. 利格斯发表了《比较公共行政模式》和《公共行政生态学》，此著作的出版为行政学研究开创了一个新的分支学科——行政生态学，以行政环境问题为专门研究对象，并根据社会制度在功能方面的分化程度，将行政管理分为以下三种模式。

(1) 融合型即农业社会的行政模式

其特征是：经济基础是农业生产力；土地的分配和管理是政府的重要事务；行政风范带有浓重的亲族主义色彩；流行世卿世禄的行政制度；政治与行政不分，权力来源于君主，行政官吏在政治和经济上自成特殊的阶级；政府与民众较少沟通；行政活动以地域或土地为基础，行政的主要问题是维持行政的一致和统一。

(2) 棱柱型即过渡社会的行政模式

这是处于农业社会向工业社会过渡期间的一种行政形态，它既有农业社会行政形态的一些特征，又具有工业社会行政形态的一些特征。具体来说其特征是：政府的制度、法规不能实际起到约束和规范作用，形式上随意抛弃了传统社会中的行政特性，实际上仍具有很大的影响力；同时呈现异质的行政制度、行政风范和行政行为；传统结构与现代结构重叠存在。

(3) 衍射型即工业社会的行政模式

其特征是：经济基础是美国式的自由经济或原苏联式的管制经济；民众有影响政府决策的渠道，政府与民众关系密切；行政风范体现平等主义、成就导向和对事不对人原则；沟通渠道发达；由于社会高度的专业化，因而行政的主要问题是谋求专业化基础上的协调和统一。

利格斯的论著确立了行政生态学的基本思想，开创了行政管理学研究的一个新途径，被认为是行政生态学的代表作。此后，行政环境研究就受到行政学界和行政活动家越来越广泛的关注。

2. 行政环境的含义

行政环境是行政系统赖以存在和发展的外部条件的总和，亦是各种直接或间接地作用、影响于行政活动的外部客观因素的总和。这些条件或客观因素有物质的、精神的；有有形的、无形的；有自然界的、社会界的。构成行政环境的因素是多方面、多层次的，各因素之间相互渗透、不断发展变化，影响着行政管理的效果。与行政系统关系密切的是国内和国际的行政环境。

1) 国内行政环境，包括自然和社会两大领域

(1) 行政自然环境

行政自然环境主要指作用于行政系统的地理位置、自然条件和自然资源，如天文、气象、土地、水源、矿藏、森林、草原等。行政系统和自然环境要保持协调，要把保持生态平衡作为行政系统的活动准则。在特定情况下，自然环境会对行政管理产生直接和深刻的影响，严重时甚至会中断行政系统的正常运作，改变原有的行政目标，迫使行政系统采取紧急的行政措施，如重大自然灾害的突发、自然资源的严重破坏、自然环境的严重污染等。

(2) 行政社会环境

行政社会环境主要是指行政系统之外直接或间接影响、作用于行政系统的各种社会因素的总和，如经济、政治、文化、人口、民族环境等。

① 经济环境。指作用于行政系统的物质技术和经济制度，即通常所说的生产力和生产关系。包括经济发展水平、生产设备和工具的水平、人民生活的水平、经济结构形态、经济体制、银行制度与财政金融政策、投资政策、资源开发、对外贸易及经济法规制度等。其中，经济制度、生产关系对行政系统的产生、性质、运作目标和方式等起着重要的决定性作用，而物质技术水平及其拥有量直接影响行政管理的效率和水平。

② 政治环境。指作用于行政系统的政权性质、政权体制、政治组织、政党制度、政治分歧、政治制度，以及立法、司法、军事、监督等。政治环境对行政管理具有直接的作用。

③ 文化环境。即作用于行政的科学文化和思想道德状况等，是思想道德、科学文化、宗教、艺术、社会心理、价值观念、行为规范、人伦关系与各要素的总和。文化环境具有整合为一、连绵不断、变迁积累、渗透于社会各个领域等特点，对行政系统的影响具有持久性和广泛性。

④ 人口、民族、社区、社团等也是行政社会环境的构成因素，对行政管理也有重要作用。人口环境指的是一个国家的人口数量、质量、构成、分布等，它与一个社会的经济环境、政治环境、文化环境、自然环境之间存在着相互依赖、相互制约的密切关系。人口问题对许多国家的政府行政管理提出了各种要求。当今世界各国的人口情况可分为两类：一类是人口数量正在下降，人口呈现老龄化趋势，劳动力资源不足；另一类是国家人口数量猛增，人口素质低下。民族是一种社会现象，其产生和发展是和一定的社会相联系并受其制约的。由于民族之间的差异、民族发展的不平衡等多种原因，客观存在的民族和民族问题对行政管理具有影响和制约作用。历史因素也是在行政环境中起很大作用的因素，各国行政管理是随着历史发展而发展的。

2）国际行政环境，包括自然和社会两大领域

（1）国际行政自然环境

国际行政自然环境主要是指全球的生态环境。当前，全世界的生态环境的恶化，以对人类的生存构成巨大威胁。例如臭氧层、水土流失、土地沙化情况等，威胁着整个人类，影响着各国行政管理目标的实现。

（2）国际行政社会环境

国际行政社会环境主要是指国际社会的政治、经济、文化等的发展情况。当前国际社会环境的总趋势是和平和发展，这是当今世界的两大主题。20世纪80年代中期以来，世界向多极化趋势发展，和平因素在增长。经过第三世界国家和人民的努力及世界一切爱好和平的国家和人民的共同斗争，和平的呼声越来越高。但是，在认识国际形势缓和趋势的同时，还必须看到缓和中有紧张，对话中有对抗。当今世界并不太平。一方面，美国、欧盟、日本之间的经济竞争更加激烈，导致动荡的各种因素并未消除，在一定条件下强权政治、干涉他国内政等现象依然存在；另一方面，南北经济差距在继续扩大，不合理的国际经济秩序造成了穷国越穷的现象，这也是对世界和平与稳定极为不利的。尤其需要警惕的是国际反动势力始终没有放弃和改变敌视和颠覆社会主义的根本反动立场，只不过把政策重点由武力干涉转向"和平演变"而已。

3. 行政环境的特征

行政环境具有以下4个主要特征。

（1）广泛性

行政环境是行政系统赖以存在和发展的外部要素的总和。因此，凡是作用于行政系统的外部条件和要素，都属于行政环境的范畴。从地形地貌、山川河流，到气候特征、自然资源；从人口数量、民族状况，到阶级状况、历史传统；从文化教育、科学技术，到社会制度、经济状况，乃至人际关系、道德水准等，十分广泛。

(2) 复杂性

行政环境是一个复杂的开放系统，它对行政管理的影响与作用不仅广泛，更重要的是在此基础上体现出来的复杂性。行政环境的各种条件和要素本身，以及这些条件、要素之间构成纵横交错的复杂关系。

(3) 差异性

构成行政环境的各种条件和要素，对行政主体来说没有一个是完全相同的。各种不同的行政管理体制、管理模式的形成和发展正是这种差异性的具体体现。

(4) 变异性

世界没有一成不变的东西，任何事物都处于不断变化之中，行政环境的各个条件和要素也不例外。社会不断变迁，体制不断变革，观念在不断改变，行政环境因素的变异，直接或间接地影响着行政系统的变化与变革。

3.1.2 行政环境的理论依据

在行政环境的问题上，马克思主义哲学也如同行政生态方面的理论一样，为行政环境问题的科学解决提供了理论依据。

对行政环境施加影响的主体是行政系统，行政系统是通过行政组织的运转和行政人员的努力而实现其目的的。行政人员是行政系统的主体，行政组织的运行有赖于行政人员的自觉驾驭和管理。因此行政环境和行政系统的关系实际上就是人和环境相互关系的一种局部情形和特殊表现。要解决行政系统和行政环境的问题，需要运用马克思主义关于人和环境的理论。

人和环境的关系是哲学家一直以来争论的问题。唯心论者认为环境是精神的产物，否认环境的客观性；机械论则提出形而上学的环境决定论，否认人对环境的能动性。马克思主义则认为，环境是人活动的基础，环境的改变使得人改变，而环境的改变是由人的改变引起的，环境的改变和人的活动的一致，只能被看作并合理地理解为革命的实践。

由以上理论，不难得出行政环境与行政系统的关系有如下几点。

第一，行政系统以行政环境为赖以生存和发展的基础。行政系统需要在一定的行政环境下才能运行和发挥作用。行政环境的改变需要行政系统的存在和活动方式也随之改变。

第二，行政系统施加影响的对象是行政环境，行政环境的改变是行政系统功能有效发挥的结果。

第三，只有在实践中行政系统的活动和行政环境的改变才能取得一致。行政系统通过实践把其活动的主要内容执行国家意志，制定方针、政策、法规、命令等变成改造环境的物质力量；离开实践，行政系统的运作就不能产生实际成果陷于了空谈，行政环境只有通过实践才能得到改造。

(1) 经济基础对政治上层建筑的制约作用

社会的经济基础由生产关系的总和构成。社会的上层建筑由建立在积极基础之上的政治法律制度和社会意识构成。经济基础决定上层建筑，上层建筑需要适应经济基础的性质和发展，作为社会发展的基本规律，是分析行政管理与经济经济基础关系的理论指南。

行政管理制度属于政治上层建筑。它作为社会的总代表，具有凌驾于社会之上的权力，但它必须以经济基础为核心,受到经济环境的支配和制约。主要表现有:行政系统的根源是经济环境,它决定行政系统的产生和存在,性质、目的和历史使命,决定行政系统的变化和发展方向等。

（2）上层建筑其他方面对行政系统的作用

上层建筑作为一个复杂的体系,包括政治制度、法律制度、军队、监狱、法院、政治、宗教、艺术、哲学等各种物质设施和观念形态。它们相互影响相互作用,以经济制度为基础,为经济基础服务。

行政系统属于政治上层建筑的核心部分,是国家权利结构的一个方面。它的建立和运作需要在一定阶级的政治和法律观念指导下,在一定的行政文化环境的影响下进行。一旦它成为了社会的独立力量,又将从积极的方面影响人们的思想、观念和行政文化环境。

3.1.3 行政环境与行政管理的关系

行政环境是行政管理系统所存在之外的大系统。行政环境是行政管理活动得以进行的基础,也是行政活动实际形成的结果。任何国家政府的管理都是在特定的环境中进行的,不能脱离特定的环境,必须以现存的环境状况为基础。行政环境是行政管理赖以产生和发展的基本条件,它决定、影响或制约行政管理目标的制定、机构设置、机制运行和活动方式的选择等。可以说,有什么样的行政环境,就必须有或必定有什么样的行政管理。另一方面,行政管理活动又以形成、维持和改变特定的环境目标,以影响和改造现存环境为任务,行政管理的结果又形成了进一步开展行政管理活动的环境。因此,行政环境和行政管理是辩证的关系。

（1）行政环境制约和影响行政管理系统及活动

首先,行政环境是行政管理系统产生、存在和发展的基础;其次,行政环境决定行政管理的目标、内容和性质;第三,行政环境作用和影响着行政过程;第四,行政环境作用和制约行政体制、行政模式。行政管理处在一定的行政环境中,并受到行政环境的影响和制约。由于行政环境不是一成不变的,所以行政管理也不是一成不变的,行政管理必须从实践出发,从客观的行政环境出发。

（2）行政管理对行政环境的利用和改造

行政管理对行政环境的利用和改造,表明的是行政管理对行政环境的反作用。行政环境作用和制约着行政管理,行政管理也必须适应行政环境,必须和行政环境相一致,但这决不意味着行政主体、行政管理消极地适应行政环境,任凭行政环境的摆布。行政管理可以能动地利用和改造行政环境,具体表现为下几个方面:一是行政管理可以利用行政环境所提供的政治、经济、文化等条件,对其所面临的问题,制定有效的决策、制度和办法,并迅速有效地加以实施;二是行政管理可以通过对行政环境的再认识与再思考,主动自觉地纠正不符合行政环境要求的管理行为、管理法规和管理方式等;三是行政管理对行政环境的能动作用。当行政管理沿着行政环境发展方向发生作用时,对行政环境特别是经济、政治、文化等环境的发展就起着积极的推进作用,当行政管理沿着与行政环境相反的发展方向发生作用时,对行政环境的发展就起着阻碍的作用。

（3）行政管理和行政环境在动态中保持平衡

行政管理和行政环境的平衡，是行政管理与行政环境相互作用的必然过程，是行政管理系统存在和发展的必要条件，也是行政管理具有活力和效率的重要前提。行政管理和行政环境平衡具有以下两个特点。

① 综合平衡。这种综合平衡表现为既要从自然形成的物质、能量和信息的输入和输出的关系来考察，又要并且主要地是从政治、经济、精神文明等社会关系和思想关系方面来考察。

② 宏观平衡。行政管理更重视普遍的、全局的和宏观方面的行政环境，着重宏观管理。越是高层的行政管理，越是把注意力放在宏观方面。所以，行政管理和行政环境之间的平衡主要地表现为宏观的平衡。

3.2 我国现阶段行政环境的主要特点

3.2.1 以和平和发展为主题的国际环境

和平和发展是当今世界的两大主题。和平是指国际政治环境的相对和平。自20世纪80年代以来，虽然由民族、宗教矛盾和边界、领土争端导致的局部冲突时起时伏，各种安全问题相互交织，但总体来讲，战争因素在减弱，和平因素在增长。在中国乃至第三世界国家爱好和平的人们的共同奋斗下，国与国之间的矛盾可以通过和平的途径来解决，整个世界的局势由紧张向缓和发展。和平已成为现代国际环境的基本趋势和主要特点。所谓发展，是指国际经济、科技的发展和整个社会的进步，主要表现在知识经济时代的到来、科学技术的飞速发展及经济全球化。

随着知识经济时代的到来、科学技术的飞速发展及经济全球化，国际政治和经济融合的趋势日益明显，这种国际社会环境使我国的行政管理面临更为复杂的外部条件，也提出了更高的要求，对我国的行政管理既是机遇也是挑战。所以善于利用国际环境，是当前我国政府在处理对外关系中制定科学决策，在改造国际环境中发挥积极作用的一个重要依据。

3.2.2 社会主义初级阶段的基本国情

我国正处于社会主义初级阶段，这是我国目前的基本国情，我们只有认清社会的性质，才能制定正确的路线、方针和政策，才能取得社会主义建设事业的伟大胜利。我国现处于社会主义初级阶段。社会主义初级阶段包含两层意思：依生产关系的性质，我国是社会主义性质的社会；依生产力发展水平，我国的社会主义还处于初级阶段，生产力不发达、不成熟、不完善。确认社会主义初级阶段，是对中国国情认识的一个飞跃，具有重大意义。它是我国把发展生产力作为考虑一切问题的出发点和检验工作的最重要标准，为制定追求富强这一价值目标提供了可靠的根据，并使我们可以采取灵活多样的手段进行社会主义现代化建设，有助于克服"左"的行政管理模式，形成与现代化建设相适应的价值观念、舆论力量和社会心理。

我国当前社会主义初级阶段的经济、政治、思想文化等方面表现出如下基本特征。

1. 政治

我国的根本政治制度是社会主义民主制度，政权的性质是工人阶级领导的、以工农联盟为基础的人民民主专政。我国的政治制度是经过多年的改革正逐步走向完善，政治稳定、民族团结。具体地说，党政不分的现象已改变；在国家和社会生活的主要方面已基本有法可依；高度集权的模式开始解体；全社会的高度政治化现象开始逐步改变；政治过程的连续性明显提高；国家开始从封闭走向全方位的开放；高度集中的管理体制逐步打破，中央与地方、上级与下级的权力关系日趋合理；立法体制逐步完善，法律、法规和规章遍及社会生活的各个领域，无法可依的时代基本成为历史；政策的连续性、稳定性不断增强；民族团结不断巩固，民族关系日益融洽。但也存在不利的因素，如人民群众日益增长的物质文化生活需要与落后的社会生产力之间的矛盾难以在短期内解决；因不平衡的利益需求而导致的地区之间、集团之间、人与人之间的矛盾与摩擦有增无减；社会风气有待扭转，有法不依、执法不严、违法不究的现象还大量存在，等等。这无疑构成了当前我国政治环境的消极因素。

2. 经济

目前我国已初步具备了社会主义经济制度赖以存在的物质技术基础。特别是通过经济体制改革，我国建立以公有制为主体、多种所有制共同发展的基本经济制度；实行了以按劳分配为主体、多种分配方式并存的分配制度；确立了社会主义市场经济体制，划清了政府与市场在资源配置上的不同功能和相互关系，经济管理体制改革取得突破性进展；确立了分税制的财政体制，国民经济市场化、社会化范围不断扩大；城乡人民生活水平不断提高，各项社会事业全面发展，综合国力不断增强。但社会生产力水平仍然很低，国民经济结构不合理，地区和部门之间发展不平衡，人口结构、产业结构、消费结构、技术结构等内部及相互之间的比例不合理，东部和中西部地区经济发展差距不断拉大，产权关系不明晰，国有企业改革需进一步完善，现代企业制度建设步伐还须加快，等等。解决好这些矛盾和问题，是我国政府今后一个时期紧迫而又重要的任务。

3. 思想文化

在文化环境方面变为传统与现代相融合。文化多元化是初级阶段的一大特点。当代中国的文化环境由3种基本要素构成。一是传统文化的遗存。传统文化是指历史延续中所形成的社会文化体系，它是相对于现代文化而言的。传统文化对人的行为和社会发展有很深的影响。我国历史悠久，具有极其发达的传统文化体系，其核心是儒家文化。二是西方文化的渗入。这里的西方文化主要是指第二次世界大战后西方主要资本主义国家占主导地位的资产阶级哲学、文化思想和学说，诸如科学主义、人本主义、自由主义，等等。三是马列主义、毛泽东思想、邓小平理论和"三个代表"重要思想为指导的社会主义新文化。其中，以马列主义、毛泽东思想、邓小平理论和"三个代表"重要思想所构成的政治意识形态是中国的主体文化。这种文化环境，对中国行政管理体制的建立与变革、人事行政制度的发展和完善、政策的制定与执行都有着决定性的影响。

3.2.3 中国现阶段行政环境对行政管理的要求

(1) 要从中国实际出发，坚持对外开放，吸取外国行政管理的先进经验，实施有中国特色的行政管理

改革开放以来我们取得一切成绩和进步的根本原因。归结起来就是：开辟了中国特色社会主义道路，形成了中国特色社会主义理论体系，高举中国特色社会主义伟大旗帜，最根本的就是要坚持这条道路和这个理论体系。中国共产党的实事求是思想路线是从实际出发，理论联系实际。现代行政管理理论方法在国外已研究近百年，取得了很多的研究成果。我们要借鉴其先进的东西，来促进行政管理的现代化。但是任何先进的理论方法必须结合具体实际才能发挥其威力，增强其活力，收到理想的效果。研究中国现阶段的社会环境，正是为了有的放矢地运用国外有益的行政管理研究成果根据我国的国情加以改造，为我所用，实施自己的行政管理。闭关自守，拒绝借鉴国外行政管理研究成果中具有普通实用性的成分，只能停滞落后。全盘端来，不结合中国实际，盲目照抄照搬，非但改变不了行政管理的落后状况，而且将阻碍现代化建设的发展。

(2) 要坚定地把组织领导经济建设作为政府的最主要职能，大力发展社会主义市场经济，加强对经济的宏观调控，促进社会生产力的发展

社会主义初级阶段的社会主要矛盾是人民日益增长的物质文化需求同落后的社会生产力之间的矛盾。社会主义初级阶段的社会主要矛盾，既决定了党和国家工作的重点是以经济建设为中心的社会主义现代化建设，即大力发展社会生产力，并在这个基础上逐步改善人民的物质生活，也决定了政府组织和领导经济建设，是国家职能的具体执行和表现。大力发展社会生产力，也是适应当前国际发展的要求。我国如果不致力于生产力发展，就会在国际上失去应有的地位。政府各项工作都必须服从和服务于经济建设这个中心，以是否有利于发展生产力作为检验行政工作的根本标准。

(3) 要根据各地区各方面的不同情况和条件，实施行政管理，切忌搞"一刀切"、千篇一律部署

进入21世纪新阶段，中国发展呈现一系列新的阶段性特征，主要是：经济实力显著增强，同时生产力水平总体上还不高，自主创新能力还不强，长期形成的结构性矛盾和粗放型增长方式尚未根本改变；社会主义市场经济体制初步建立，同时影响发展的体制机制障碍依然存在，改革攻坚面临深层次矛盾和问题；人民生活总体上达到小康水平，同时收入分配差距拉大趋势还未根本扭转，城乡贫困人口和低收入人口还有相当数量，统筹兼顾各方面利益难度加大；协调发展取得显著成绩，同时农业基础薄弱、农村发展滞后的局面尚未改变，缩小城乡、区域发展差距和促进经济社会协调发展任务艰巨；社会主义民主政治不断发展、依法治国基本方略扎实贯彻，同时民主法制建设与扩大人民民主和经济社会发展的要求还不完全适应，政治体制改革需要继续深化；社会主义文化更加繁荣，同时人民精神文化需求日趋旺盛，人们思想活动的独立性、选择性、多变性、差异性明显增强，对发展社会主义先进文化提出了更高要求；社会活力显著增强，同时社会结构、社会组织形式、社会利益格局发生深刻变化，社会建设和管理面临诸多新课题；对外开放日益扩大，同时面临的国际竞争日趋激烈，发达国家在经济科技上占优势的压力长期存在，可以预见和难以预见的风险增多，统

筹国内发展和对外开放要求更高。

(4) 要充分认识我国现代化建设的艰巨性和长期性

从国力出发，量力而行，循序渐进，积极奋斗。经过新中国成立以来特别是改革开放以来的不懈努力，我国取得了举世瞩目的发展成就，从生产力到生产关系、从经济基础到上层建筑都发生了意义深远的重大变化，但我国仍处于并将长期处于社会主义初级阶段的基本国情没有变，人民日益增长的物质文化需要同落后的社会生产之间的矛盾这一社会主要矛盾没有变。当前我国发展的阶段性特征，是社会主义初级阶段基本国情在 21 世纪新阶段的具体表现。强调认清社会主义初级阶段基本国情，不是要妄自菲薄、自甘落后，也不是要脱离实际、急于求成，而是要坚持把它作为推进改革、谋划发展的根本依据。我们必须始终保持清醒头脑，立足社会主义初级阶段这个最大的实际，科学分析我国全面参与经济全球化的新机遇新挑战，全面认识工业化、信息化、城镇化、市场化、国际化深入发展的新形势新任务，深刻把握我国发展面临的新课题新矛盾，更加自觉地走科学发展道路，奋力开拓中国特色社会主义更为广阔的发展前景。

(5) 必须以马克思主义为指导，努力建设精神文明，要两个文明建设同时抓，使它们互相结合、互相促进

社会主义初级阶段，国家的中心任务是搞经济建设，但是一个精神文明素质不高的民族是不可能实现现代化的。建设社会主义商品经济新秩序，需要新的管理体制和相应的法律、法规，更需要社会公德、职业道德、文明礼貌的普及和提高，需要大力提倡对祖国、对社会的奉献精神。坚决反对对我国历史文化和外国文化的民族虚无主义和全盘西化的崇洋媚外思想。特别是各级政府部门和国家公务员要为政廉洁，在改革开放的新形势下，更要确实加强和改进思想政治工作。对教育的长期重要战略地位尤应高度重视，应把发展教育事业和科学技术事业放在首位。各级政府、各部门、各行业都要提高对教育的认识，才可能制定出教育发展和改革的计划，才可能想方设法解决教育经费不足等问题，才可能创造出尊重知识、尊重人才的社会环境。确保教育事业的发展，抓好精神文明建设，使经济建设转到依靠科技进步和提高劳动者素质的轨道上来，我国振兴经济才真正有希望。发展教育，提高人口文化素质，依靠智力优势，提高劳动生产率，既有利于人数量的控制，也是解决我国严重的人口问题，使我国变成人口资源大国的一条好出路。

(6) 要坚持行政改革，在改革中不断提高行政效率

社会主义初级阶段的经济、政治、思想文化各条战线都将随着建设事业的发展而不断变化，社会生产力越来越提高，国家经济实力会越来越增强。随着经济体制改革的深入，必须坚持搞好政治体制改革以适应变化着的行政环境的要求，必须在具体的领导体制、组织形式、管理程序、领导方法、管理手段上进行改革，兴利除弊。提高行政人员的素质也是个紧迫的任务，为此改革人事制度，实施国家公务员制度具有重要意义。无论行政管理哪一方面的改革，都必须加强法制建设，切实做到依法行政，提高行政效率。

重要概念

行政环境   行政生态   行政文化   具体行政环境

课堂讨论

当前，关于行政环境的研究形成了一个新的热潮。其中有关行政环境在行政管理中的地位和角色问题尤为引人关注，试就本方面谈谈你的看法。行政环境决定行政管理行为吗？

思考题

1. 如何理解行政环境的特点？
2. 结合实际分析公共行政环境的作用。
3. 试述行政环境与行政管理的辩证关系。
4. 试述我国现阶段的行政环境。

微型案例

污染治理，打攻坚战更要打持久战

2014年3月8日，第十二届全国人大二次会议新闻中心举行记者会，环境保护部副部长吴晓青就"加强环境保护、建设美丽中国"的相关问题，回答中外记者提问。吴晓青表示，"我们在追求GDP的同时，也为此付出了环境的代价，这个代价是沉重的。我们现在治理空气污染、水污染和其他污染，会影响GDP，但为了保护环境，我们必须这样做。我们一定要加倍努力，既要打攻坚战，还要打持久战。牢固树立保护生态环境就是保护生产力、改善生态环境就是发展生产力的理念。"

（资料来源：人民日报，2014-3-9（008），有删节）

案例思考题
1. 环境污染给行政环境带来了哪些变化？
2. 行政管理活动要如何适应行政环境的变化？

第 4 章

行 政 职 能

行政职能表明政府在国家、社会生活中所扮演的角色和发挥的作用，反映行政管理活动的内容、实质和方向，是行政组织设置和改革的依据及行政决策和行政执行的基础。

4.1 行政职能概述

4.1.1 行政职能的含义和特点

关于行政职能的概念，国内行政学界众说纷纭，并未形成统一的看法，甚至对行政职能的表述也不同，有的学者称之为政府职能，有的称之为行政管理职能或功能，等等。但对其内涵的认识基本相同，大致可归纳为3种观点：一是认为它是能力和作用的结合；二是认为它体现的是职责和功能；三是认为它表现为职责和作用。[1]从目前有关文献来看，结合众多学者的研究成果，可以把行政职能界定为作为国家权力机关的执行机关，依据国家、社会发展的需要，依法对国家政治和社会事务进行管理时应承担的职责和所具有的功能。行政职能是国家职能的具体执行和体现，行政职能的行使受立法机关的监督；反之，行政职能发挥的程度又制约和影响其他国家职能的实现程度。

与其他职能相比，行政职能具有如下特点。

(1) 广泛性

行政管理对象和内容的多样性决定了其职能的多样性，它涉及一个国家的各个方面，具体包括国家的经济、政治、军事、文化、教育、公安、司法、社会保障、环境保护、民政、外交等职能。在其运行过程中又包括决策、计划、组织、控制等一系列职能。随着科学技术和社会经济的发展，行政职能呈扩大趋势，其广泛性将更加突出。

(2) 执行性

从行政与立法的关系看，行政职能是一种执行性职能。行政职能的行使是以国家强制力

---

[1] 郭宝平，余兴安. 政府研究概览. 太原：山西人民出版社，1992：65.

为后盾的,与其他非国家活动的管理相比,它具有明显的代表国家意志和权威的特点。我国的国体,即工人阶级领导的、以工农联盟为基础的人民民主专政的社会主义国家性质决定了行政管理必须执行中国共产党的路线、方针和政策,必须执行人民代表大会的决定和决议。

(3) 适应性

作为上层建筑组成部分的行政职能不是一成不变的,它随着社会政治、经济、文化的发展和国家中心任务的变化而不断作出调整,以适应外部环境条件,满足社会及人民的需要。这也反映出行政职能适应性的特点。

(4) 差异性

不同层次的政府,其职能有所差异。我国政府纵向 5 个层次(中央、省、市、县、乡)所具有的行政职能的性质和大小有明显差异。同一层次政府的行政职能的内容也有主次之分。行政管理职能体系的层次既有相对独立性也有相互贯通性,是一个有机联系的整体。

4.1.2 行政职能体系①

对行政职能的划分,从不同的角度有不同的看法。我们认为行政管理职能可以分为基本职能和运行职能。马克思认为行政管理的基本职能有两种,即政治统治职能和社会管理职能。在阶级社会中,毫无疑问,政府存在的目的是维护阶级统治,这是任何政府的首要职能。社会管理职能是政治统治职能的基础。从现代社会和各国政府的行政实践来看,行政管理的基本职能可以分为政治职能、经济职能、文化职能和社会职能。关于行政管理的运行职能,是指行政机关或公务人员管理社会事务的程序、方式和方法,即管理过程中所起的作用。当然,不同的学者也有不同的看法。法国管理学家法约尔在其名著《工业管理和一般管理》一书中提出了"计划、组织、指挥、协调和控制"5 职能论;美国管理学家卢瑟·古利克与英国管理学家林德尔·厄威克则在《行政管理科学论文集》中将古典管理学派有关管理职能的理论加以系统化,进一步提出了有名的"POSDCORB",即"计划、组织、人事、指挥、协调、报告、预算"7 职能论。还有学者提出 15 项要素、18 项职能等说法,但其主要内容还是一致的。本书中将讨论决策、组织、协调和控制 4 项职能。

1. 行政管理的基本职能

(1) 政治职能

政治职能也称阶级统治职能,是指国家行政机关所承担的维护和实行阶级统治,保卫国家和社会安全的职能,以维护有利于统治阶级的社会秩序及内外环境。其核心在于维护和巩固国家政权,包括专政职能和民主职能两个方面。

专政职能表现为国家行政机关必须运用职能机关,防范和打击敌对势力和反社会分子,保障现代化建设事业的顺利进行。具体来说,包括加强国家军事管理、外交及对外事务管理,防御外来敌人的入侵和颠覆,保卫国家的独立和主权,保卫公民的合法权益和生命安全,同时承担起应有的国际义务,保卫世界和平,打击和惩治各种违法犯罪分子,维护正常的政治秩序、经济秩序等。现阶段,虽然我国的剥削阶级作为一个完整的阶级已被消灭,但阶级斗争还将在一定范围内长期存在下去,有时还会表现得相当尖锐和激烈。因此,专政职

---

① 夏书章. 行政管理学. 北京: 高等教育出版社, 2005: 41-45.

能不能削弱，更不能放弃。

民主职能表现为政府必须进一步完善各种民主制度，建立健全各种民主监督程序，提高政府活动的公开性、民主性，不断扩大政府同群众联系的渠道，提高公民的参政意识，完善公民参政议政的机制。发展社会主义民主政治，建设社会主义政治文明，是全面建设小康社会的重要目标。因此，加强民主建设、保障人民民主权利，是人民政府的天职。

（2）经济职能

经济职能是指政府所承担的组织和管理社会经济建设的职能。这是行政机关最重要的一项职能。自国家产生以来，它就以不同方式存在，鲜明地体现着上层建筑决定于并服务于经济基础的特性。这种职能具有如下主要特征：一是全局性，要从全局出发进行经济战略指导和组织；二是综合性，要综合运用各种方法手段来促进经济平衡发展；三是协调性，要在各个经济部门之间和各经济内部进行协调以求整体效应；四是服务性，要加强决策咨询服务、信息服务和技术服务。

在社会主义市场经济条件下，其经济职能比以往任何时候都占有更重要的地位和发挥更大的作用，它是对市场调节局限性与不足的一种补充。根据我国社会主义市场经济发展不同阶段和具体国情，政府的经济职能主要是统筹规划、掌握政策、信息引导、组织协调、提供服务和检查监督；保持社会总需求与总供给的动态平衡，确保经济稳定、协调发展；制定中长期经济发展规划，实现国家和地方经济发展目标；制定各种法规和规章，并就执行情况进行监督检查；制定产业政策和重大投资政策，优化生产力布局和产业结构；实施有效的税收政策，调节行业之间、企业之间、个人之间的收入；建立健全全国统一市场，搞好各种协调工作；直接控制必须由国家经营的某些行业企业，保证国民经济的有效运转；提供信息引导，推进市场的完善和发展；建立健全社会保障体系。

（3）文化职能

文化职能是指国家行政机关对全民的思想道德建设及教育、科技、文化、卫生、体育、新闻出版、广播影视、文学艺术等方面的管理。这是建设高度发达的社会主义精神文明所必需的。

文化职能的具体内容有：制定教育、科学文化事业的发展战略和规划，并负责具体实施；颁布教育、科学文化事业的发展政策、法令和规定；指导、监督、协调各地区各部门对教育、科学文化事业发展的关系；有领导、有秩序地逐步开展教育、科学文化体制的改革；采取切实措施提高全民的思想道德水平，促进精神文明建设。

（4）社会服务职能

社会服务职能是指为社会提供各种服务和搞好社会保障，搞好诸如、医疗卫生、城市规划、旅游娱乐及建立健全养老保险制度和待业保险制度，逐步完善社会保障体系等。我国行政管理的根本宗旨是为人民服务，因此搞好社会服务，改善人民生活是我国行政管理的一项重要职能。其具体内容有：制定各种社会福利的法律、法规，建立完善的社会福利和社会保障体系；建立健全社会福利管理体制，加强对社会福利工作的指导、规划和协调；筹集社会保障基金，奠定社会福利事业的物质保证基础；创办各种社会服务事业，逐步解决百姓日常生活的各项设施和问题。

（5）生态职能

生态职能是政府在应对和解决生态问题，向社会提供生态服务，促进人与自然协调发展的过程中所具有的职责和功能,是与政府政治职能、经济职能、文化职能和社会职能相对独立的政府职能类型。党的十八大报告指出,建设中国特色社会主义,总布局是经济建设、政治建设、文化建设、社会建设、生态文明建设五位一体。我国生态问题日益严峻,要求政府加强生态管理,应发挥其独特作用的社会压力不断增强,强化政府生态职能势在必行。

生态职能的具体内容有:保护自然生态环境,维护生态系统健康、治理环境污染,提供服务人类健康的空间环境质量,推进自然资源的合理开发利用,完善生态环境政策与制度安排。

2. 行政管理的运行职能

（1）决策职能

美国著名管理学者西蒙强调指出,管理就是决策,决策贯穿于管理的始终。决策职能是行政管理过程的首要职能。行政机关进行管理活动,首先必须根据客观实际资料,确定行政目标和任务,并具体设计出目标的方案、步骤、方法等。一般来说,越往高层,战略性决策越多;越往基层,执行性决策越多。组织机构的设置、部门划分方式的选择、集权分权关系的处理,以及各种职位人员的选配等,这些都是组织中的决策问题;在控制过程中,控制标准的制定、活动执行情况的检查及所采取的纠正措施的选择等,这些方面也需要决策。

（2）组织职能

为了有效地实现既定的行政目标和任务,通过建立行政组织机构,确定职位、职责和职权,协调相互关系,从而将组织内部的各个要素联结成一个有机整体,使人、财、物得到最合理的使用,这就是组织职能。行政管理的组织职能具体表现为:对机构的设置、调整和有效运用,搞好编制管理;对组织内部的职权划分和人员的选拔、调配、培训和考核;对具体行政工作的指挥、监督等。

（3）协调职能

协调活动是行政管理过程的重要环节。这是因为行政管理归根到底就是设计和保持一种良好的行政环境,使身处其间的人们能够在组织内协调地开展工作,从而有效地完成行政目标。其具体表现为:协调行政组织之间、组织与个人之间、人员之间的关系;协调各项行政管理之间的关系;协调行政组织与其他组织及与人民群众之间的关系。通过行政协调,理顺、沟通各方面的关系,减少、消除不必要的冲突和能量消耗,从而建立和谐的分工合作、相互促进的联系,实现行政管理目标。因此,行政管理过程必须重视公共关系与协调功能的发挥。

（4）控制职能

控制是为了确保实现组织的目标而实施的检查、监督及纠正偏差的管理活动过程。决策职能提出了行政管理追求的目标,组织职能提供了完成这些目标的结构和人员配备,而控制职能则提供有关偏差的认识及确保与决策相符的纠偏措施。控制职能在具体表现形式上可以分为前馈控制、现场控制和反馈控制。控制职能贯穿于行政管理活动的全过程。为了有效地发挥控制职能手段,必须进一步建立健全监督控制的组织系统,采取配套的、有效的控制手段,以保证行政管理目标和任务的顺利完成。

上述基本职能和运行过程的职能之间相互渗透、相互交叉、相互作用,在彼此的联系和制约中发挥作用。只有以系统的观点来看待职能体系,正确认识和把握它们之间的有机联系,充分发挥各个职能环节及有关职能部门的作用,才能更有效地实施行政管理活动。

4.2 行政职能的历史变迁

4.2.1 古代社会的行政职能

这里的古代社会特指奴隶制和封建制社会的两个时期。奴隶制时期国家行政职能的重点在于政治统治，通过强化政治职能，采取残暴的统治方式来维护奴隶主阶级政权的生存和发展，经济职能十分薄弱，社会管理职能也很少。到了封建制国家，其经济职能的内容有所增加，为了巩固封建主的统治，增加国家税收，往往由国家出面管理一些有利于经济发展的事务，承担一定的社会职能，进行某些社会公共事业的建设。当然，封建制国家行政职能的重点依然在于政治统治，通过强化政治职能以维护封建地主阶级的统治，社会管理职能极其微小。

总的来看，前资本主义时期的行政管理职能体现出两方面的特点：一是政治统治职能的极端强化；二是社会管理职能的相对微弱。这是由这两种制度和社会条件下的自然经济及其经济基础所决定的。

4.2.2 近现代行政职能的沿革

本节内容所指的近现代包括自由资本主义和垄断资本主义两个时期。

（1）自由资本主义时期的行政职能

这一时期是资本主义发展的上升阶段，在此期间，英国古典政治学家亚当·斯密等以理性经济人的假定为基础，极力推崇市场机制这只"看不见的手"，反对政府干预经济生活，认为最好的政府就是最廉价的政府。斯密认为，把资本用来支持产业的人，通常既不打算促进公共利益，也不知道自己能在多大程度上能促进这种利益，他所盘算的只是自己的利益，而在这种场合，像在其他许多场合一样，他受一只看不见的手的指导，去尽力达到一个并非他本意想要达到的目的，利己的润滑油将使经济的齿轮以奇迹般的方式来运转。不需要计划，不需要国家元首的统治，市场会解决一切问题。因此，自由资本主义时期政府采取自由主义的管理方法，以保障资产阶级的自由、平等、民主权利为目的，通过政治统治职能对新生资产阶级政权的巩固和发展起着"守夜人"的作用，奉行"政府管得越少越好"的信条，主要依靠市场这只"无形的手"来调节和引导社会经济及其他各项事业的发展。

（2）垄断资本主义时期的行政职能

自从进入垄断资本主义时期以后，资本主义所固有的矛盾日益尖锐，自由主义的统治方法已不能适应这个时期的统治要求。特别是1929—1933年席卷资本主义世界的经济大危机，将整个资本主义世界推到了崩溃的边缘。特别是在美国，经济危机时期社会经济持续衰退、金融体系接近崩溃，失业剧增，生产相对过剩，饥饿寒冷与财产的大幅度贬值使美国处于深刻的社会危机之中。在这种背景下，英国著名经济学家凯恩斯提出，要全面增强国家的作用，政府不应该仅仅是社会秩序的消极保护人，还应该是社会秩序和经济秩序的积极干预者，特别是要熟练和有效利用政府的财政职能影响经济的发展。凯恩斯干预主义理论提出后在西方盛极一时，产生了很大的影响，由此形成了干预主义的政府职能论。这一理念认为，市场并不是万能的，如果没有国家的宏观管理，市场经济就会成为万恶之源，资源也会遭到毁灭和破坏。在美国，罗斯福总统全面推行了以凯恩斯理论为基础的国家干预理念，通过两个"百日新政"，政府进行了一系列改革。通过改革，罗斯福总统大大强化了政府职能，开创了国家强有力干预社会经济的先例，并因此结束了放任自由的资本主义时代。

这一时期资本主义国家充分运用和强化了政府的政治统治职能，行政权力扩大，专政镇压职能大大加强，民主职能有所削弱。在经济领域，强调政府对社会经济的调节和干预，垄断代替了自由竞争，垄断资本和国家政权紧密结合，政府的经济职能和社会职能都扩大和加强了。例如政府通过行政手段和法律手段来保证市场秩序，通过预算和高额税收、发行公债等办法承担某些社会公共事务，在收入及分配领域采取一系列福利措施等。

4.2.3 当代国家行政职能的新趋势

当代西方学者既不赞成政府只承担"守夜人"职责的自由主义，也不同意政府全面干预经济的干预主义，而主张有选择地干预"市场失败"。他们认为，政府同市场一样也会失灵，政府失败包括行政效率低下、费用昂贵、计划执行不当、官员特权横行、机构自我扩张、财政赤字与日俱增、行政人员以权谋私、大量政府开支落入特殊利益集团的私囊、官僚主义猖獗等。如果以"失败的政府"去干预"失败的市场"，必然是败上加败。市场的缺陷并不是把问题转交给政府处理的充分条件。在"看不见的手"无法使自私的不良行为变为符合公共利益行为的地方，可能也很难构造这只"看得见的手"去实现这一任务。

因此，当代西方学者认为政府干预经济只能限制在一定的范围内，这个范围就是市场长久失败的地方及政府去干预并不会带来"政府失败"的方面。他们的主要观点是：第一，市场有失败，政府也存在着失败，政府失败既表现为国家对经济干预过度造成市场进一步失灵，又表现为对经济干预不足使市场无法正常运作；第二，政府只能干预市场根本性失败，不能干预非根本性缺陷；第三，政府要利用市场去干预经济。

当代西方国家行政职能的新趋势表现如下。

（1）在政府社会职能呈扩大趋势的同时，政治职能有相对减弱的趋势

在当代，由于时代的进步和社会的发展，社会生产方式和社会生活方式越来越复杂多变，一系列新的社会问题也随之出现，这就迫使各国政府必须发挥行政职能，加以研究和处理。而现代科学技术及计算机通信网络的出现，也为解决这些复杂的社会问题提供了先进的技术手段，为发挥行政职能提供了条件。

就西方发达资本主义国家而言，面对复杂多变的国际条件和国内日益强大并组织起来的工人阶级，资产阶级政府为了尽量避免和减少正面冲突而采取了多种劳资对话的形式，以便在法律范围内解决对立双方的矛盾。生产力的高度发展和社会资源总量的大幅度增长，使政府有可能向社会各阶级和阶层（包括工人阶级）提供更好的分配份额和更好的工作环境，达到阶级矛盾相对缓和的目的。与此相适应，西方政府的政治职能有所收缩，主要表现为：由

于阶级对立和对抗有所缓和,各国政府机构膨胀的趋势得到一定堵塞遏制,政府雇员人数有所下降,政府的管理开支占政府总支出的比例有所减少。而与此同时,西方政府的社会职能不断扩张,政府在信息、商业服务、教育、文化、娱乐、保健服务、交通、通信和能源服务、道路、水电、照明等方面,都大大拓展了服务的范围和内容。西方国家政府还通过与各种利益集团、各种社会力量之间的妥协来达到社会平衡。

(2) 政府宏观调控职能的强化与政府部分职能社会化同步进行

在资本主义国家,由于政府对经济和社会事务的干预范围不断扩大,政府管理部门不断增加,各部门和地方政府各自代表所管辖范围的局部利益和要求,在权限、资源和经费等方面不可避免地发生矛盾和争议。为了确保政府管理活动的顺利进行和经济活动的相对稳定发展,资本主义各国在行政改革中都把加强最高政府管理机构的宏观调控职能放在优先发展的地位。

政府宏观调控职能的强化与行政职能的社会化是同步进行的。行政职能范围的扩大,管理内容的丰富,并非没有限制,也不意味着政府将包揽一切社会事务。相反,政府管理能力的有限性和社会文明发展的结果,只能是行政权力下放和行政职能的社会化,即政府系统内部的上下分权和由社会团体、群众组织掌握适度的具体事务管理权,从而使行政职能主要体现在对社会事务的宏观调控方面和必须由国家掌管的事务上。西方各国要求限制政府权力,减少政府干预的呼声,资产阶级政府的"紧缩政策"等都说明了这一点。

(3) 跨国政府的职能有所扩大,并有位于主权国家政府职能之上的趋势

完成了现代化任务而进入后现代化时代的西方发达国家,在整个世界政治经济中有着许多共同的利益和矛盾。为了协调这些利益和矛盾,一些有着地缘、历史、文化和种族相近似的国家,就以建立跨越主权国家的跨国政府的形式来缓和或消除相互之间的矛盾,发展共同的利益关系。例如,欧共体已完成了向欧洲联盟的发展。原来的欧洲共同体是一个兼有政府间合作和超国家机制的独特的国际组织,它在国际法上并没有主权实体的地位,而只有准主权实体的地位,它可以同非成员国建立正式关系,互派外交使团,可以参加国际谈判,签订国际条约和协议。欧共体的法律高于各成员国的国内法。自从1993年拟成立欧洲联盟和建立欧洲货币体系以来,欧共体逐步朝着真正的政治经济一体化的政治实体发展。欧洲联盟跨国政府的职能比原先欧共体政府的职能更加广泛:它不但拥有更多的经济社会管理职能,同时还拥有更大的政治、行政、立法和金融等领域的职能。而欧洲联盟跨国行政职能的扩展必将对其他具有地缘、历史、文化和种族相近似的跨国组织产生深远的影响。

4.3 转轨时期我国行政职能的转变

4.3.1 行政职能转变的基本内容

1. 职能重心的转变

1956年在我国完成了社会主义的基本改造以后,党和国家的工作重心本应该转移到以经济建设为中心的轨道上来。但由于极"左"思潮的影响和对马克思主义关于社会主义个别

结论理解的偏差，导致了我国在长达 20 多年的时间里一直是重政治统治职能，轻社会管理职能；重阶级斗争，轻经济建设。1978 年底党的十一届三中全会明确提出了把党和国家的工作重心转移到经济建设上来。此后，各级人民政府紧紧围绕经济建设这个中心，实现了政府职能重心的根本转变，开创了我国行政管理的新局面。

2. 职能方式的转变

随着政府职能重心的转变，政府职能方式也实现了转变，这种转变主要体现如下。

（1）由运用行政手段为主转变为运用经济手段为主，经济手段、法律手段和必要的行政手段相结合

经济手段主要是指政府按照客观经济规律的要求，运用价格、财政、税收、信贷、工资、利润等经济杠杆，来组织、调节和影响经济活动，实现经济管理的任务。经济手段的特点在于间接性和诱导性。实践证明，运用经济手段，可以增强企业的自主权，使其从政府的行政命令和指令计划中解脱出来，从而主动地发掘潜力，最有效地使用人力、物力和财力。这就要求管理者重视按照客观经济规律的要求，运用这些经济杠杆来管理经济；重视法的调节作用，完善和加强政府法制建设，积极推进依法行政。这种职能方式的转变对于加速国民经济的市场化进程，促进我国经济体制向市场经济体制的转轨和过渡具有十分重要的意义。

（2）由微观管理、直接管理为主转向宏观管理、间接管理为主

由微观管理向宏观管理的转变，就是把本来属于企业而被政府占有的权力，毫无保留地、实实在在地还给企业，强化企业的经营权，使企业摆脱政府附属物的地位，走上自主经营、自负盈亏、自主发展的道路。同时，政府把宏观管起来，管住管好，弱化直接干预企业的微观管理职能，强化行政系统的宏观管理职能，精简和削弱专业部门，强化监督和宏观调控部门。由直接管理向间接管理的转变，则是综合运用经济、法律和必要的行政手段实施管理，推动"政府调节市场，市场引导企业"的经济运行新格局的形成。

（3）由重视计划、排斥市场转向把计划与市场有机结合起来

过去的传统观念把计划经济等同于社会主义，又把市场经济等同于资本主义，这样就把计划与市场绝对对立起来了。正是在这种传统观念的支配和指导下，形成了高度集中的计划经济体制，市场经济则长期被排斥在社会主义大门之外，使社会主义经济不能正常地在市场轨道上运行，极大地阻碍了生产力的发展。这也是阻碍我国政府职能方式转变的主要原因。邓小平关于社会主义市场经济的理论，从根本上解决了如何建设社会主义的问题，明确了计划和市场都是资源配置的手段，从而为我国政府职能方式的转变指明了方向。在社会主义市场经济体制下，市场对社会资源的配置起着基础性作用。

3. 职能关系的转变

在我国，政府职能关系主要表现为：中央与地方、上级与下级政府之间的职能关系；政府与社会的关系；政府与市场的关系；政府与企业的关系；政府与事业单位的关系；政府与公民的关系，以及政府内部各职能部门之间的关系。理顺职能关系也就是理顺上述这些关系。

（1）理顺中央与地方、上级与下级政府之间的职能关系

如何正确处理好它们之间的关系，这是我国行政管理中的一个重要问题。过去，权力过分集中在中央、集中于上级，形成了头重脚轻的职能架构，难以发挥地方和基层政府的积极性。同时，中央既管宏观又管微观，既管行业又管企业，整个国民经济的宏观调控职能和微

观调控职能交叉混合,没有中间层次、中间环节,造成了"一管就死,一放就乱"的局面。中央与地方的关系,实质上是权力配置关系、利益关系,也是一种法律关系。理顺中央与地方的关系,必须在合理划分事权、财权的基础上,明确中央与地方的职能关系,并用法律的形式明确下来。中央政府代表着国家的整体利益和全局利益,承担着整个国家的宏观管理职能,提供全国性的公共产品,同时承担着对地方政府的监督职能和服务职能。地方政府一方面是国家利益在地方的代表,另一方面又是地方局部利益的代表,承担着中央宏观政策的执行职能和对本地区公共事务的管理职能,提供地区性公共产品。因此,理顺中央与地方、上级与下级政府之间的职能关系,在具体内容上就是指在各级政府之间的合理分权,把过分集中于上级政府的权力下放给下级政府,做到权、责、利相一致;在指导原则上,就是既要维护国家政令的统一,防止地方割据,发挥中央政府的宏观调控职能,又要保证地方、基层政府能够因地制宜,有利于调动地方和基层政府的积极性。

(2) 理顺政府与社会之间的关系

政府与社会之间的关系是政治学的核心问题,也是行政学研究的重要问题。政府职能,归根结底是政府在社会中所起的作用。政府是产生于社会又凌驾于社会之上的社会组织,其存在的价值是管理社会、服务社会。管理的目的和宗旨都是为社会服务,任何背离这一根本价值的政府行为都必然削弱政府的合法性。因此,政府在社会中的作用应当定位在除了政府必须行使政治统治职能之外,社会管理职能是有限的,政府只管理社会依靠自身力量无法解决的社会事务,而那些凡是社会能够进行自我管理的领域,政府放手让它们自己去管理。这就要求政府不能垄断所有的社会权力,必须分权给社会。政府不能包揽所有的社会事务,那样既管不了,也管不好。

(3) 理顺政府与市场之间的关系

政府与市场之间的关系是政府与社会之间关系的重要内容。政府与市场两者的基础不同,价值也有差异,因此两者在各自领域所起的作用是不能互相取代的。市场是以利润为基础的,因此它在资源配置方面优于政府;政府是以权力为基础的,它在规范市场和公平方面优于市场。政府对市场的管理是依法管理,是宏观控制和间接管理,是按市场规律进行管理,是低限度的干预。同时,政府必须弥补市场的失效,如公共产品的生产和提供、环境保护和社会保障及确保社会公平。政府不能经常用行政手段干预市场,否则社会主义市场经济就不可能建立起来,尤其是让一个失效的政府去管理市场,市场必然失败。

(4) 理顺政府与企业之间的关系

社会主义市场经济也是市场经济,自由竞争是市场经济的准则。因此,必须要求企业作为独立法人资格进入市场,面对激烈的市场竞争,企业必须有灵活的应变能力,要有自主权和自决权。如果企业不与政府分开,企业没有自主权,没有独立的法人资格,企业无法进入市场,进入市场也很难在受制于人的情况下进行竞争。这些年来政府已经在经营管理上放了许多权力,使其直接参与市场竞争。政府除了管理国有资产的保值增值外,其他的权利都应归还给企业。政府与企业分开,政府不再扮演企业经营者的角色,有利于廉政建设。政府一般不直接从事以赢利为目的的生产经营活动,因为行政权力进入市场是没有竞争对手的,必然造成垄断。我国各级政府都有企业,如果不实行政企分开,企业之间的竞争不就成了政府上下级之间和政府不同职能部门之间的竞争,那还有什么竞争可言。

(5) 理顺政府与事业单位之间的关系

事业单位是我国比较特殊的现象，我国的文化、教育、医疗、卫生、新闻、出版、科研等社会组织都是事业单位。凡属政府财政供给的实体单位都可以叫事业单位，如大中小学、医院、科研院所、报社、出版社等都是事业单位。这些年来，政府对事业单位进行了改革，一些已经走进了市场，完全独立自主；另有一些经济上已完全独立，但是还必须由上级领导。其实，在我国除了确保基础教育和基础科学研究之外，其余的都可以进入市场。事业单位面临的老大难问题是单位制，就是单位办社会，所以在事业单位里，人浮于事，管理人员甚至超过业务人员。虽然，近些年来各种事业单位，包括大学也在进行改革，但收效甚微，因为改革会损害一些人的既得利益。但是，不改革是没有出路的。随着我国社会保障制度的建立，这些问题将会逐步得到解决。

(6) 理顺政府与公民的关系

在任何社会，政府为公民提供服务，公民离不开政府。尤其是现代社会，许多事情公民更无法离开政府，必须靠政府予以解决或者提供帮助。大型公共设施，如道路、煤气、自来水、电等设施政府如果不提供，个人则无能为力。在经济活动中，出现不公平竞争和违法犯罪现象，也只能由政府来解决，任何个人也无法解决这些问题。但是，政府对公民的责任是有限的，不能像在全能政府条件下，政府包揽公民从出生到死的所有事务。政府必须摆脱那些不应该由其管理的而应该由公民自理的事情，在学习、就业、住房、医疗等方面应该由公民自理。只是那些确实依靠自身力量不能解决的问题，不能自理自立的，政府才应该给予帮助。政府不能对公民负责一切，公民也不能事事依赖政府。政府责任有限，公民也必须学会自强独立。

(7) 理顺政府内部各职能部门之间的关系

要进行科学的职能分解和职能分析，严格按照权责一致、分工明确的原则，明确各部门之间的职责分工，建立严格的工作责任制和岗位责任制，从制度上解决职能不清、人浮于事、多头领导、政出多门的弊端。随着中国进一步融入世界，社会主义市场经济体制的进一步完善及民主法制建设进程的加快，我国各级政府的职能都要进行相应的调整，该弱化的要弱化，该强化的要强化，该增添的要增添，该取消则必须取消。

4. 当前行政职能转变的内容

十八届三中全会作出加快转变政府职能的重要决定。科学的宏观调控，有效的政府治理，是发挥社会主义市场经济体制优势的内在要求。必须切实转变政府职能，深化行政体制改革，创新行政管理方式，增强政府公信力和执行力，建设法治政府和服务型政府。当前行政职能转变的重点包括以下几个方面。

(1) 健全宏观调控体系

宏观调控的主要任务是保持经济总量平衡，促进重大经济结构协调和生产力布局优化，减缓经济周期波动影响，防范区域性、系统性风险，稳定市场预期，实现经济持续健康发展。健全以国家发展战略和规划为导向、以财政政策和货币政策为主要手段的宏观调控体系，推进宏观调控目标制定和政策手段运用机制化，加强财政政策、货币政策与产业、价格等政策手段协调配合，提高相机抉择水平，增强宏观调控的前瞻性、针对性、协同性。形成参与国际宏观经济政策协调的机制，推动国际经济治理结构完善。

深化投资体制改革，确立企业投资主体地位。企业投资项目，除关系国家安全和生态安全、涉及全国重大生产力布局、战略性资源开发和重大公共利益等项目外，一律由企业依法依规自主决策，政府不再审批。强化节能节地节水、环境、技术、安全等市场准入标准，建立健全防范和化解产能过剩长效机制。

完善发展成果考核评价体系，纠正单纯以经济增长速度评定政绩的偏向，加大资源消耗、环境损害、生态效益、产能过剩、科技创新、安全生产、新增债务等指标的权重，更加重视劳动就业、居民收入、社会保障、人民健康状况。加快建立国家统一的经济核算制度，编制全国和地方资产负债表，建立全社会房产、信用等基础数据统一平台，推进部门信息共享。

（2）全面正确履行政府职能

进一步简政放权，深化行政审批制度改革，最大限度减少中央政府对微观事务的管理，市场机制能有效调节的经济活动，一律取消审批，对保留的行政审批事项要规范管理、提高效率；直接面向基层、量大面广、由地方管理更方便有效的经济社会事项，一律下放地方和基层管理。

政府要加强发展战略、规划、政策、标准等的制定和实施，加强市场活动监管，加强各类公共服务提供。加强中央政府宏观调控职责和能力，加强地方政府公共服务、市场监管、社会管理、环境保护等职责。推广政府购买服务，凡属事务性管理服务，原则上都要引入竞争机制，通过合同、委托等方式向社会购买。

加快事业单位分类改革，加大政府购买公共服务力度，推动公办事业单位与主管部门理顺关系和去行政化，创造条件，逐步取消学校、科研院所、医院等单位的行政级别。建立事业单位法人治理结构，推进有条件的事业单位转为企业或社会组织。建立各类事业单位统一登记管理制度。

（3）优化政府组织结构

转变政府职能必须深化机构改革。优化政府机构设置、职能配置、工作流程，完善决策权、执行权、监督权既相互制约又相互协调的行政运行机制。严格绩效管理，突出责任落实，确保权责一致。

统筹党政群机构改革，理顺部门职责关系，积极稳妥地实施大部门制。优化行政区划设置，有条件的地方探索推进省直接管理县（市）体制改革。严格控制机构编制，严格按规定职数配备领导干部，减少机构数量和领导职数，严格控制财政供养人员总量。推进机构编制管理科学化、规范化、法制化。

4.3.2 行政职能转变的基本要求

行政职能转变是一个复杂的系统工程，必须用现代管理理论和管理手段审慎操作，精心安排，有效推进，以保证整个转变过程的合理、顺利和成功。根据以往行政职能转变的经验总结，在以后的转变过程中必须注意以下几个基本要求。

（1）行政职能转变要有正确的目标取向

正确的目标取向是行政职能转变成功的首要前提。行政职能转变的过程也是改革的过程，这一过程自始至终要有合理的目标约束，否则只能在改来改去中瞎折腾。所以，行政职能转变的改革首先要有正确的目标选择。在现阶段，政府职能目标模式的选择必须遵循这样的原则：一是要符合本国的国情，适应本国经济社会的发展要求；二是符合世界性行政改革的潮流,在某些职能设计上应和世界通行的惯例接轨;三是每一项具体设计都应该是必要的、能够胜任的和整体协调的。即每一项职能设计的内容都是"必须由政府管理,而且只能由政府管理",除此以外一律由社会去自主管理;每一项职能设计不仅是政府能够胜任的,而且比其他社会力量来承担所付出的成本更小而收益更大;每一项职能设计不是孤立的,而是相互协调的整体中的一部分,并能促进政府职能的整体优化。

(2) 行政职能转变要立足全局,统筹兼顾

考察行政职能转变应从不同的角度观察,它自身既是全局,又是局部。作为全局来说,行政职能是一个多方面、多层次因素构成的整体,行政职能转变的操作必须兼顾这种整体性。就政府的政治职能来说,它直接反映了国家政权的政治性质,因而具有特别重要的地位。但是,政府政治职能的调整必须以其他职能的调整为条件,否则只能徒然引起社会震荡而收不到任何效果,即使收到也不可能长久。就政府的各项公共管理职能来说,经济职能无疑是具有特别重要意义和地位的一项,但是如果必须由政府承担的社会保障职能、人口控制职能、发展科教事业职能的长期滞后,经济职能的转变也是难以达到目标的。所以,政府职能转变一定要兼顾内部的整体性。同时,还应该看到,政府职能转变又是社会多方面体制改革或调整的一部分,必须和社会的政治体制、经济体制及其他社会体制的改革或调整相统一,兼顾各方面的进程控制,才能收到系统推进的成效。

(3) 行政职能转变要把握好速度和幅度

行政职能转变的速度和幅度的把握,与行政职能方式的选择有关。选择突变式职能转变,其速度快而幅度大;选择阵变式职能转变,其速度和幅度则稍次之;而选择渐变式职能转变,则速度慢而幅度小。当然这只是一种大体的分类,各个国家在实施过程中又有多种各具特点、异彩缤纷的选择。所有这些选择,大都取决于这些基本条件:一是社会对行政职能转变的要求,这不仅包括决定行政职能转变的基本原因是否成立,而且表现为社会成员对这些转变的认同程度;二是社会对行政职能转变的承受能力,这既包括实行行政职能转变所需要的各种成本准备是否已经完备,或者在进程中的再投入是否确有保障,同时又包括社会公众对转变的心理准备是否已基本成熟。只有准确地把握这些条件的成熟程度,才能相对准确地选择行政职能转变的速度和幅度,从而使转变过程尽可能减少社会震荡,降低转变所需成本,顺利达到改革目标。

(4) 行政职能转变要遵循的几个基本原则

应当强调,我国行政职能的转变,无论采取什么样的形式或者是途径,也无论选择什么样的改革目标和价值取向,在转变的过程中都必须切实遵循以下几个最基本的原则:一是坚持和完善党的领导;二是坚持生产资料公有制,坚持社会主义道路;三是发扬社会主义民主,健全社会主义法制;四是政府为企业、社会和公民服务。

重要概念

行政职能　　　基本职能　　　决策职能　　　职能转变　　　职能重心
职能方式　　　职能关系

课堂讨论

当前,人们普遍认为政府的行政职能有进一步扩大的趋势,请根据所学知识,联系世界上主要行政国家的实际来谈谈出现这种趋势的背景和原因。

思考题

1. 简述行政管理的基本职能和运行职能。
2. 谈谈当代国家行政职能的发展新趋势。
3. 转轨时期我国行政职能转变的基本内容有哪些?
4. 我国在行政职能转变的过程中有哪些基本要求?

微型案例

国务院再次取消和下放一批行政审批事项
(与企业发展相关的占总量五成多)

2014年1月28日,国务院印发《国务院关于取消和下放一批行政审批项目的决定》,再次取消和下放64项行政审批事项和18个子项。此外,国务院建议取消和下放6项依据有关法律设立的行政审批项目,将依照法定程序提请全国人大常委会修订有关法律。这是本届中央政府第五批取消和下放行政审批等事项,简政放权继续迈出坚实的步伐。

本次取消和下放的行政审批事项共涉及24个部门,其中涉及项目较多的有工业和信息化部、国土资源部和民航局等部门。本次取消和下放行政审批事项有两个特点:一是突出生产经营领域这个重点。把企业主体设立、生产许可、经营范围、资本和资产处置等与企业发展息息相关的审批事项作为取消和下放的重点,占这次取消和下放总量的1/2多。其他涉及社会组织、事业单位开展业务活动的和涉及个人各类从业资格的占近1/2。二是受益面进一步扩大。比如:取消基础电信和跨地区增值电信业务经营许可证备案核准、取消国内通用航空企业承担境外通用航空业务审批、取消保险公估从业人员资格核准、将交通运输部的省际普通货物水路运输许可下放至省级人民政府交通运输主管部门等。这些事项,社会关注度高,申报量和审批量大,取消和下放后受益面较广。

(资料来源:人民日报,2014-2-16(01))

案例思考题
1. 案例反映了我国行政职能转变的哪些趋势?
2. 在行政职能转变问题中有哪些要求?

第 5 章

人 事 行 政

人是行政之本，在整个行政管理活动中，人是决定性的因素，人事行政是以国家行政机关工作人员或国家公务员为管理对象的人事管理，是人事管理的一个特定领域。人事行政是行政管理的重要内容。公务员队伍建设是人事行政的基本职责，是人力资源开发与管理的一个重要任务。随着人力资源成为社会第一资源，人事行政管理进入了一个新的阶段。

5.1 人事行政概述

5.1.1 人事行政的概念

"人事"一词早在春秋战国就已经出现，其后又在不同意义上使用。但它作为人事管理学的一个基本范畴并广泛使用，却是20世纪的事情。即使作为人事管理学的基本范畴，其含义也有一个演变的过程。"人事"在现代管理科学中的特定含义是指社会生活中的用人治事，力求人与人、人与事之间保持协调的管理活动。人事管理活动的核心是"用人"，归宿是"治事"。在当代各项管理活动中，人事活动最复杂，也最重要。人事行政是人事管理活动的一种，是国家人事行政机关依据相应的法律、法规、制度、措施，对国家行政机关的工作人员进行的管理活动。"人事行政"概念包含以下内容。

第一，人事行政的主体是国家人事行政机关。各级国家人事行政机关肩负着落实党和国家的各项人事行政方针、政策和法律法规，具体开展人事行政活动的职责。其他社会组织未经立法机关或政府授权不得干预政府人事行政活动，更不能行使人事行政权力。

第二，人事行政的对象主要是国家行政机关的工作人员。不同层级的人事行政机关对相应范围内行政机关的工作人员依法实施管理，对其他非行政机关工作人员的管理则不属人事行政范畴。

第三，人事行政的依据是国家行政权力和各项方针、政策及法律法规。人事行政以国家权力为后盾，是国家产生以后出现的一种政治现象。人事行政机构的设置，人员编制的确定，行政人员的权利义务、录用、考核、奖惩、培训、工资、福利及职务任免等都必须依法办理。

第四，人事行政的目标是力求行政管理中人与人、人与事的协调，使各种行政管理资源充分发挥作用，实现人尽其才，才尽其用，适才适用，人事相宜，最终达到事竟功成。

5.1.2 人事行政的原则

（1）坚持党的领导

坚持中国共产党的领导是我国人事行政工作必须坚持的一项根本原则，这是我们在长期的革命和建设过程中得出的基本经验之一。新时期党对人事行政工作的领导主要体现在：党为人事行政工作制定路线、方针和政策，确定人事行政的目标和任务；同时，为了保证党的路线、方针和政策的贯彻落实，党要实施必要的监督和检查；党向国家行政机关推荐、选拔行政人员，尤其是行政领导人员，从组织上保证党对人事行政工作的领导；党通过加强自身建设，发挥党组织和各项工作的模范带头作用，带领全体行政人员努力贯彻落实党的路线、方针、政策。

（2）德才兼备，任人唯贤

德才兼备，任人唯贤是选拔、使用行政人员的重要原则。德，要求行政人员必须具备较高的政治素质，合乎"革命化"标准；才，要求行政人员必须具备较强的业务能力，合乎"知识化、专业化、年轻化"标准。德和才是辩证统一关系，二者缺一不可。有才无德，就会失去正确的政治方向，其才也不可能为管理所用，甚至造成危害；有德无才，则不具备从事行政管理的能力，在管理活动中无所作为。而任人唯贤，则要求做到反对任人唯亲的作风，破除排资论辈的观点及克服求全责备的思想。

（3）适才适用，扬长避短

适才适用就是要根据每个人员的能力、专长、兴趣和志向安排适宜的岗位，从事适宜的工作，以实现才以致用，大才大用，各尽其才，各得其所。同时在工作中对人才的安排和使用要注意做到扬长避短，工作安排不以一次性分配来定终身职位。同时，对人才的使用也不要错过最佳的年龄。

（4）合理流动，不断更新

行政人员队伍要保持动态平衡，行政人员要合理流动，这既是行政人员的个人需要，也是行政管理工作的客观要求。由于各种因素的影响，行政人员所从事的工作和所学的专业不对口，与个人的能力、志向、脾气、性格不一致，夫妻天各一方，远离需要赡养的父母等问题普遍存在，只能通过人事流动加以解决。行政管理中工作中心在空间位置或目标内容上的转移，行政领导班子的调整，行政人员队伍的自然代谢等都需要人事流动，不断更新。

（5）人事统一，依法管理

这里的"人"是指用人权，"事"是指治事权。人事统一即用人权和治事权保持一致。也就是说，应把用人权授予用人单位，使用人单位拥有相应的用人自主权。背离了人事统一的原则，拥有用人权者不能管事，就不能了解治事的要求，更不可能掌握和运用治事的方式方法；治事者离开了用人权，就不可能进行有效指挥，也不可能完全履行责任。所有这一切，都必须按照相关的法律、法规来进行管理。

5.1.3 现代人事管理与人力资源开发[①]

人事管理向人力资源开发是现代人事管理领域的一次革命。人力资源开发来源于人事管理，但其内涵又不同于传统的人事管理。与传统的人事管理相比，人力资源管理无论在管理原则、管理内容及管理方式上都不同。

（1）在对人的态度上的区别

两者的不同主要表现为以下两点。第一，传统人事管理对人的管理属于一种业务管理，它将人仅仅看成在需要时才发挥作用而着眼于人的配备及管理，这是对人的工具性管理；而人力资源管理是将人和人的发展放在管理的首位，使人的主体地位突出于其他组织因素之上，将人力资源视为企业和事业发展的第一位的资源。第二，对人的成本观念不同。人力资源管理将员工视为组织的最重要的资源，认为人力资源是谋求企业和事业发展的有效投资。它将吸引人才、培训人才和激励士气方面的投入当作是一种最重要和最长远的投资；而传统的人事管理视人为消费成本，把人事管理工作等同于普通的行政事务，因此在这方面的投资，可以一省再省，完全遵从节约的原则。

（2）在管理原则和方法上的区别

人力资源管理奉行"投资人力资源并使之优先发展"的基本信条，提倡尊重人、理解人，强调以人为中心，让人的才能和潜力得以发挥，使人自身的价值得以实现。传统人事管理注重以事为中心，恪守对人的硬性管理制度，使对人的管理变成僵化的管控，这是一种强制被动的人事管理。传统人事管理是一靠纪律、二靠制度、三靠监督来维持这种管理。人力资源管理则采用更加灵活多样的管理体制及方式，强调人性化、服务式、民主参与式的管理，它特别重视培养职业的认同感和责任感，注重组织文化建设，培养工作人员的合作和团队精神，重视培养员工的自我管理能力。

（3）在管理内容上的区别

人力资源着眼于未来，注重人力资源的预测、规划培养和开发。它提供种种形式的培训和发展机会，更多地考虑人才的潜能开发，所以在管理内容上比传统的人事管理丰富，其范围更加广泛。除了传统的人事管理任务之外，又增加了许多新的内容，如员工的交往渠道、寻求激励的方法、创造愉快的组织文化氛围等。而传统的人事管理内容狭窄，主要关注人员的"进、管、出"一系列环节的相关业务。

（4）在部门地位上的区别

传统人事管理的部门地位不高，因为人们普遍认为人事管理的业务简单，工作没有创造性，是单位的纯消费部门。人力资源把人力开发与发展当成组织战略发展的组成部分，强调人事管理与组织发展战略之间的相互作用。随着人力资源的开发，组织的效能和效益都随之呈正比例成长，人力资源管理在组织中的地位也随之上升。

[①] 荣仕星．实用行政管理学．北京：人民出版社，2004：166-167．

5.2 中西方国家公务员制度的建立与基本特点

5.2.1 西方国家公务员制度

1. 西方国家公务员制度的产生

西方国家通常把通过非选举程序而被任命担任政府职务的国家工作人员称为公务员。以公务员为管理对象的国家公务员制度是资本主义社会经济、政治、文化发展的产物。公务员制度源于中国古代的科举制，始于英国资产阶级革命后建立的文官制度。1805年英国财税部首先设立了一个地位相当于副大臣的常务次官，主持日常工作，不参加政党活动，不随政党更迭而更迭。"政务官"和"事务官"从此正式分开，文官制度也因此而奠定雏形。1853年从东印度公司开始的通过公开考试来录用职员的办法逐步在政府各部推广，建立了官职考试补缺制度。这标志着英国文官制度基本形成，英国公务员制度因此而正式诞生。

英国公务员制度的建立对西方资本主义国家的吏治制度有重要的影响，美、法、日等国都借鉴于英国公务员制度而建立了各具特点的国家公务员制度。经过长期的沿革演变，西方国家对公务员的职位分类、考试、录用、培训、考核、奖惩、职务任免升降、工资福利、退职、退休等已形成比较成熟的、完整的、法律化和制度化的管理。所谓国家公务员制度即是这些法律和制度的总和。

2. 西方国家公务员制度的共同特点

（1）公开考试、择优录取

考试录用制度的确立，使西方国家行政机关找到一条选拔优秀人才的有效途径，对建立一支精干、稳定和高水平的公务员队伍，保持行政系统的高效率和连续性都起了重要的作用。有关录用考试的内容、方式、条件、机构等均已法律化、制度化。通过法定考试，择优录取公务员，这是公务员制度的一大支柱，也是人事行政的一大进步。但考试本身仍存在不少问题，如对应试者的创造能力、思维灵活性等难以量化的部分，尚无精确测定的考试方法。西方国家的录用考试制度也在不断改进。

（2）职务常任

西方国家公务员通常有政务类官员和业务类官员之分。前者负责政治决策，后者执行决策，处理政府的日常事务和经常性的业务活动。资本主义国家经过长期党派斗争的痛苦教训，终于找到了既不妨碍党派斗争又有利于政府工作保持连续性和稳定性的办法，这就是在实行政务类公务员任期制的同时，实行业务类公务员的职位常任制，或称为"终身官员"、"永久性雇员"，其主要标志是"无过失不受免职处分"，不与政党共进退，公务员的身份获得法律保障。西方国家的人事实践表明，公务员的职位常任有利于政局的稳定和行政管理的连续性，有利于政府工作效率的提高和行政管理专家队伍的成长，因而这种制度延续至今，成为国家公务员制度的一个重要标志。但职务常任制也有它消极的一面，如一部分公务员不思进取，办事推诿，官僚主义作风严重；某些部门业务类公务员掌握实权，架空政务官，使政务官成为业务官的傀儡等。

(3) "政治中立"

"政治中立"是与职务常任制相联系的另一个特点,是资本主义国家政党斗争的产物。所谓"政治中立"是指公务员不参与党派斗争活动,不参加党派竞选,不得以党派偏见影响决策等。坚持"政治中立"原则有利于公务员以公正的态度处理行政事务和保持政府工作的稳定性,因此许多国家都以立法的形式确定这一原则。但这是党派政治这一特定范围内实行的原则。即使在一定范围内,这一原则也有其局限性和不彻底性。因为西方政党分别代表资产阶级不同集团和派别的利益,其所制定的政策必然带有明显的政治倾向性。公务员也必然从自身的利益和实践需要去理解和执行政治决策,完全不偏不倚的中立立场是不可能存在的。

5.2.2 中国公务员制度的建立

中国公务员制度是在全面改革干部人事制度、借鉴西方国家公务员制度经验的基础上、在经济体制和政治体制改革不断深入的过程中建立的。从 1980 年至今,大致经过了调研准备、推行实施、完善发展三个阶段。

我国干部人事制度是在民主革命时期根据地和解放区人事制度的基础上依据社会主义计划经济的要求而逐步建立起来的。党的十一届三中全会之后,党中央和国务院加大了改革干部人事制度的力度,改善了人事管理工作,推进了干部队伍建设,但管理对象笼统庞杂、管理权限过分集中、管理方式陈旧单一、管理法规不健全等弊端仍然困扰着干部人事制度的改革步伐。改革实践告诉人们,这些弊端之所以屡经改革而依然存在,主要在于它不可能通过原有框架内的局部改革而得到克服,于是对干部人事制度进行整体性、全面性改革的思路就展现在人们的面前。

从 1980 年开始,我国为建立国家公务员制度开展了大量的理论探讨和法规准备工作。首先,在对干部人事制度进行深刻反思和系统总结的基础上,将现有国家干部队伍分解为中国共产党各级组织的领导人员和工作人员;国家行政机关的领导人员和工作人员;国家权力机关、审判机关和检察机关的领导人员和工作人员;群众团体的领导人员和工作人员;企事业单位的管理人员。

对国家干部的合理分解,为建立不同类型工作人员各具特色的人事管理制度提供了分类的基础。而把从国家干部分离出来的国家行政机关领导和工作人员实行公务员制度,依法实施有别于其他社会组织和企事业单位的管理办法和措施,则是这种分类管理新思路的直接成果。

但人事制度的这种改革牵动全局、触及人们的既得利益,最为敏感。有鉴于此,党和政府采取了积极谨慎的步骤。1984 年有关部门起草了《国家工作人员法》,1985 年改为《国家行政机关工作人员条例》,1986 年改为《国家公务员暂行条例》。在进行理论探讨和法规准备工作的同时,积极稳妥地、从点到面地推行国家公务员的试点。经过理论和实践的长期准备,全面推行国家公务员制度的时机逐渐成熟。1993 年 10 月 1 日,《国家公务员暂行条例》正式颁布,标志着我国公务员制度的诞生。1993 年以后,以《国家公务员暂行条例》为主,与之配套的几十个单项法规和实施细则相继颁布,如《国家公务员录用暂行条例》、《国家公务员考核暂行规定》、《国家公务员奖惩暂行规定》、《国家公务员职务任免暂行规定》等，逐步形成了公务员管理的法规体系，公务员管理开始纳入法制化管理轨道。而从2006年1月1日起实施的《中华人民共和国公务员法》，则是国家公务员制度法律化的最终确定，同时又是加快立法进程、进一步完善发展新阶段的开始。

5.2.3 中国公务员制度的特色

（1）坚持中国共产党的基本路线

中国共产党以经济建设为中心，坚持四项基本原则，坚持改革开发的基本路线，是在邓小平理论的指导下形成的。中国公务员制度正是为了推行社会主义市场经济，适应社会主义现代化的需要而对原干部人事制度进行改革的产物。它是中国共产党组织工作的一部分，要为党的政治路线服务，保证政治路线的实现，保证党的十一届三中全会以来的路线、方针、政策的贯彻执行，使政府机关的人事管理工作更好地为经济建设这个中心服务。因此，党的基本路线是中国特色社会主义公务员制度的根本指导原则。这就要求我们在研究、制定与执行公务员的各项管理制度时，必须体现党的基本路线。例如，在考核公务员"德"的表现时，要求公务员在公务活动中必须认真执行党的路线、方针和政策。[①]由此可见，这是继承了原干部人事制度紧密为政治服务的优良传统。公务员只有在公务活动中认真贯彻执行党的基本路线和各项方针政策，才能保证各级政府公共行政的正确和有效。

（2）坚持党管干部的原则

中国公务员制度是在中国共产党的组织路线和干部政策的指导下确立的，是党的干部人事制度的组成部分。党管干部的原则是中国原干部人事制度的一个十分重要的原则。我国建立公务员制度是立足于坚持共产党的执政地位，提高执政水平，加强和改善党和政府机关人事工作的领导基础之上的。任何借口实行公务员制度而怀疑、否定或削弱党对政府人事工作领导作用的观点都是根本错误与十分有害的。因此，在推行公务员制度的过程中，应当坚持和贯彻党管干部的原则。具体表现在：公务员各项制度的规定应根据党的干部工作方针与政策制定；公务员中各级政府组成人员由各级党委考察推荐，依法由各级国家权力机关选举或任命，而且其中的共产党员由各级党委负责监督。对于不是政府组成人员但担任重要职务的公务员，党委也可以根据工作需要进行直接管理和监督。

（3）坚持德才兼备的原则

德才兼备是中国共产党与国家在长期的革命、建设与改革中形成的选人用人标准，被历史证明是行之有效的选拔与使用干部的标准。其中，"德"主要是指干部的政治思想、道德品质等；"才"主要是指干部的工作能力和业务水平等。德才兼备就是在选拔干部时要求干部既要有才又要有德，二者兼备，不可偏废。要求选人用人时以德才兼备为标准，不能以主持者个人的好恶亲疏为标准。德才兼备、任人唯贤是原干部人事工作的基本原则，是干部人事管理的核心。中国公务员制度是在总结党和国家长期以来干部人事管理经验的基础上形成的，在革除干部人事制度弊端的基础上继承了党和国家干部人事制度的优良传统。因此，中国公务员制度也要坚持这一选人用人的标准。

---

① 徐颂陶.新编国家公务员制度教程.北京：中国人事出版社，1993：111.

(4) 坚持全心全意为人民服务的宗旨

这是由我国政权的性质和国家行政机关职能的本质决定的。我们的各级政府是名副其实的人民政府。我们的各级公务员，无论是政府组成人员还是非政府组成人员，无论是处于领导职务序列还是非领导职务序列，无论在生产方式上有什么不同，都应是名副其实的人们满意的公务员或曰"人民公仆"。中国公务员制度强调公务员必须全心全意为人民服务，廉洁奉公，不谋私利，并接受人民群众的监督。提倡公务员要艰苦奋斗，与人民群众同甘共苦，吃苦在前，享受在后，不允许搞特权。这些都是全心全意为人民服务宗旨的具体体现。

(5) 坚持中国特色的分类指导

中国公务员具有不同于资本主义国家的分类指导。首先，在中国各级政府中，政府组成人员和非政府组成人员之间，领导职务序列的公务员与非领导职务序列的公务员之间，在产生方式上虽有所不同，但不论职务高低，都必须按党和政府对他们的要求做人和办事，他们都是人们的勤务员和公仆，必须既懂政治，又懂业务，做到又红又专。他们在政治上都要与作为执政党的中国共产党中央领导核心保持一致。他们之间可以根据需要相互转任。由于我国不搞多党制和所谓的"政治中立"，所以中国公务员不按行政执行类与专门技术类的国际惯例划分，也没有资产阶级国家所谓的"政务官"与"事务官"的截然分野。其次，中国公务员的职位分类制度既不是按资本主义国家公务员的职位分类模式，也不是按资本主义国家公务员的品位分类模式，而是实行以职位设置的科学性为基础，兼有中国传统的品位因素，即推行以职位分类为主，职位分类与品位分类相结合模式。

5.2.4 中国公务员制度的新举措

中国公务员制度同已推行了几十年的原干部人事制度相比，具有一些新的举措。当然，这些举措不少是从西方资本主义国家借鉴过来，同时又根据中国国情进行了改造而成的，以便使中国公务员制度更能适应政治体制改革和社会主义市场经济发展的需要。

(1) 实行科学分类管理体制

这是针对中国传统的高度集权的人事管理制度的弊端所进行的改革。在原干部人事制度中，无论什么干部，都按一个模式管理，这样不利于优秀人才的脱颖而出，助长了"官本位"思想，甚至带来人事管理中的不正之风乃至腐败现象。因此，分类管理就成为公务员制度与原干部人事制度相区别的首要特点。在中国，原干部范围很广，既包括国家机关的干部，也包括国有企事业单位的行政干部与部分工作人员。就国家机关干部而言，除国家政府机关外，还有国家权力机关、审判机关、检察机关、中国共产党及民主党派机关、工会机关、共青团机关、妇联机关、人民政协机关等。国家干部实行分类后，公务员包括各级政府机关中除工勤人员以外的工作人员，其他一些机关的干部只能参照公务员制度进行管理，但不在公务员的范围之内。企事业单位的干部则不属于推行公务员制度的范围。因此，公务员制度的建立，不仅标志着具有中国特色的国家行政机关人事管理制度的形成，同时也标志着中国干部分类管理制度的确立。

(2) 实行激励竞争机制

这是针对中国原干部人事管理中长期存在的端"铁饭碗"、坐"铁交椅"，缺乏生机和活力等问题进行的改革。在原干部人事制度中，由于缺乏竞争机制，长期存在干好干坏一个样、干多干少一个样等弊端，挫伤了广大干部的积极性，助长了上班混日子的懒惰习气。实行公务员激励机制，从公务员录用管理到使用管理诸个环节，都鼓励竞争。对担任主任科员以下的非领导职务的公务员，进入公务员队伍时需要采取公开考试、平等竞争、严格考核、择优录取的制度。对公务员的考核，依德、能、勤、绩、廉等标准全面进行，重点是考绩，按优秀、称职、基本称职和不称职四个层次确定其年度考核结果，以此作为奖惩、培训、辞退及调整职务和工资的依据。对公务员的晋升，坚持德才兼备、任人唯贤的原则。以上这些规定，都从总体上贯彻着"公开、平等、竞争、择优"的原则，做到了公务员的职务能上能下，体现着优胜劣汰的精神。

（3）实行新陈代谢机制

这是针对我国原干部人事制度遗留的能进不能出、能上不能下，以及领导任职年龄偏大等弊端进行的改革。在原干部人事制度中，由于缺乏严格的淘汰与退休机制，长期存在干部进来以后只要不犯大错，就终身任职，很难辞退不称职干部的问题，因此出现了人浮于事、机构臃肿、人员超编等现象。实行公务员的新陈代谢机制后，公务员的录用、交流、晋升等"进口"上严格把关，选拔优秀人才充实到公务员队伍中，较好地解决了吸收新鲜血液，增加新的活力等问题；严格执行退休、辞退、辞职、开除等规定，较好地解决了公务员的"出口"等问题，特别规定了担任不同层次领导职务公务员的最高任职年龄的梯度结构，部分职务实行聘任制，以及严格控制各级政府机关的编制等。以上这些规定贯彻执行的结果，使公务员能进能出，从而增强与保持了国家行政机关的活力。

（4）实行法制化管理体制

这是针对原干部人事制度存在的人治弊端所进行的改革。以前行政机关的人事管理体制与运行机制，从总体上看缺乏法律化、制度化的规范体系，带有一定的主观随意性。建立公务员制度后，可以改变过去人事管理中法规不健全的状况。公务员制度中除了总法则，即《公务员法》之外，还制定了十多种单项法规及实施细则，以后还将制定有关的法规和细则，这样就可以逐步形成一个健全的法规体系，使公务员管理有法可依，以提高公务员管理法制化水平，从而克服以往那种干部人事制度中存在的人治现象和缺法少规，甚至有法不依等弊端。

5.3 中国公务员制度的基本内容

5.3.1 公务员的内涵、义务与权利

我国公务员是指各级国家行政机关中除工勤人员以外的工作人员。依此规定，我国公务员的范围与英、美等西方国家既有相同之处，又有不同的地方。首先，国家行政机关中的工勤人员不列入公务员范围，因为他们一般不执行行政公务。机关后勤社会化后，他们将归属不同企业按有关劳动法规进行管理。其次，从中央到地方各级行政机关中除工勤人员以外的工作人员均属公务员范围，不是只限于中央政府系统中非选举产生的工作人员。再次，从中央到地方各级政府的组成人员和非政府组成人员，领导职务和非领导职务的人员都是公务

员，不实行"政务官"和"事务官"分离的制度。《公务员法》适应于所有公务员，但国家公务员中的各级人民政府组成人员的产生和任免，依照国家有关法律规定办理。

国家公务员的义务和权利是以法律形式确定的公务员的行为规范和行为准则，是国家对公务员实行管理的基本依据和重要内容。国家公务员的身份一经确认，就与国家产生义务与权利的法律关系。公务员义务是指法律对公务员必须作出一定行为或不得作出一定行为的约束，是公务员对国家所应承担的责任的法律规定。根据《公务员法》的相关规定，国家公务员必须履行的义务有：

① 模范遵守宪法和法律；
② 按照规定的权限和程序认真履行职责，努力提高工作效率；
③ 全心全意为人民服务，接受人民监督；
④ 维护国家的安全、荣誉和利益；
⑤ 忠于职守，勤勉尽责，服从和执行上级依法作出的决定和命令；
⑥ 保守国家秘密和工作秘密；
⑦ 遵守纪律，恪守职业道德，模范遵守社会公德；
⑧ 清正廉洁，公道正派；
⑨ 法律规定的其他义务。

法律规定的公务员义务，每个公务员必须履行，不能放弃，否则将承担相应的法律责任。公务员权利是指法律对公务员可以享受某种权益或可以作出某种行为的许可和保障。国家给予公务员为达到某种要求或实现某种法定利益提供了合法的手段和可能条件，公务员可依自己的意愿决定是否运用这些合法的手段和可能条件去实现某种行为，任何机关和个人不得侵犯。对公务员来说，大部分权利是有选择性的，这些权利同时又具有义务的性质，但不得放弃。国家公务员享有的权利是：

① 获得履行职责应当具有的工作条件；
② 非因法定事由、非经法定程序，不被免职、降职、辞退或者处分；
③ 获得工资报酬，享受福利、保险待遇；
④ 参加培训；
⑤ 对机关工作和领导人员提出批评和建议；
⑥ 提出申诉和控告；
⑦ 申请辞职；
⑧ 法律规定的其他权利。

5.3.2 公务员制度的基本内容

1. 职位分类

公务员的职位分类是根据职位的工作性质、责任轻重、所需资格条件及工作的繁简难易程度等因素，将复杂多样的职位排列成等级有序的职位系列，以此作为人员的选拔、考核、培训、职务升降及其应享受待遇的依据。人事分类是人事行政的基础，除职务分类外，还有品位分类。在品位分类制下，品和位可以一致，也可以不一致，但只要具备一定的官阶就可以担任与此级别相应的岗位职务，并享受相应待遇。可见，品位分类的着眼点是人的官阶、等级，而不是职位本身。品位分类是以人为中心的人事分类。

我国的职位分类制度是在吸收和借鉴职位分类和品位分类优点的基础上，根据我国的国情制定的具有中国特色的人事分类制度。在职位设置、职位调查、职位评价、类别划分及编制职位说明书等方面，主要采取职位分类的原则和方法，而在列等归级方面，则主要采取品位分类的原则和方法，[①]其主要内容如下。

(1) 职位设置

根据《公务员法》的规定，国家公务员的职位分为领导职务和非领导职务两个序列。领导职务是指在各级行政机关中具有组织、管理、决策、指挥职能的职务。领导职务序列包括两大类：第一类是各级政府的领导职务；第二类是各级政府机关中各部门的领导职务。我国国家公务员的领导职务从乡科级副职（副科长）到国家级正职（总理）共有10个等级。

非领导职务层次在厅局级以下设置。综合管理的非领导职务分为：办事员、科员、副主任科员、主任科员、副调研员（相当于副处级）、调研员（相当于正处级）、副巡视员（相当于副局级）、巡视员（相当于正局级）。

(2) 职位说明书

职位说明书是综合说明某一职位的工作性质、任务、职责及任职资格条件等内容的规范性文件。职位说明书是在职位调查、分析和评价的基础上制定的，其内容包括：职位名称、所在单位、工作项目、工作描述、所需知识结构和工作标准。

(3) 公务员级别

在职位分类的基础上对公务员进行级别划分，是我国国家公务员制度的一个重要特点。职位分类制度是生产社会化的必然产物，是实施公务员制度的首要环节，也是公务员各项管理工作的基础。职位分类制度的实施，将有利于消除责、权、利分离，人与事脱节，职能交叉重叠等弊端。同时，它也是促使公务员忠于职守、依法行政和提高行政效率的有效措施。此外，职位分类制度也使得国家公务员的考核有了客观依据，为实行公务员职级工资奠定了基础。

2. 公务员录用制度

国家公务员的录用制度是关于国家录用公务员的各种行为规范和准则的总称，它包括国家公务员录用的原则、标准和资格条件，录用的方法和程序，以及录用工作的组织等。录用国家公务员，必须坚持"公开、平等、竞争、择优"的原则和按照职位要求选人的原则。国家公务员录用的标准是德才兼备。同时，为了保证国家公务员队伍的素质，录用国家公务员必须以公开考试、严格考核的方式和办法择优录用。录用国家公务员的考试分为三种方式：一是录用非领导职务的公务员，采用公开竞争性考试；二是从持有国家承认的专门技术资格证书者中录用专门技术类国家公务员，可通过职业技能测验和考察，在合格者中录用；三是从行政机关以外的其他机关和单位的公职人员中录用担任领导职务的公务员，采用特种考试办法，考试合格者要经过行政学院培训方可任职。

3. 考核制度

公务员考核制度是我国国家公务员制度的一个重要组成部分，是国家公务员进、管、出三大环节中极为重要的工作环节。对于进入国家机关的公务员，国家行政机关必须在法定的管理权限内，依照法定程序、标准、内容和方法进行严格、全面的考察和评价。我国国家公

---

① 竺乾威. 公共行政学. 上海：复旦大学出版社，2000：188-189.

务员的考核遵循客观公正、民主公开和注重实绩的基本原则。公务员考核的主要内容包括德、能、勤、绩、廉，重点考核工作实绩。公务员考核中，采取领导与群众相结合，定性与定量相结合，平时与定期相结合的基本方法，有平时考核和年度考核两种形式。考核结果作为对公务员奖惩、培训、辞退、晋升、工资调整的依据。

4. 奖惩制度

公务员的奖惩制度是指国家行政机关依据公务员管理方法，对在工作中表现突出并且具有显著成绩和贡献的公务员给予表彰奖励；而对工作中有违法失职行为、尚未构成犯罪或者已经构成犯罪但依法不追究刑事责任的公务员，则依据其所犯错误的事实、性质、情节、危害及后果给予相应的行政处分的一种制度。实行公务员奖惩的目的在于鼓励先进，鞭策后进，进一步激发公务员的积极性和创造性，保证国家行政机关正常、高效、有序地运转。

对国家公务员实行奖励，坚持精神鼓励和物质鼓励相结合，以精神鼓励为主的奖励原则。奖励的种类有嘉奖、记三等功、记二等功、记一等功、授予荣誉称号 5 种。获得奖励的国家公务员，由授奖机关颁发证书或奖章，同时根据规定进行相应的物质奖励，发给奖品、奖金或晋升工资等级。

国家公务员在公共行政活动中必须遵纪守法，对工作中有违法失职行为的公务员，必须给予相应的行政处分，构成犯罪的，要受到刑事处罚。行政处分分为 6 种：警告、记过、记大过、降级、撤职、开除。受撤职处分的，同时降低工资等级。受处分期间，不得晋级晋职和受奖。终止处分后的晋升和奖励，不再受原处分的影响。

5. 职务升降制度

国家公务员的职务晋升和降职必须坚持原则，并且要按照严格的标准和程序来实施。公务员的职务晋升必须坚持德才兼备、任人唯贤的原则，注重工作实绩；晋升领导职务的，还必须注重其组织领导才能。同时，晋升职务的公务员还要有相应的资格条件要求，包括学历、资历及培训等。拟晋升的公务员，应具备规定的在下一级岗位服务的年限及拟任职务所需的技术知识和文化程度。晋升之前，必须对其进行资格审查，如晋升领导职务，则必须在国家的职数限额内按照规定程序办理。科级以上领导职务的晋升，还要进行民主评议或民意测验。一般情况下，应当逐级晋升，个别工作实绩和才能特别突出的，方可越一级晋升。

担任领导职务的公务员，经考核确认为不能胜任现职的，则必须予以降职。

6. 职务任免制度

公务员的职务任免是公务员的职务任用和免职的总称。我国对国家公务员的任用实行委任制，部分职务实行聘任制。委任制是指由上级机关按照管理权限直接指定下属公务员的任用方式，它是我国国家公务员任用的主要形式。聘任制是指用人单位用合同的形式聘用公务员，它是我国干部人事制度的一项重要改革，适应了社会主义市场经济发展的需要。

公务员的免职是指有任免权的行政机关或部门根据有关法律和条例的规定，并且通过一定的法定程序和手续，在其职权范围内免除公务员所担任的某一职务。

7. 培训制度

培训制度是指对国家公务员的工作技能和业务知识进行培养训练制度的总称。它是公务员管理的重要环节，也是公务员更新的前提条件。因为只有经过培训，公务员才能走上新的工作岗位，实现人的更新。

我国国家公务员培训的类别主要有初任培训、任职培训、专门业务培训和更新知识的培训。初任培训是指对新录用的工作人员在试用期间进行的培训。任职培训是指对将要晋升领导职务的人员，按照新的职位要求进行的培训。专门培训是指为了保证公务员具备从事某项专业工作能力进行的培训。更新知识培训是指对在职公务人员以更新、补充、拓宽相关知识为目的的培训。此外，调入行政机关任职的人员还应参加调任培训。

公务员培训坚持理论联系实际、学用一致、按需施教、讲求实效的原则。培训工作主要由国家行政学院、地方行政学院及其他培训机构来承担。

8. 交流与回避制度

国家公务员交流制度是指国家行政机关根据工作需要和公务员的个人愿望，通过调任、转任、轮换、挂职锻炼等形式，将所属公务员调出行政机关，或在机关内部转换工作岗位，以及将其他机关和单位的人员调入行政机关任职的一种制度。通过交流，可以促进相互之间的联系和合作，加强信息交流和经验交流；同时有利于克服裙带风、关系网和官僚主义，强化国家公务员的公仆意识，促进国家行政机关的廉政建设。

国家公务员回避制度是指为了防止公务员因某种亲情关系而不能秉公执行公务，甚至利用职务之便徇私枉法，而对其所任职务、任职地区和执行公务等方面加以限制的制度。回避制度包括职务回避、地区回避和公务回避。实行国家公务员回避制度，有利于建立健全正常的组织关系和人际关系，对于公务员的特权思想和徇私枉法行为，可以起到防患于未然的作用，进而为公务员秉公办事及行政机关的廉政建设和依法行政创造良好的环境。

9. 工资、保险和福利制度

国家公务员的工资是指国家根据按劳分配原则分配给公务员供个人消费的货币。目前，我国公务员实行国家统一的职务与级别相结合的工资制度，它根据公务员不同的职务、级别、年功和实际贡献率等因素，确立公务员的工资标准。公务员工资包括基本工资、津贴、补贴和奖金四部分。其工资水平与企业职工工资水平大致持平。同时，国家定期对二者进行调查比较，并且适时加以平衡调整。此外，国家还对公务员实行物价补偿制度以保证其实际工资水平不因物价的上涨而下降，并且随着国家经济的发展而有计划地提高公务员的实际工资水平。

国家公务员的保险是指国家依法对因生、老、病、伤、残、死等原因，暂时或永久丧失劳动能力的公务员给予物质帮助的一种保障制度。国家公务员的保险制度主要有生育保险制度、养老保险制度、医疗保险制度、伤残保险制度和死亡保险制度。

国家公务员的福利是指国家行政机关在公务员的工资、奖金等劳动报酬和劳动保险之外，通过兴办集体福利实施，提供服务及发放补贴等形式，改善和提高公务员的物质文化生活水平的一系列措施。

10. 辞职辞退制度

公务员的辞职，是指国家公务员根据本人的意愿，依照法律规定，辞去现任职务，解除或部分解除其与国家行政机关权利义务关系的一种行为。辞职是法律赋予国家公务员的一种权利，以公务员的自愿为原则，依照法定程序办理。公务员辞职分为两种：一种是指担任领导职务的公务员辞去所担任领导的职务，但仍然保留其公务员的身份，即"辞去现职"；另一种是指公务员依法辞去公务员职务，并且放弃公务员身份和资格的辞职行为，即"辞去公职"。

公务员的辞退，是指国家行政机关依照有关法律法规，通过一定的法律程序，在法定的管理权限内解除公务员的任用关系。辞退是一种强制性制裁行为，但必须依照法定程序报送任免机关审批，并且要以书面形式通知本人在规定的时间内办完手续。

11. 退休制度

我国国家公务员实行统一的退休制度。该制度是指国家公务员工作到国家规定的年限，达到规定的年龄，并且符合国家规定的退休条件，依照法定程序退出工作岗位，享受退休金和其他法定待遇。公务员退休分为两种：一种是法定退休，另一种是自愿退休。国家公务员退休后，享受国家规定的养老保险金和其他各项待遇。同时，公务员退休后，仍然负有保守国家机密、维护政府威信、提供公务咨询等责任和义务。

5.3.3 公务员的管理机构与监督

国家公务员的管理机构是实施和维护公务员管理制度的组织形式。西方国家公务员的管理机构有所谓部内制、部外制和折中制的区别。而在我国，中央公务员主管部门负责全国公务员的综合管理工作。县级以上地方各级公务员主管部门负责本辖区内公务员的综合管理工作。上级公务员主管部门指导下级公务员主管部门的公务员管理工作。各级公务员主管部门指导同级各机关的公务员管理工作。我国公务员行政监督体制中，监督主体是县级以上人民政府或者人事部门。监督事由和监督方式有：第一，对不按编制限额、所需职位要求及规定资格条件进行国家公务员的录用、晋升、调入和转任的，宣布无效；第二，对违反国家规定，变更国家公务员的工资、养老保险及其他保险、福利待遇标准的，撤销其决定；第三，对不按照规定程序利用、任免、考核、奖惩及辞退国家公务员的，责令其按照规定程序重新办理或者补办有关手续。

而对违反《公务员法》规定的上述情形负有主要或者直接责任的国家公务员，国家行政机关按照国家公务员的管理权限，根据情节轻重，给予批评教育或者行政处分。

对于不合格的公务员要依法进行辞退或转岗，特别是要妥善解决好被精简人员的出路、去向和利益补偿问题，因为"人们奋斗所争取的一切，都与自己的利益有关"[1]。

重 要 概 念

人事行政　　　人力资源开发　　　公务员　　　公务员制度　　　公务员法
公务员的权利与义务

课 堂 讨 论

对于公务员的定义和分类，中国和西方资本主义国家存在一定的差异，试分析它们之间的异同，并探讨出现差异的原因。

---

[1] 马克思，恩格斯. 马克思恩格斯全集：第一卷. 北京：人民出版社，1972：391.

思 考 题

1. 什么是人事行政？人事行政的主要原则有哪些？
2. 简述中国公务员制度的特色和新举措。
3. 我国公务员的基本权利和义务包括哪些方面？
4. 论述我国公务员制度的基本内容。

微 型 案 例

两江新区成功聘用3名聘任制公务员

公务员这一职业，常常被认为是"铁饭碗"。作为重庆推进改革的"先行军"，两江新区正尝试打破"铁饭碗"。3月12日，记者从两江新区管委会获悉，该区已成功聘用3名聘任制公务员。下一步，该区将加快完善聘任制公务员制度，引进更多优秀人才来新区工作。

两江新区装备办副主任范勇，有一个特殊身份：两江新区第一位聘任制公务员。自2012年应聘以来，范勇一直负责两江新区航空产业发展方面的工作，他认为目前干的这份工作既能结合自身所长，又能在两江新区给予的广阔舞台上尽情发挥才能。

除了范勇之外，两江新区去年还成功聘用了另外2名聘任制公务员。两江新区有关负责人告诉记者，两江新区作为重庆第一个聘任制公务员试点单位，对聘任制公务员拟聘人选，采用"人才量化测评方式"进行综合评价，综合判断其"集成优势"。

两江新区管委会组织部相关负责人介绍，聘任制公务员的工资一般按年薪计算，初入职年薪一般在6万元左右，根据具体工作的变化和工作年限增长，薪酬将达到15万～20万元/年，同时享有"五险一金"等。聘任制公务员签约年限一般是1至5年，合同到期可选择离职或者续签。

市公务员局职位处相关负责人表示，聘任制公务员绝非铁饭碗。虽然签订合同满10年者可按国家规定改签无固定期限合同，但如果发生渎职、贪污或其他触犯合同规定的违法问题，有关部门肯定会解聘并辞退相关聘任制公务员。一旦因贪腐等问题被辞退，他们就没有在公务员体系复出的可能。

"我市聘任制公务员招募工作已于2012年在两江新区开始试点。"市公务员局职位处相关负责人介绍，聘任制公务员招聘方式有两种。一是把招聘信息公布在公务员招考信息网上，应聘者通过公开考试竞争上岗，和传统的公务员招募方法无异。第二种就是直接招聘，即招聘单位依照岗位需求求助于人才中介机构、相关领域科研单位及相关领域业内知名企业，由他们推荐人才。

（资料来源：重庆日报，2014-3-14（013））

案例思考题
1. 聘任制公务员的推行将在哪些方面促进我国公务员制度的改革？
2. 联系实际，谈谈如何进一步加快推进我国行政机关人事制度改革。

第 6 章

行政领导

行政领导是行政管理活动的决策者、组织者、推动者，它在整个行政管理活动中处于核心和主导地位。研究行政领导是行政管理学的一个重要课题。

6.1 行政领导和行政领导者概述

6.1.1 领导的含义及其与管理的关系

1. 领导的含义

所谓领导，就是一种影响力，是对一个组织为确立目标和实现目标所进行的活动施加影响的过程。理解领导的含义应注意以下几点。

第一，领导具有领导对象。领导是一定要与组织中的其他人员发生关系，这些人就是领导者的下属，或者说是领导者领导的对象。

第二，领导与领导者不同。领导者是实施领导的人，或者说领导者是运用权力和影响力带领组织或群体成员达到既定目标的人。而领导是对一个组织为确立目标和实现目标而进行的活动施加影响的过程。

第三，领导要有目标。一切领导行为必须指向群体或组织的目标。

第四，领导的本质是一种影响力。领导者通过这种影响力对组织的活动施加影响，影响的结果是下属的追随和服从。正是有了下属的追随和服从，才使领导者的地位得以确立，使领导过程成为可能。

2. 领导与管理的联系和区别

领导与管理既有联系又有区别。两者的联系在于：领导同管理一样都是一种在组织内部通过他人的协调活动，实现组织目标的过程；并且两者都是在劳动分工的基础上，组织内部部门化和层级岗位设置的结果。两者的区别如下。

（1）权力基础不同

管理是建立在合法的、强制性的权力基础上对下属的命令行为，而领导则可能建立在合法的、强制性的权力基础上,但更多的是建立在个人影响权和专长权的基础上。因此,一个人可能既是管理者,也是领导者,两者集于一身,也可能管理者和领导者是相分离,此时会出现两种情况:一种情况是这个人是领导者但不是管理者,如非正式组织中最具有影响力的人就是典型的例子;另外一种情况就是这个人是管理者但不是领导者,如一些没有下属追随和服从的有职权的管理者就是典型例子。

(2) 作用对象不同

管理的对象既包括人,也包括财、物、技术、信息等,是对组织有效资源的统筹安排和合理利用,包括决策计划、组织、领导、控制和创新等职能。而领导是管理的职能之一,领导的对象主要是人,是通过指挥和影响下属去完成组织目标。

6.1.2 行政领导的含义及其地位与作用

1. 行政领导的含义

行政领导是行政领导者为了达成一定的行政目标,凭借正式权威和正式职位,利用一定的领导艺术影响被领导者和环境的能力和行为的管理过程。[①] 其主要特定有三方面。

(1) 行政领导只是对"行政"的领导

在一定的行政环境中,为实现一定的行政目标,行政领导者依据法律,对纳入行政活动的被领导者进行指挥,从而保证国家行政权力的行使,有效地为组织和管理国家行政事务进行决策、指挥、协调、控制和监督。由此归类,它一般不包括政务活动,而主要指事务活动。

(2) 从行政领导活动方式的特性上讲,行政领导的执行性是它的明显特点

在我国,国家权力机关与行政机关不属于西方式的三权分立制,行政机关是权力机关的执行机构,因此行政机关必须在权力机关发出的指令下工作。

(3) 从行政领导活动的社会属性来看,其具有鲜明的政治性

马克思主义认为,政府机关是经济上占统治地位的阶级,为实现其阶级使命而建立的组织;政府机关依照体现统治阶级意志和利益的法律规定来进行活动,实行国家的统治职能。行政机关的使命是执行国家权力机关的意志。国家机构具有强烈的阶级性,行政机关也不例外。社会主义国家的行政机关是人民的政府,主要通过大量的组织工作来保证国家的安定团结和社会主义现代化建设事业的发展。

2. 行政领导在行政管理中的地位和作用

行政领导在行政管理中具有极其重要的地位与作用,主要表现在以下几个方面。

(1) 行政领导是行政管理协调统一的保证

行政管理本身是一个复杂的社会系统。为了保证系统内部行政活动的协调和统一,就需要行政领导的统一意志和统一指挥。随着社会的发展和科技的进步,行政机构日益庞大,涉及的领域越来越广,行政日常事务日益复杂,行政人员不断增加,统一意志和统一指挥的行政领导的必要性和重要性尤为突出。行政管理既有纵向层次的区别,又有横向领域的划分。形成统一的意志,实施统一的指挥,是对所有行政管理的共同要求。

---

① 齐明山. 行政学导论. 北京:大众文艺出版社,2001:126。

(2) 行政领导贯穿于行政管理的全过程

一般而言，行政领导是推动他人去做，借助他人的智慧和力量来表现的，这符合管理的特征。因此，行政领导是一种具有管理性质的社会活动，行政管理过程与行政领导过程是交叉的。就具体过程来看，行政管理是通过各环节连接起来的链条，其中主要环节有建立行政组织、选人用人、收集信息、确定目标、制定计划、组织实施、检查监督、调节完善等。这实质上是一个不断制定和执行政策的过程。决策即"出主意"，"出主意"、"用干部"是行政领导干部的根本职责。正是这两种领导职责构成了有效的行政管理活动，并贯穿于行政管理活动过程的始终。

(3) 行政领导是行政管理成败的关键

行政管理是由诸多因素构成的大系统，每个因素都对行政环境产生影响。由于行政领导具有"统领"、"引导"的整体管理功能，尤其是行政决策规定了目标及达到目标的途径和措施，因而成为行政行为的指南和准则。行政效率是由行政决策的效率决定的。要保证行政决策的高效能，不仅要提高效率，更要保证行政决策的正确引导。正是行政领导的决定作用，规定了担负行政决策责任的行政领导是整个行政管理活动成败的关键。因此，正确认识行政领导的职、责、权，建立和完善科学的行政领导制度，掌握并运用科学的行政领导方法、方式和艺术，优化行政领导者的素质结构，无不对行政领导管理效能产生决定性影响。

6.1.3 行政领导者的职责

1. 行政领导者的职位

职位是根据有关法律法规的规定，行政领导者所占有的特定行政领导岗位。其基本特点有：

① 职位是以"事"为中心确定下来的。这一特点决定了行政人员，尤其是行政领导者必须围绕轻重缓急不同的行政事务开展工作，必须以处理各种事务的高效率来推动工作任务的完成。

② 职位的设置有数量的规定性。职位数量的确定要遵循最低数量的原则。因此，职位的设置，一定要避免因人设事，官职重复；同时要避免职权划分不当，所设官员权限不明，交叉管理。

③ 职位本身具有相对的稳定性。这一特点表明行政领导的职位有法定性，即按法律规定的职位，既不能随意增设，也不能随意废除；还表明某一职位上的行政领导人担任职务与责任的时间长短、主次对职位本身不构成影响。

2. 行政领导者的职权

法定的与职位相当的行政权力，就是领导者的职权，它是指行政领导者统辖的范围与管理方式，它是由职位派生出来并受国家法律保护。行政领导者的职权，是其行使指挥和统御过程的支配性影响的实质条件。同时，职权不仅意味着行政领导者具有从事一定行为的可能性，而且意味着必须从事这一行为，否则就构成失职。因此，职权对行政领导者来说，既是他们的权利，又是他们的义务，职权是权利与义务的共同表现。

3. 行政领导者的责任

行政领导者被赋予一定的职位后便有了一定的名位，被赋予一定的权力而有了一定的支配性影响，但二者都不是没有相应约束的。在一定职位上的领导者就必须承担一定的责任。因此，行政领导者的责任是指行政领导者在行政领导活动中应尽的义务，是对国家和行政组织委托的任务应负的责任。

行政领导者的责任是有多方面的内容，主要由政治、工作、法律 3 个层面构成。

① 政治责任即领导责任，是指行政领导者因违反特定的政治义务或没有做好份内之事而导致的政治上的否定性后果，以及所应遭受的谴责与制裁。这种政治上的否定性后果意味着其丧失了行使政治权力的资格，意味着其不再是政府行政权力的行使者。

② 工作责任是指行政领导者自己的岗位责任，即行政领导者担任某一职务，所应承担的义务和应负的责任。

③ 法律责任是指行政领导者在行政管理活动过程中因违反法律法规所应承担的法律后果或应负的责任。

6.2 行政领导的方式与类型

6.2.1 行政领导方式

行政领导方式是行政领导者在行政领导活动过程中对部属的态度和行为的具体表现，是行政领导过程中领导者、被领导者及其作用对象相结合的方式。就目前来看，行政领导方式主要有强制命令方式、疏导教育方式、物质激励方式和榜样示范方式。

（1）强制命令方式

强制命令方式是行政领导凭借行政隶属关系，行使行政权力发布命令，要求下属不可违拗地执行以实现领导意图的领导方式。它是行政手段的具体运用。强制命令方式是一种重事的领导方式，即以任务为中心的领导方式。

它的特点是：强制性，即通过发布命令，要求下级无条件服从；无偿性，即下级执行命令时不得讨价还价，对下级人、财、物力资源的调配和使用可以不考虑价值补偿问题；具体性，领导者通过命令方式开展工作，要求工作内容、工作步骤、工作方法和工作目标等都具体明确。

强制领导方式在领导实践中既有其独特的作用，又有其明显的局限性。其强制性、无偿性和具体性的特点使得这种方法的运用便于达到统一集中、迅速有效解决问题的目的。当行政领导者面对时效性较强、急需快速处理的问题时，强制命令方式是首选方式。另外，这种方式在处理问题时具有较大的灵活性。强制命令方式的局限性首先表现在它容易滋生"人治"相联系的弊病，如以言代法、以人代法等。再者，强制命令方式虽有它的独特性，但绝不意味着它可以解决一切问题。事实上，领导实践中遇到的一些问题，诸如思想认识、横向关系等非行为与非"条条"关系问题，强制命令方式是不能奏效的，而不得不考虑其他方式的运用。

（2）疏导教育方式

疏导教育方式是行政领导者运用启发、诱导、商讨、教育的方法，使部属心悦诚服地接受并贯彻自己意图的领导方法。它是思想教育手段的具体运用。

疏导教育方式是一种重人的领导方式，即以人为中心的领导方式。其特点是：启发性，即通过启迪人的思想，促使他们自己采取符合领导意图的行动；科学性，即疏导教育的具体形式多种多样，不拘一格，完全要因人、因事、因时、因地而异；长期性，因人的思想观念的形成周期较长，又处于不断变化之中，需要长期不懈地教育引导，不可能一劳永逸。

疏导教育方式若运用得当，能充分挖掘人的潜能，产生的效果持续时间长。但是，运用疏导教育方式，产生效果缓慢，最终结果只可预见不能确定。在疏导教育中，领导者应在工作中平等待人，而非居高临下，盛气凌人；在处理人际关系时应诚恳，使人能畅所欲言；同时能正确掌握被领导者的思想问题与实际困难，并分别加以待之。

(3) 物质激励方式

物质激励方式是行政领导者贯彻按劳取酬和物质利益原则，通过发挥物质刺激作用来满足部属的物质需要，使他们努力实施领导意图的领导方式。它是经济手段的具体运用。

运用物质激励方式重在发挥物质刺激的作用，调动下级人员的工作积极性。其基本特点是：平等性，即运用物质激励方式，领导者与被领导者是平等关系；有偿性，即部属贯彻上级的意图得到了报酬和物质补偿；间接性，即部属的积极性来自可能得到的物质报酬或物质奖励，而非来自领导的强制力；复杂性，运用物质奖励方式若违背了按劳取酬原则和公平原则，可能事与愿违，挫伤下级人员的积极性。

物质激励方式在领导实践中的积极作用是不言而喻的。人的最基本需要是物质需要，人们追求的利益关系首要的就是物质利益关系。行政领导者运用物质激励方式实施管理，不仅满足了下属人员的最基本需要，同时也反映出对下属人员工作表现与工作成绩的肯定与认可，表现出对下属人员生活条件与工作环境的关心，所以能够最迅速有效地调动他们的积极性。

物质激励方式也有其不足。首先，运用这种方式不能全面满足人的需要，因为人除了物质之外，还有精神需要。其次，当人的生活水平达到一定高度时，他们追求物质利益的欲望就会递减，物质刺激的作用就会减弱。领导活动中，若持续单独运用物质刺激方式可能错误地引导人们的需求，甚至把管理组织带入拜金主义。最后，使用物质激励方式若违背了按劳取酬和公平原则，其结果可能与领导的意图相违背，下属的积极性可能也会被严重挫伤。

(4) 榜样示范方式

榜样示范方式就是行政领导者以身作则、身体力行、严于律己、模范带头，为实现组织目标而奋斗，通过榜样的力量引导、感染下属努力实现自己意图的领导方式。

榜样示范方式具有引导性与感染性的特点。引导性就是通过行政领导者的行为树立榜样的力量，使下属仿而效之，产生领导所期望的行为；感染性就是在潜移默化中使下属受到教育，促使其心理和行为发生变化。

榜样示范的作用是显而易见的。这是因为，从社会心理来看，人人都有从众需求，人人都会有意或无意地为自己寻求值得效仿的榜样；从人的心理需求来看，人们都有进取心，都希望自己有所成就，能够受到社会的肯定和表扬，也需要榜样作为努力的方向。如果说榜样的力量是无穷的，那么行政领导者通过自身行为树立的榜样，其作用更是不可估量。榜样示范在组织面临困难或处理利益关系时更为有效。

6.2.2 行政领导类型

按照行政管理过程中决策参与范围、行政权力分配的集散程度及行政监督方式的不同，行政领导类型可分集权型、分权型和放任型 3 种。

（1）集权型

集权型又称自决型或独裁型，是一种行政决策权力高度集中，由行政领导者独立行使，部属完全处于被动地位的领导类型。

集权型在行政管理中的优点是：权力集中，责任明确，协调有效，控制有力，行动迅速。当组织处于不稳定状态或面临重大的全局性问题时，集权型领导的作用尤为突出。其不足主要表现在领导权力过分集中，使下属缺乏主观能动性；个人智慧远比不上集体智慧，个人决策容易失误；在缺乏民主和法制的情况下，极容易产生拉帮结派、任人唯亲、讲裙带关系等不正之风，也不利于对行政权力的监督。

（2）分权型

分权型又称民主型或参与型，是一种行政决策权力由领导者及其部属分散行使、行政领导者在决策和执行过程中听取、尊重、采纳下属人员意见和建议的领导类型。

分权型的优点是：集思广益，可以最大限度地确保决策的科学化；各司其责，能有效发挥人财物资源的作用；体现了民主原则，能够调动下属的积极性和创造性。分权型领导的不足是：决策过程缓慢，决策效率低下；很难保证令行禁止，步调一致；权力过分分散，有可能使组织陷于混乱之中。对于下属综合素质较高、规章制度健全、相对比较成熟的管理组织，分权型不失为一种好的行政领导类型。

（3）放任型

放任型又称"无为而治"型，是一种行政领导者通过充分放权，对下属采取自由放任的态度，让他们根据实际需要无须请示而自主决定问题，并开展各项管理活动的领导类型。

放任型领导的优点：一是最大限度地"解放"了领导者自身，使他们有足够的时间进行调查研究活动，考虑大政方针问题，有足够的时间去处理更应该由自己处理的问题；二是最大限度地调动了下属人员的工作积极性，使他们有了发挥主观能动性和施展才华的机会。但这种类型的领导者，一旦工作失误或考虑不周，极易失去对管理组织的控制，造成工作上的被动局面。在领导者对下属充分信任或处理被领导者认为不太重要的问题时，在处理那些领导者不太懂或根本就不懂的问题时，这种领导类型较能发挥其作用。

6.3 行政领导者的素质

6.3.1 行政领导者素质的含义及特点

1. 行政领导者素质的含义

素质一词最早见于生理学，指的是人的神经系统和感觉器官上的先天特点，其后又被人们用来泛指事物本来具有的内在特征。所谓领导者素质有双重含义：首先是指构成领导者的各种内在要素，即使领导者之所以成为领导者的生理、心理、文化、思想、政治、道德等因素，以及由这些因素综合而形成的本质性能力，亦即领导能力，它们是领导者任职的内在根据和条件，统称为领导者素质；其次，还指这些要素、能力的现实状态，即发展程度和实际水平。也就是说，领导者素质同时又是一个发展的动态概念，用以描述和揭示现实领导者的实际状态、水平和差距。领导者素质与先天遗传的生理、心理特点有关，受它们的影响与制约，但主要是后天社会实践中自身努力的结果。

2. 行政领导者素质的特点

领导者素质具有时代性、层次性的突出特点。

所谓时代性，是说一代之治有一代之才，不同的历史时期和不同的任务，对领导者素质有不同的要求。同时，领导者的素质既有稳定性的一面，一经形成，便相对稳定地发挥作用，又处在不断变化之中，这也是时代的体现。这种变化可以是积极的、上行的，也可以是消极的、下行的，如常见的"59岁现象"，就是下行变化的突出表现。

所谓层次性，是指对处于不同层级、肩负不同责任的领导者，素质要求也是不同的。例如美国学者罗伯特·卡茨认为领导者必备三种技能：技术技能（专业业务技能）、人际技能（处理人际关系能力）、概念技能（分析和决策能力）。如果把领导者分为低、中、高三个层次，那么三种技能的结构比例依次为：低阶层——47：35：18，中阶层——27：42：31，高阶层——18：35：47。公共行政领导者一步步向上升时，他对技术技能的需求将会逐渐降低，而对于概念技能的需求程度将会急剧上升。一位高阶层的公共行政领导者若想要发挥最高的技能，就必须具备良好的概念技能。

6.3.2 行政领导者个人素质结构

行政领导者的素质就是个人从事行政领导工作具备的基本条件。具备这些条件，就能产生和发挥出领导的能力，提高领导工作效能。行政领导者应当具备的素质是多方面的，主要有政治素质、知识和专业方面的素质、作风方面的素质、能力素质、心理素质和身体素质等。

1. 政治素质

行政领导者的政治素质，直接决定其活动的方向，因此政治素质是行政领导最重要的素质。由于各国国情不同，对政治素质的要求也不尽一致。在我国，要求行政领导者必须具有坚强的党性，能够自觉地、坚定地执行党和国家的方针、政策、法律、法令，坚持四项基本原则，坚持邓小平理论和"三个代表"重要思想，在政治上与党中央保持一致，全心全意为人民服务；能够识大体，顾全局，勇于捍卫国家和人民的利益，敢于同一切违反党纪国法的不正之风作坚决斗争；能够把远大目标同当前任务有机结合起来，善于根据客观形势的发展变化，制定出切合实际的方案和执行措施，做到既能坚持原则又能合情合理地处理问题。

2. 知识素质

合理优化的知识结构是行政领导干部必须具备的基本条件，也是提高行政领导水平的重要环节。现代行政领导者既要有较宽的知识面，懂得和运用马克思主义基本理论、一般基础科学知识、社会主义市场经济理论知识、现代科学技术知识和法律知识，同时也是掌握业务知识与领导知识的"双内行",从而适应整个知识系统既高度分化又高度集中的发展趋势及其客观要求,做到"博"与"专"的统一。

3. 作风素质

行政领导者是否具有良好的作风,直接关系到社会主义国家的人民政府同人民群众之间的关系是否密切,关系到行政领导工作的成败。因此,行政领导者应当具备良好的作风,主要包括:实事求是的作风、密切联系群众的作风、发扬民主的作风、调查研究的作风及办事高效率的作风等。

4. 能力素质

能力素质是知识的发挥和运用。能力素质主要包括创新能力和综合能力。

(1) 创新能力的具体要求

行政领导者多从事非常规的面向未来的工作,创新能力是最基本的能力素质要求。其具体内容如下。

① 洞察力。这是一种敏锐、迅速、准确抓住问题要害的直觉能力。勤于思考和实践,有助于锻炼这种能力。

② 预见力。这是一种超前地把握事态发展的预见力,它以对事物发展的正确认识和对现实性与可能性的辩证关系为基础。

③ 决断力。这是一种迅速作出选择、形成方案的意志力。缺乏果断的意志就不可能有任何创新。

④ 推动力。这是一种激励下属实现创新意图的能力。通常表现为领导者的感染力、吸引力、凝聚力、号召力、影响力,以及个人魅力。

⑤ 应变力。这是一种在事物发展的偶然性面前善于随机处置的快速反应力,是创新能力的一个重要表现。

(2) 综合能力的具体要求

综合能力是行政领导者的又一项基本能力要素,因为领导工作是一种"统领各方"的工作。"统领"既包括各组织、机构、系统、各种利益和力量,也包括各种知识、信息、情况等。综合能力有以下一些内容。

① 信息获取能力。在信息社会中,信息占有量的多少成为领导行为成败的决定性因素。领导者必须充分掌握有关信息,才能作出正确的决策。

② 知识综合能力。从科学发展来看,现代科学的一个重要发展趋势是学科的高度分化和高度综合。行政领导者不仅应掌握多学科的知识,而且要对各门学科的相互联系有所认识,这样才能管理好高度专业化的各种组织机构及其活动。

③ 利益整合能力。随着现代化程度的提高,利益多元化是一个值得注意的发展趋势。行政领导者要把分散的甚至有冲突的利益要求整合为利益共识,并据此制定政策。

④ 组织协调能力。领导的重要工作是要保证系统内的各要素处于良好的状态,以获得高一层次的整体合力。这就要求领导者要具备组织协调能力,它在本质上是一种将各种分散的积极性综合在一起的能力。

5. 心理素质

从个体心理品质的角度看,心理素质主要包括气质、性格、意志等几个主要的方面。因此,作为一个行政领导者,更应该具备这些心理素质。

（1）敢于决断的气质

任何决策都是有时效性的。在对客观事物充分调查的基础上，行政领导者应有不失时机地、勇敢果断地处置问题的热情与气魄。

（2）竞争开放的性格

领导者应有敢为天下先、善于争先的品格。领导者要与各种人打交道，要随时处理各种矛盾。这就决定了行政领导者要有开放的心态、宽阔的胸襟，公道正派的作风，团结众人一起去不懈地竞争。

（3）坚韧不拔的意志

开拓创新，难免遭受挫折、失败，只有具备不怕挫折与失败而百折不挠的毅力，才能经得起各种风浪的考验。因此，意志坚强是行政领导者的条件之一。

6. 身体素质

行政领导者的工作很繁重，每天要处理很多行政事务和行政问题，特别是高级行政领导者面对着问题丛生的复杂现实，既要深入实际调查了解问题产生的原因和经过，又要拿出解决问题的方法，统筹规划，果断指挥。这些都是繁重的脑力劳动，需要有健康的体力作后盾。那种"上班坐不长、下去走不动，应急顶不住，疾病常缠身"的行政领导，是很难胜任日益繁多的社会活动与行政事务的。行政领导者不仅需要有强壮的、能坚持连续工作的体魄，而且行政领导者还必须表现出充沛的精力和不息的活力，给人们以健康活泼的依赖感。奋发向上的乐观情绪，朝气蓬勃的感染力，也是行政领导者成功的条件之一。

6.3.3 行政领导班子的素质结构

行政领导班子的素质结构是一个多序列、多层次、多要素的动态平衡体，它是由许多亚结构组成。一个合理的行政领导班子应该在以下亚结构中形成优势互补。

（1）理想的品德结构

这是指行政领导班子中各种不同思想品德的成员的配比组合。在影响领导班子"群体效能"的各项内在因素中，德属于首位的重要决定因素。这里的"德"不仅指领导者的"个体品德"，而且更指领导班子的"群体品德"。理想的"群体品德"，可以获得期望的结构效果。因此，尽力组建理想的"群体品德"，是各级行政领导和组织、人事部门在选配行政领导班子时应该认真考虑的首要问题。

（2）梯次的年龄结构

这是指行政领导班子由不同的年龄构成的最佳年龄结构。它是根据不同的领导层次，由老年、中年和青年按合理比例构成的综合体。就我国目前情况来看，优化年龄结构主要是解决领导班子年轻化问题，但要注意不能走极端，不能片面地理解为青年化。

（3）互补的知识结构

这是指行政领导班子应有较高的文化知识水平，还要强调各类人才的合理搭配。只有将各种"专才"很好地组合，构成整体的"全才"和"通才"，才能胜任综合而复杂的行政领导工作。因此，配备行政领导班子应将具有不同专长的人才有机地结合，以形成既有较宽的知识面，又有精深的专门知识的立体知识结构。

(4) 叠加的智能结构

这是指行政领导班子内不同智能的合理构成。人的智能结构是有差异的。在优化行政领导班子素质结构时，应根据这种智能的差异，让具有不同智能类型的领导个体组合到领导班子中，形成高智能的、多才多艺的整体。

(5) 和谐的气质结构

这是指行政领导班子成员在不同气质类型方面的合理构成。人的气质可以划分为胆汁质、多血质、黏液质、抑郁质四类，它们各有特点。在行政领导班子的气质结构方面，应注意不同类型气质的互补，以求得领导班子的多功能化和高效能化。

6.4 行政领导的艺术[①]

行政领导艺术是指行政领导者在领导工作时，为了有效地达到行政管理目标而灵活运用的各种技巧、手段和特殊的方法。行政领导者为了扮演好其角色，必须具备一些基本的管理技巧。这种管理技巧是后天发展起来的处理人、事、物的能力。

6.4.1 处理事务的艺术

上班理事，是行政领导者的本职。领导者每天都有各种事务需要处理，但理事方法不同，效果大不一样。有人日理万机，有条不紊，效率高；有人即使事情不多，但由于方法不当，则忙乱不堪，效率甚低。一个部门或单位能不能协调运转，与领导者处理事务的艺术有很大的关系。那么处理事务应当注意掌握什么艺术呢？

(1) 领导要集中精力抓自己应做的领导工作，而不是动手去干每一件事

有一些行政领导者，工作上习惯于"亲自动手，一竿子插到底"的做法，事无大小，都做详细交代。即使让职能干部去干，也要指定谁干，应该怎么干。在干的过程中，还要随意作出具体指示。这种干扰下一层甚至更下一层的做法，久而久之就会严重地挫伤下级的积极性、主动性和责任心。有些领导把"亲自动手"，看作是密切联系群众的一个方面，其实是一种错觉。

领导做好领导的事，就可以使高层行政领导者摆脱日常事务，集中考虑全局性的问题，保证上一层发出的指示不出大的差错，可以提高工作效率。领导只做领导的事，将精力集中在考核指令执行的结果，就能使各部门充分发挥出管理的主动性和积极性，使各部门之间有比较、有分工，整个行政管理才能出现生机勃勃的景象。总之，一个精明的行政领导者，应该遵循这样一条管理原则，这就是"领导做好领导的事，各层做好各层的事"。

(2) 要正确处理"正业"与其他工作的关系

正业就是指行政领导的中心工作。行政领导的中心工作，在不同的地区、部门和单位是不同的。一般来说，各级行政领导的中心工作是按照上级确定的中心，根据自己部门的实际

[①] 荣仕星. 实用行政管理学. 北京：人民出版社，2004：121-129.

情况和业务特点、性质，具体来确定的。中心工作确定后，行政领导者要一抓到底，绝不放松，专心致力于"正业"。在处理"正业"以外的其他工作时，也应紧紧围绕"正业"进行。当各种工作发生矛盾时，宁可暂缓某些工作，也不能影响"正业"。这是决心献身事业的行政领导者处理各种事务的信条。

（3）要明确划定办事的先后顺序

为了专心正业，同时又妥善处理好其他事务，就必须有一个统筹兼顾的办事程序。善于领导艺术的行政领导者，其每天办事顺序大体是：正业——必办；急件——马上办；普通件——按常规办。为了实行这个顺序，每天都得把当天要办的事作一分类，办一件就力求彻底办好。时间长了，渐渐养成了习惯，就不再盲目被动地乱抓工作。

（4）要科学处理公文

公文是传递消息、实施领导的一种工具。目前，各种公文中存在许多弊端，如文件越来越长，数量也在增加，使得一些领导者陷入了案牍之苦；同时由于繁文缛节、公文旅行，常常使得工作失效。为此，如何处理好公文，这成为行政领导者处理事务不可缺少的一个重要方面。一般来说，科学地处理公文要掌握以下几个方面的技巧：第一是控制发文，行政领导者对发文必须把关，控制发文数量和范围；第二，筛选来文，外来的文件先由秘书进行综合处理，挑出重点，浓缩要点，再送交领导处理；第三，限期办文，行政领导者为了克服公文旅行、办事拖拉的现象，应规定处理公文的期限；第四，催促完成，行政领导者对某件公文做了批示，并不等于该项公文已经完毕，仍应继续注意批示的落实情况。

6.4.2 运用权力的艺术

权力是实施领导的基本条件之一。行政领导者的权力，是指行政领导实施职责、履行义务的法定职权。行政领导者就是靠权力来推行领导决策，对全部领导活动过程实施控制和指挥。但权力发挥效果如何与行政领导者是否掌握运用权力的艺术有很大的关系。一般来说，行政领导者在运用权力时应注意以下几点：首先，行政领导者掌握的实权，一定要谨慎使用，不可滥用权力谋私利、徇私情；其次，行政领导者运用权力，要让下级知道领导提倡什么，反对什么；什么是对的，什么是不对的；再次，领导者行使权力时，更应该注意运用自己的影响去推动工作；最后，就是能授权下级的事尽量授权。授权就是上级授予下级一定的权力和责任，使其在一定的范围内有处理问题的自主权。授权艺术，可以帮助行政领导者"分身有术"、"事半功倍"。

作为领导，在实际工作中还面临着如何处理人际关系和时间的艺术。人际关系是社会关系的核心，是指在共同活动过程中人与人之间的关系。公共行政管理的本质在于其是协作性的人际活动，而协作活动的核心在于人际的互动。一个管理者的大部分时间和活动都在与人打交道：对外要与有关的组织和人员进行联系、接触；对内要联系上下级。概括起来，从某种意义上说，行政领导者的工作就是做人的工作。时间对于行政领导者来说是极为宝贵的。要提高工作效率，必须善于处理时间。

重要概念

领导　　领导与管理　　行政领导　　行政领导者　　领导方式　　领导者素质
行政领导艺术

课堂讨论

有人说，在不少行政机关中，常常出现"一把手是绝对真理，二、三把手是相对真理，群众是没有真理"的现象，根据所学知识来分析产生这种现象的原因并寻求解决的方法。

思考题

1. 如何理解领导和行政领导者的含义？
2. 试述三种领导类型的优缺点。
3. 作为一个行政领导者，应具备哪些基本的素质？
4. 结合实际，谈谈你对行政领导班子素质结构优化的看法。
5. 如何在实践中提高行政领导者的领导艺术？

微型案例

合肥制定违反党风廉政建设责任制行为追责细则

近日，安徽省合肥市出台《关于对违反党风廉政建设责任制行为实行责任追究若干规定（暂行）》（以下简称《规定》），明确领导班子、领导干部"八条红线"和追责细则，进一步强化各级党委的主体责任和各级纪委的监督责任。据了解，"领导"是《规定》的关键词，也是被追责的主体。《规定》提出，各级各单位领导班子对职责范围内的党风廉政建设负全面领导责任，领导班子主要负责人是职责范围内的党风廉政建设第一责任人。

《规定》还提出，党委主体责任、纪委监督责任和职能部门责任未落实到位，交办的党风廉政建设和反腐败工作落实不力，"四风"等不正之风未能有效治理，干部选拔任用隐瞒违纪情况等八种情形，一旦出现必须追责。轻则通报批评、责令检查，重则面临党纪政纪处分或行政问责，涉嫌犯罪的还将被移送司法机关处理。

当"老好人",在党风廉政建设中不作为,是不正之风甚至腐败滋生蔓延的重要"病根"和"硬伤"之一。为此,《规定》提出,一旦出现本级领导班子多人被上级纪检监察机关或司法机关查处,或者本地区、本部门出现系统性、普遍性腐败问题的,将直接追究领导干部责任;对发生重大腐败案件和不正之风长期滋生蔓延的地方、部门和单位实行"一案双查",既查处当事人,又倒查追究相关领导责任,并对典型案例点名通报。

面临被追责的干部调走或者退休了怎么办?《规定》给出了明确答复:责任追究实行"终身追责制",不因领导干部工作岗位或者职务的变动而免予追究;已退休但按照规定应当追究责任的,仍须进行相应的责任追究。

合肥市纪委相关负责人表示:"制定责任追究规定,旨在健全责任分解、监督检查、倒查追究的完整链条,使责任制成为悬在领导干部头上的'达摩克利斯之剑',进一步增强领导干部守土有责、守土尽责意识,督促其用心种好自己的'责任田'。"

(资料来源:中国纪检监察报,2014-3-25(004))

案例思考题

1. 结合材料,分析为什么要加强并细化对领导干部责任制的追究?
2. 如果你是一名领导干部,谈谈你将如何处理好权、职、责三者之间的关系?

第 7 章

行 政 决 策

行政决策是行政管理过程中极为重要的一个环节,任何行政活动始终是围绕着行政决策的制定、修改、实施而进行的。行政决策贯穿行政管理的全过程,直接关系着行政管理的成败。

7.1 行政决策概述

7.1.1 行政决策的含义与特点

1. 行政决策的含义

"决策"一词是现代管理学中广泛使用的一个重要概念。所谓决策,就是个人或群体为需要解决的问题所作的行为设计和抉择过程。决策思想与行为,古已有之。我国春秋战国时期有大批策士、谋士等专门从事谋划策略的活动。三国时期诸葛亮的"隆中对",帮助刘备筹划三分天下的大计;明代朱升提出的"广积粮,高筑墙,缓称王",促使朱元璋决定巩固后方、发展生产,缩小目标,立足长远,最后克敌制胜,建立了明王朝。诸如此类传诵千古的决策故事,是我们进行决策理论与实践研究的宝贵史料。当然,历史上的这些决策多是凭决策者个人的阅历、智慧等所进行的决策,是一种"经验决策"。这种决策方式难以适应现代社会的需要,现代社会的行政领导应当采取科学的决策方式。1947 年美国管理学家西蒙出版了《行政行为——行政组织中决策程序的研究》一书,把决策提高到行政管理学十分重要的地位,使科学决策理论更加系统化、科学化。从此以后,决策理论在行政管理中得到了越来越广泛的应用。

行政决策是决策的一种,它是行政机关为履行行政职能所作的行为设计和抉择过程。它一般包含三方面的意思:首先,行政决策是政府的一种行政行为,其性质具有国家法定的行政权力。其次,行政决策既要体现国家意志,又要反映自身制度化和组织化的行为;再次,行政机关在作出处理公共事务的决定时应当遵循行政管理活动程序,对所解决的问题,根据事物发展的客观规律拟定多种方案,并选择一个满意的方案依法付诸实施。

2. 行政决策的特征

行政决策是国家行政机关在履行行政管理职能中一项最主要的工作。它除了具有一般管理决策的针对性、目的性、实践性等特点外，还具有以下几个特征。

(1) 行政决策权与行政权具有相应性

国家行政机关及其工作人员是行政决策的主体，这是由他们具有行政决策权决定的，并且是相适应的。国家最高行政机关及其决策中心有权作出适用于全国的整体决策，地方行政机关及其决策中心和决策机构（决策首长）有权作出与地方相适应的局部决策。国家行政机关之外的其他国家机关和社会组织，依照宪法、法规规定或经过授权，也拥有一定的行政权，也可以成为行政决策的主体。

(2) 行政决策具有内容的广泛性

行政决策的内容十分广泛，它涉及一个地区或一个国家范围内的整个社会公共事物，包括社会的政治、经济、军事、文化等各个领域、各个方面。可见，它牵涉的面广，涉及的机构多，动用的人力、物力和财力数量大。这是由行政职能的广泛性决定的。

(3) 行政决策具有普遍的约束性

行政决策代表国家意志和利益，依据国家法律、法规来制定，各项措施均以国家权力为后盾，行政决策方案一经决定，就具有普遍的约束力。不仅对行政决策机关内部的全体人员，而且对其管辖范围内的各级行政机关及一切企业、事业单位、社会团队和个人，都具有约束力。

(4) 行政决策利益的整体性

行政决策是以国家的名义，代表国家进行的决策活动，体现国家和广大人民的意志和利益。在任何情况下，均是着眼公共事业和大众利益。不同的国家行政机关虽然分工和管辖范围不同，但在决策时都要从国家整体利益出发，来处理本地区、本部门管理的公事，而不能只顾本地区本部门的狭隘利益。

(5) 行政决策发展将日趋多样性

随着现代科学技术的进步和社会经济的迅速发展，行政决策的对象日益庞大、复杂、多变，决策的目标和内容也日益多样、广泛。因此，在行政决策过程中，越来越要求结合行政对象的具体问题，充分利用多种现代化的决策手段和决策工具来处理决策准备工作，实现行政决策的系统化、定量化、综合化。同时，要将大量的规范化决策下移，由中下层决策者来完成，高层决策者则集中精力创造性地承担非程序性的决策工作。

7.1.2 行政决策在行政管理中的地位和作用

马克思主义从来重视在客观条件许可的范围内，发挥人的主观能动作用，去争取工作的胜利，反对"车到山前必有路"那种侥幸心理和盲目的观点。行政决策就是主观能动作用的表现。行政决策贯穿行政管理活动的全过程，它是行政管理过程中发挥各种行政功能的基础，而且直接决定行政执行的后果。

1. 行政决策的正确与否，关系到行政管理的成败，关系到人民的利益和命运

行政决策是行政管理的核心环节，行政管理的成败，主要取决于行政决策的正确与否。实践表明，当行政决策失误时，必然会导致管理的失败。而行政管理要获得成功，其前提是行政决策正确。"大跃进"和"文化大革命"决策的失误是两个典型的例子。由于这两次重大决策的失误,使我们党和国家遭受了严重损失。在一切失误中,决策的失误是最大的失误,一着不慎,全盘皆输。

2. 行政决策是行政管理的关键环节

行政管理存在着若干环节,西方的一些学者把它划分为决策、组织、人员部署、指挥、控制、调节6个环节;我国行政学者有的把它划分为决策、执行、监督3个环节。无论哪一种划分法,都把决策看成首要的关键环节。行政决策是其他行政环节的先导,决策正确,行政活动就有了可靠的依据,从而产生良好的行政效果;反之,就会导致错误的行政行为,整个行政活动就会在错误的轨道上运作,从而导致不良的甚至是恶劣的后果。

3. 行政决策存在于行政管理的全过程

行政活动既是贯穿和实现行政决策的全过程,又是一个不断制定具体决策的过程。行政管理过程始终贯穿着行政决策。决策—执行—再决策—再执行,循环反复,是行政管理发展的基本规律。行政决策是行政领导者的根本任务,因为行政管理过程中的组织、指挥、协调、控制等职能的发挥,都要以决策为基础;同时,决策也是行政人员最经常、最大量的活动。在行政执行过程中,行政人员在行政工作中为了实现行政决策目标,就要制定行政计划和措施,这也是一种决策。因此,行政管理就是一个不断制定决策和执行决策的过程。

行政决策在行政管理中的重要地位决定了它在行政活动中的重大作用。首先,行政决策指明了行政活动的目标和方向。行政决策本身就是追求某种特定的目标。一个有利于人民、有利于国家的科学、具体、现实的目标,不但使行政管理方向明确,而且也可以鼓舞人们的士气。各级行政部门和行政人员都要在一定行政目标的指导下,制定切实可行的分目标、阶段目标和个人责任目标,以实现目标为宗旨来进行各种管理活动。其次,有利于提高行政效率。行政效率决定着政府行政事业的成败兴衰。行政决策正确程度越高,行政效率越高;反之,行政决策失误,行政效果则越差。再次,在科学技术飞速发展的今天,工作、生活节奏加快,专业分工越来越细,综合性越来越强,大型工程项目出现,投资规模扩大,各方面增添了千丝万缕的联系,国际交往日益频繁复杂,行政管理面临的不确定因素越来越多。在这种情况下,政府如何抓住有利时机,进行科学决策,以促进社会的全面发展显得更为重要。中国对外政策的制定和不断完善,之所以对社会经济的发展起着巨大作用,就是因为这一行政决策正确地反映了现代世界科技和经济发展的客观规律和要求。

7.1.3 行政决策的类型

行政决策的分类,学术界有各种不同的分类方法。由于考虑角度的不同,划分的类别自然有异。一般有依据决策科学程度、决策对象、决策行为、决策目标、决策内容的不同进行分类。

1. 按决策科学程度的不同,可分为经验决策和科学决策

经验决策亦称个人决策,它主要依凭决策者个人主观经验对决策对象加以认识并选定决策目标。在特定的环境和时间情境下,个人决策是可以发挥作用的,不能一概否定。科学决策则是决策者在科学方法论的指导下,科学认识和评价决策对象的特点、规律,全方位地分析决策对象与外部环境的联系及发展趋势，并通过翔实的论证，群策合力，来确定决策目标。

2. 依决策目标及所涉及的规模和影响程度不同，分为战略性决策和战术性决策

前者指带全局性、方向性的决策，其特点是立足全局，着眼未来，影响深远，如我国现行的"十一五"发展规划、科教兴国等决策。这些决策只能由高层行政机关及领导作出。后者则是指为保证实现战略决策而制定的带局部性的具体方法、步骤、措施等，其特点是在内容和方向上均服从于战略性决策，是战略性决策的具体化，具有灵活性和多样性特点。

3. 依据决策内容是否重复出现，分为程序性决策和非程序性决策

这种划分是根据行政决策有无先例可循来分的。程序性决策是指经常要解决的、重复出现的一般问题。一般而言，这类决策问题的背景、特点较清楚，决策的内容、步骤已重复出现，有一定常规可循，因此这类决策较易作出，一般是低层次领导人从事的例行性工作。非程序性决策是指新出现的具有大量不确定因素，缺乏可靠数据、资料，无常规可循，必须进行专门研究的决策。它一般是由高层次的领导作出，用于解决行政活动中复杂而重要的事情。

4. 按决策对象所处状态不同可划分为确定型决策、风险型决策和不确定型决策

（1）确定型决策

确定型决策是指行政决策条件、因素可以完全确定，决策后果可以预计的决策。所谓确定的条件、因素，是指第一，有明确的决策目标；第二，有一个确定的自然环境和条件；第三，有两个或两个以上备选方案；第四，不同方案在确定状态下的损益值可以确定。可见，确定型决策的特点是目标、自然状态、后果都是确定的，仅仅需要决策者从多种方案中择优而行。例如建筑招标时，必然有多种方案可供决策者选择，要选取其中报价最低、质量最好、工期最短者即可。这种决策情况看来比较容易，但实际情况并不都是这么简单。例如，有一旅游团游览10个风景点，按照数学的排列公式就有10的阶乘，即3628800条线路可走，如果要找出其中最短的一条，必须运用线性规划的数学方法才能够求出来。如果再加上一些附加条件、要求，则路线问题就更复杂了。如果是经常性的大宗产品的调运，那么方案不同，损益的金钱则可能成千上万。在这种情况下，则是非作科学的计算不可的。

（2）风险型决策

风险型决策是指行政决策的条件、因素可以确定，但不能控制后果且要承担一定风险的决策。风险型决策又称随机决策或统计型决策，它需要具备5个条件：

① 有明确的决策目标；
② 有两个以上备选方案；
③ 有多种不以人的意志为转移的客观条件或自然状态；
④ 不同方案在不同客观条件下的损益值可以估算出来；
⑤ 某种客观条件在未来发生作用虽无法肯定，但可以根据概率进行预测。

风险型决策的特点是：后果具有风险性，但可以估算出发生的概率。这种决策对行政领导来说既有一定把握，又不完全可靠，必须准备好多种方案，并要留有充分余地以便一旦发生不测事件，可以应付自如。如某建筑工程公司对某项作业是否承包须作出决策：其承包后若天气好，则能按期完工，可获利润5万元；若天气不好，则无法按期完工，不仅无利润，而且要付出罚金1万元。但如果不承包，则无论天气如何，都要因窝工而付出0.5万元。根

据有关天气预报资料,天气好的概率是 0.2,不好的概率是 0.8,于是可作这样的计算:

承包方案的"损益期望值" = $0.2 \times 50000 + 0.8 \times (-10000) = 2000$(元)

不承包方案的"损益期望值" = $0.2 \times (-5000) + 0.8 \times (-5000) = -5000$(元)

相比较,当然是承包比较合算。

(3) 不确定型决策

不确定型决策是指决策条件、因素不确定,完全不能控制,决策后果难以预料,也就是这些方案的可能性结果在过去的实践中从未出现,决策者也没有任何这方面的经验,而完全根据主观判断或推测计算出概率(即计算出可能性的大小)后进行决策。对不确定型决策,一是要细心体察情况,从实际出发拟订方案,在具体措施和步骤上狠下功夫;二是要有勇气承担可能发生的风险及时作出决断。对不确定型决策,目前国内外学者提出的分析方法主要有以下几种。

① 等概率法。即对并无统计规律的现象,由决策者主观作出几种情况发生的概率彼此相等的假设,即发生的概率同为 $1/n$,然后再将此概率用于各方案,像前述风险型决策一样,求出其"损益期望值"以定取舍。

② 最大最小收益值法。这是一种对事态作保守估计的方法,所以也叫"悲观预测原则",即先假定所碰到的是最坏的条件,然后在各个方案中找出其最小收益(或损益)值来加以比较,从中选取这种最小收益值中最大的一个作为最佳方案。这就是"小中取大"的方法。采用这种方法的出发点是:收益少一点不要紧,以不遭受重大亏损为主要原则。

③ 最大最大收益值法。这种方法考虑问题的角度与最大最小收益值法正好相反,它假定所碰到的是最好的条件,然后在各个方案中求出其最大收益值来加以比较,并选取这种最大收益值中最大的一个作为最佳方案。这就是"大中取大"的原则。采用这种方法的出发点是:亏损多少无所谓,只以夺取最大收益为主要目的。

④ 乐观系数法。这是一种折中的方法,若认为情况完全悲观则系数为 0,若认为情况完全乐观则系数为 1,一般在 0 至 1 间取一个值,然后求出一个"现实估计值"作为择优的依据。其公式是:现实估计值=最乐观后果×乐观系数+最悲观后果×(1-乐观系数)。由于乐观系数的确定难免有决策者的主观倾向,而且与其只做一个乐观系数,还不如估计出各种状况的主观概率,所以这种方法在实践中较少运用。

⑤ 最小最大后悔值法。也叫"最小遗憾法",此方法的基本思路是:在求得假定某种自然状态出现时,如前述风险型决策中若后来证明天气好时,则承包的方案是最佳方案即收益值最大,而如果决策者并未采取这一方案去选择其他某种方案,就会产生后悔情绪,这种最大收益值与所采取的方案之差,即为后悔值。如果有多种方案存在,则先求出每一种方案在各种情况下后悔值的最大值,并列成表以比较各种方案,看何种方案的最大后悔值小,最大后悔值相对来说较小的方案即为最佳方案。

采取以上不同的分析比较法,所选择的最佳方案往往不同,其原因是决策者对不确定因素的估计不同,在决定采用某种分析方法之前,对于准备冒多少风险,实际上已经有了自己的打算。因其主观因素影响,所以不论使用什么科学方法进行计算,都不能保证在任何条件下都能符合客观情况,万无一失。正因为如此,提高决策者的素质,加强对决策方法的研究,也就显得更为重要。

7.2 行政决策的基本原则、程序及方法

7.2.1 行政决策的基本原则

行政决策是一项高度综合的复杂活动，要使行政决策切合实际且有效，就应遵循一定的原则。一般而言，行政决策中应遵循的主要原则如下。

(1) 信息原则

信息是决策的前提与基础。信息的占有量、准确性、可靠性与行政决策的科学性、合理性及其可行性是成正比的，信息越充分、越准确、越及时，决策过程中思维的广度和深度也越大。决策的每一步骤和环节都离不开信息，行政目标的确定、备选方案的拟订与择优及方案实施等过程，都必须建立在掌握充分而准确的信息资料基础上。正如毛泽东所说："指挥员的正确部署来源于正确的决心，正确的决心来源于正确的判断，正确的判断来源于周到的和必要的侦察。"因此，信息与决策密不可分。

(2) 系统性原则

社会实践中任何事物都不是孤立的，彼此间总是相互联系、相互渗透、相互影响和相互制约，存在着十分复杂的交叉效应。因此，在进行行政决策时，务必要对整体与局部、内部条件与外部环境、当前利益和长远利益、主要目标和次要目标等加以综合分析进行决策。越是高层次的决策，综合性越强，越应坚持系统原则。

(3) 可行性原则

决策是对主客观条件进行可行性分析，进而作出决定并加以实施的过程。要实施就得考虑到实施的现实可能性，不适当地估计有利因素而忽视不利因素，任何决策方案都只是一纸空文。决策的可行性取决于决策方案与各种客观条件和因素的统一，要使决策有的放矢、行之有效，就应当对决策方案所需要的现有人、财、物及科学技术能力等进行认真审定，争取有备无患。如果片面追求高指标、高速度，再好的决策也只能是水中月、镜中花。我国 20 世纪 50 年代的"大跃进"，其决策目标不可谓不宏伟，其规划不可谓不鼓舞人心，但那只是一种美好愿望，其结果尽是劳民伤财，破坏了国民经济的正常发展。因此，行政决策务必进行可行性研究，努力使决策建立在客观实际基础上。

(4) 民主原则

现代行政决策所面临的复杂性与日俱增，决非最高行政首长个人或少数人所能胜任，任何一项行政决策都需要许多学科知识、技能与数据，需要多部门和众多人员的共同努力，需要动员各种可以动员的力量，群策群力为决策的科学化做出努力。但是，没有民主化就没有科学化。行政决策是上级与下级、专家与公众协作的过程，这一过程最为根本的要求，也是其最为本质的特征是发扬民主。行政首长一方面应当发挥领导集体和专家的作用，比较、择优、采纳他们提出的决策方案，另一方面人民群众是国家的主人，人民群众有权参与行政决

策，人民群众参政议政既是社会主义民主建设的需要，也是提高我国行政管理水平的客观要求。

(5) 动态原则

任何一项行政决策的制定、执行和修改都是一个动态的过程。行政现象是随着社会经济的进步而不断发展变化，各个因素之间存在有机联系，行政决策任何一个细节的疏忽都可能造成巨大的影响。因此，行政决策的制定都应着眼于未来，保持一定程度的可调节的弹性，以辩证的思维方式进行决策，为未来情势变化留下决策调整的空间，尽可能地准备应变性措施。同时，在行政决策的实施过程中，注意信息反馈，随时检查、调节、修正，一旦发现决策未能充分适应客观情况，应及时对决策方案加以调整、修正乃至重新判定。

7.2.2 行政决策的基本程序和方法

1. 行政决策的基本程序

决策程序是指决策过程的逻辑顺序、基本步骤。建立健全民主决策的程序和制度，对实现行政决策的科学化具有重要意义。

近几十年来，不少学者对决策程序做了大量的研究，对决策程序的划分繁简不一。赫伯特·A.西蒙认为，决策过程包括"情报活动"、"设计活动"、"抉择活动"、"审查活动"四个阶段。[①]哈罗德·孔茨认为，在目标已定的情况下，决策过程包括"拟定抉择方案"、"评价抉择方案"和"选取抉择方案"三个阶段。[②]国内许多行政学者也对此提出各种不同的概括，综合国内外学者的论述，我们认为决策程序可概括为如下3个阶段。

(1) 发现问题，确定目标

任何决策都是从发现问题开始，问题是引发行政决策的起因。所谓问题，是指行政运行中出现的偏离或背离既定目标的现象或情况。"问题是事物的矛盾。哪里有没有解决的矛盾，哪里就有问题"。事物内在的、本质的矛盾往往为大量的假象所掩盖着，不易为决策者及时察觉。因此，决策者必须培养自己从资料海洋中采集重要信息的技能和对各有关因素的警觉，学会寻找问题的各种方法，如例外原则、偏差记录、组织诊断等，力求及时发现矛盾，全面准确地把握问题。发现和分析问题可以采用美国管理学家凯普纳和崔戈合创的"KT分析法"：第一步是发现和界定问题，一旦发现问题后，就要在此基础上做出进一步的界定，弄清问题的性质、特征、范围、程度、价值及影响等；当面临许多问题时，还应对它们进行综合分析、区分主次，找出关键问题。第二步是分析原因。就像医生看病要弄清病人的病情及病情产生的原因一样，找出产生问题的原因，包括主要原因和次要原因、客观原因和主观原因。把问题的原因弄清楚了，等于把问题解决了一半。

明确问题之后，紧接着就是要为决策确定目标。确定目标要根据客观需要和现实可能，不能凭主观愿望。目标定得太高，超过客观需要和现实可能，则可能实现不了；目标定得太低，则不利于发挥潜力和解决问题。决策目标是一个系统，它应当错落有致、主次分明、分清轻重缓急和从属关系。

---

① 赫伯特·A.西蒙.管理决策新科学.北京：中国社会科学出版社，1982：33-34.
② 哈罗德·孔茨.管理学.贵阳：贵州人民出版社，1982：228-263.

发现问题、确定目标，必须进行广泛深入的调查研究和掌握科学的预测方法。在我国长期的行政决策实践中，创造了开小型调查会、蹲点调查等行之有效的调查研究方法，这些方法是值得继承和发扬的。同时，随着社会发展和行政管理任务的变化，调查研究的方法也必须丰富和发展，力求实现调查研究的系统化、定量化和程序化。

调查研究与科学预测是紧密相连的。科学预测就是在对事物过去和现状进行调查研究的基础上，运用科学技术手段对未来或未知事物的发展进行估计和推测。它对于科学地确定决策目标，提高决策的预见性和自觉性具有重要意义。现代预测方法种类繁多，一般可分为因果型预测、模拟型预测、直观型预测、定量型预测四大类。因果型预测是依据事物运动变化的因果联系，推测未来发展结果的方法。模拟型预测是通过模拟手段对未来发展状况进行预测的方法。直观型预测主要是依靠人的经验、知识和综合分析能力进行预测。定量型预测主要是运用数学方法，测算决策问题的各种变量，进而估计其未来的状况和变化趋势。

(2) 设计备选方案

决策目标确定之后，就要从多方面寻求实现目标的有效途径，拟制各种可供选择的方案，这些备选方案的质量很大程度上影响到最后决策的质量。所以，设计方案是决策的基础。

设计活动作为决策过程的一个中介阶段，其特征表现为通过对离散型原始信息的分析加工，创造出新的集约型信息的过程。总体上而言，这一阶段包括相互衔接的两个环节：一是集思广益，粗拟方案，即要求解放思想，广开思路，尽可能设想出各种不同的方案，大胆探索各种可能途径和方法。因为没有选择就没有决策，没有比较就没有鉴别，只有一个备选方案的决策，并不是科学的决策。二是精心设计，拟订方案。这一步要求决策者以细致、冷静而求实的精神，对各种粗拟出来的方案进行反复推敲，认真筛选，并在此基础上精心设计，严格论证，拟制成各种可行性方案。

拟制方案时必须做到：第一，方案必须勇于创新，不能因循守旧；第二，各方案在内容上应当各自有别，不存在相互重复和包含；第三，方案应尽可能详尽，考虑到多种可能，一般应有积极方案、应变方案和临时方案。同时，每一种方案都必须说明其特点、实施条件、预期效果、可能产生的副作用及其控制方法等；可定量分析的，还要以确切的定量数据反映其成果。

设计方案要尽量把可能想到的方案都列出来，这就需要有广阔的思路和创新精神。因此，在拟制备选方案阶段，必须坚持群众路线，注意发动群众和发挥专家学者的作用，鼓励创新和不同意见、不同方案的争论，切忌搞"一言堂"。可采用已经被管理学界广泛采用，且已证明是行之有效的许多创造性和启发性的方法和形式，如头脑风暴法、对演法等。"头脑风暴法"又称自由思考法，它通过小型会议的形式，鼓励与会人员进行创造性的思考，自由发言，以便相互启发，引起连锁反应，形成新的设想。这种方法在发挥人们的想象力和主观能动性，产生新方案方面有一定的作用。对演法则是对不同方案开展辩论，互攻其短，以充分揭露矛盾；或者拿出来进行预演，人为设置对立面去评议，挑剔反驳。运用这种方法，对筛选方案和制定可靠的方案也能起到一定的作用。

(3) 选择最佳方案

这是行政决策的关键阶段。这一阶段，首先要对各种可行性方案的经济效益、社会效益和方案实施时将会遇到的困难、阻力等限定因素及敏感度进行分析对比，全面评估，总体权衡。然后在此基础上，按照全局性、长远性、效益性和适应性等选择标准进行选择，拍板定案，从中选出或综合形成一个最佳方案，形成决策。在此阶段，应抓好以下环节。第一，确定优选方案的标准。不同的决策内容在具体标准上有所差别，其基本标准有价值标准（即各项价值指标的价值系统，包括经济效益、社会效益、理论效益等）、优化标准（即最理想的标准应是投入最小，副作用最小）、时效标准（即不失时机，讲求时间效率）等。第二，组织专家评选方案。行政领导决策时在条件许可的情况下，应当充分组织与所解决问题相关的一些专家或学者，运用科学知识、现代技术和设备，对备选方案作进一步分析、评价和论证，充分比较各种方案的优劣。评价方案的方法主要有三种，即经验评价法、数学分析法和测验法。经验评价法，就是指决策者依据自己的或别人的、国内或国外的经验，根据价值标准的要求对方案进行评价。这类方法对于问题较简单、目标少、方案少的情况是比较合适的。数学分析法，是指用数学的方法对可以定量化的决策方案进行定量分析和研究，将各变量间的关系用数学关系式表达出来，通过一系列的运算进行指标评价。测验法，是指将方案选择一定的单位进行试点，在测验的基础上进行评价。评价的内容则有可行性分析、利害分析、风险度分析等。第三，完善优选方案。经过比较、评价和选择后得出的最佳方案难免还有不足之处，而那些被淘汰的方案也常有可取之处，因此需要对优选方案作进一步的修订，舍短取长，使之完善。

2. 行政决策的方法

（1）理性全面法

理性全面法也称根本性决策或科学决策。理性全面法的基本要求是决策者从系统的观点出发，搜集一切有关的资料，考虑全部有价值的因素，提供尽可能多的备选方案，并从中筛选出最佳方案来作为最后的选择。

这种决策方法的科学性、准确性很高，对于高层次的行政领导进行战略性、全局性的决策来说是一种很重要的常用方法。但是，理性全面法也有其局限性：一是行政官员既没有这样多的资料，也没有这样多的精力和时间，他们的知识水平也不可能对有关资料和价值标准有透彻的了解，难以作出正确判断；二是这种决策方法要求的条件比较高，采用这种决策方法不仅需要许多素养较高的多学科专家组、智囊团参与进行，而且还需要凭借网络、计算机等技术手段，因此这种决策方法往往只适用于高层次的战略性、全局性的决策。

（2）渐进法

渐进法也称连续有限比较法或渐进决策。在政府行政部门乃至企事业单位中，实际决策更多的是采用渐进的方式进行的。渐进决策有如下一些特征。

① 渐进决策在获得清晰目标之前就进入实施阶段。渐进决策往往是在决策者只看到一个大致的方向，并无很准确具体目标时，便采取"走小步"的形式，朝这个方向前进，走出若干"小步"之后，决策者才逐渐抓住问题的症结，认清决策的目标及其他方面因素对目标的制约和影响，进而修正和确定目标。

② 渐进决策是由一系列的"走小步"有机构成的。渐进的决策方法就是力求通过一系列"走小步"的决策来探索、确定和达到目标。在制定和选择方案时，决策者不是像科学决策那样，制定尽可能多的备选方案，从中选择最佳和最令人满意的方案，而是对正在执行的政策和方案进行调整补充，从中得到少数几个较好的、经验证明是可行的新方案。

③ 渐进决策的动态过程是通过一系列"小步"趋向于决策者所大致把握的方向。如同

动物用触角探索前进，一旦碰壁，就迂回绕过障碍或改变路线。因此，每一"小步"的结果意义重大，它不仅影响到下一步的内容和方法，而且影响到整个决策目标的形成和修正。

④"走一步，看一步"，"摸着石头过河"。由于决策的确切目标需要在实施过程中探索，决策过程每一"小步"的后果难以预测，需要"走一步，看一步"，摸索着前进。因此，渐进决策总体方案在开始时大多是不具体、不全面和不缜密的，而只是确定了总的方向。随着决策过程的进展，方案逐渐充实，决策者往往要到中途甚至结束才有可能制定出比较完善的总体方案。所以，人们常常觉得采取渐进决策的行政人员对所做的工作"心中无数"。

渐进决策的主要优点在于积小步为大步，适应行政人员较少和复杂的客观环境，是较为现实可行的决策方式，而且采取这种决策方法节省人力、物力，能稳步前进，不致激起社会或其他对象的不安和激烈反弹，也可以避免持续性的错误。但是，这种方法也有明显的不足：首先，它是行政人员在应付复杂环境中形成的实际做法，没有系统的理论指导，也没有现成的原则可以遵循，因而发生失误的可能性较大；其次，由于渐进决策在没有明确目标的状况下进入实施，必然缺乏远见，难以摆脱短期行为的嫌疑；最后，渐进决策容易导致政策多变、不稳定，会影响政府行政的声誉和效率。可见，渐进决策带有浓厚的经验色彩，在许多方面缺乏科学性。不过，它却是行政部门在实际工作中常常采取的主要决策方法。

(3) 综合扫描法

综合扫描法也称远近结合法，从理论上讲是一种较为可取的方法。大致来说，是既要加强理性和理论成分，确定长远目标，对决策的问题用"广角度镜头"进行综合扫描；又要根据历史和现状，采取适当的应变措施，减少不必要的繁文缛节，把注意力集中在扫描所发现的重点问题上，再用"显微镜"作仔细的观察。这种方法或理论说起来十分动听，但在实施中要使长远目标与当前计划完全一致、理论与实践紧密结合是十分困难的。因此，在实际的行政决策活动中，这一方法多是作为一种方法论或决策制定的指导原则来用。

7.2.3 行政决策的评价

行政决策评价的目的在于改进行政决策体制和行政决策活动，从而提高行政决策的质量。通过对错综复杂的行政决策活动进行研究与分析，可以把握行政决策的一般规律，并通过对具体的行政决策现象进行评价和分析，为行政决策的优化提供坚实的依据。行政决策评价的内容主要如下。

(1) 行政决策的环境评价

行政系统是整个社会管理大系统中的一个主要子系统，它必然受到环境的制约。就如一部汽车的行进除了受到自身内部各个因素的制约外，还受到路面环境的制约一样，对行政决策的研究也离不开对行政决策环境的研究。对行政决策环境的评价，主要是对行政决策的政治环境、经济环境、文化环境和自然环境的评价。

(2) 行政决策的过程评价

其主要内容包括：行政决策的技术方法评价，即评价决策过程中使用的技术方法是否科学、适当；行政决策的机构评价，即主要评价决策机构的组成是否完整、合理，所需要的各类人员是否齐备，工作气氛是否融洽，以及各职能部门的合作是否顺利等；行政决策的运转评价，即评价决策的运转是否灵活，是否有指挥、监督、测定、评估、协调的制度与办法，信息渠道是否通畅，反应是否灵敏，工作效率如何等。

(3) 行政决策人员素质的评价

主要内容包括：知识结构评价，即评价决策人员是否具备决策所需要的专业知识和科学文化知识；能力结构评价，即评价决策人员发现问题、分析问题、解决问题的能力；或评价决策人员的观察、思维、组织、指挥、协调、控制、操作、表达与交往能力等；品质素质评价，即评价决策人员的工作责任感、性格气质、精神意志等。

7.3 行政决策体制

7.3.1 行政决策体制的含义

行政决策体制是指行政决策机构和人员所形成的组织体系及制定决策的有关制度。狭义的行政决策体制基本上等同于行政领导机构，即通常所说的领导班子。广义的行政决策体制除了行政领导机构外，还包括其他专门的决策组织，如参谋咨询机构、情报信息机构等。行政决策体制是具有较高科学文化和专业知识，善于运用现代技术装备和手段，并能产生综合优势效力和综合智能的完整人群结合体。行政决策体制以行政首长为核心，包括参谋咨询人员和各类专家，并以上述人员为基本单位，分别组成决策中枢、咨询系统和情报信息系统等组织形式，在行政决策活动中发挥各自的功能并相互衔接，形成完整的行政决策工作体系。

7.3.2 现代行政决策体制的特点

当代社会由于科学技术的迅速发展，并渗透到社会生活的各个方面，社会化的大生产已成为一种必然趋势。行政决策的理论、程序、方法都有了很大的变化，现代行政决策的机构和人员及其相互关系亦发生了显著变化，呈现出许多新的特点。

(1) 行政决策体制已成为各级政府发挥行政职能不可或缺的组织系统

现代科学技术和社会化生产的快速发展，使得国家行政活动的内容日益复杂，其变化节奏越来越快，行政决策及其管理对社会造成的影响越来越广，行政管理观念也随之发生巨大变化，行政决策的重要性及科学化要求也越来越突出，从根本上改变了过去行政活动中不重视科学决策的传统观点。我国政府的行政部门在决策实践中，对于重大的问题一般都经过认真的调查研究、专家咨询论证、制定两个以上的可行性方案，形成了具有中国特色的决策体制。行政决策正成为各级政府的一项重要职能，行政决策体制中的信息系统、咨询系统已成为行政管理活动中非常重要的机构。

(2) 行政决策体制中各组织系统在决策过程中的分工明确化

社会的进步与发展极大地影响和促进了行政决策体制的变革，一方面使行政决策体制更加完善，另一方面使行政决策体制中各组织系统在决策过程中的分工更加明确和具体。它们主要表现在：决策过程中"谋"与"断"相对分工；决策的制定与执行相对分工；决策过程中的信息收集与使用相对分工等。决策过程中分工的明确化使现代行政决策体制能以决策中枢为中心，各个系统在分工的基础上相互配合，从而强化了行政决策体制各个系统的职能，促进了各个系统在决策过程中地位和作用的充分发挥，促进了行政决策的科学化。

(3) 现代行政决策体制的运行不断向科学化发展

现代科学技术的发展及其在社会生活各个领域中的广泛应用，使得现代决策运作不断向科学化、技术化方向发展。主要表现在两个方面：其一是行政决策体制内部各个系统都拥有一定的现代化技术装备，计算机、网络技术等已在决策中普遍运用，由传统的按经验决策发展为按科学的理论、手段、方法和程序决策；其二是行政决策体制各系统内部均配备具有一定科技知识和素养的人员，他们在参与行政决策活动时都特别注意运用各种科学知识和技能，这就为迅速、准确地制定科学的行政决策奠定了坚实的基础。

(4) 现代行政决策体制呈现决策事务量增大、人员增多的趋势

社会的不断发展，社会生活的需求越来越复杂化，整个社会各个方面的联系日益密切。因而，行政管理中需要决策的问题及每项决策的工作量都不断增大，这就必然要求承担行政决策的机构和人员相应增加。

7.3.3 现代行政决策系统的构成

一个良好的行政决策体制，是行政决策过程顺利运行的组织保证。行政决策的机构和人员所形成的组织体系及其制度，构成现代行政决策体制。现代行政决策体制的内容，按其功能进行区分，主要包括行政决策中枢系统、行政咨询系统和行政信息系统三个组成部分。

(1) 行政决策中枢系统

在现代行政决策的组织体制中，存在一个承担全面决策责任并行使最后决策权的核心集团，这个核心集团也就是所说的行政决策中枢系统，又可称为行政决策中心，它由拥有行政决策权的领导机构及其人员组成。行政决策中心的任务主要有以下几项。

第一，领导、协调、控制整个决策过程。现代行政决策是一种集团决策，在决策过程中既有多方面的组织和人员参与，又要与多方面的组织和人员发生关系。为了使各个组织和人员在决策过程中统一认识和统一行动，从而使决策有步骤有秩序地进行，就需要对决策过程加强领导，对各个方面的组织和人员进行协调，对决策活动进行必要的控制。这种领导、协调和控制的功能主要由行政决策的中枢系统来完成，这也是行政决策中枢系统的一项最基本的任务。

第二，确认决策问题和决策目标，组织评估决策方案。在行政决策过程中，决策问题不一定是行政决策中枢系统发现的，但必须经决策中枢系统确认方可提上行政决策的议事日程。决策目标也可能是行政决策中枢系统以外的组织或人员设计的，但只有经过决策中枢系统的确认方可作为正式的行政决策目标。决策方案一般主要由咨询机构帮助设计，但设计后必须进行分析评估，而评估的组织工作也应主要由决策中枢系统来进行，这样才能有权威性。

第三，最终抉择方案。这是行政决策中枢系统的一项至关重要的任务，也是行政决策中枢系统行使决策权的一种重要表现。在行政决策过程中，虽然咨询系统、信息系统也参与行政决策过程，特别是咨询系统不但帮助设计方案，还有可能在选择方案的过程中发挥重要作用。但这种重要作用也仅仅限于帮助比较评估方案，提出选择方案的具体建议，至于最后拍板定案，只能是行政决策中枢系统。

总之，行政决策中枢系统是现代行政决策体制中的核心部分，居于核心地位。在整个行政决策过程中既是主要权力的行使者，又是主要责任的承担者。行政决策的正确与否和行政决策的中枢系统有着重要的关系。

(2) 行政咨询系统

行政咨询系统是为行政决策服务的辅助机构，主要由各专业学科研究机构和政策研究机构及其人员组成，又可称为行政决策的"智囊团"、"思想库"、"头脑库"或"脑库"。现代行政咨询系统就其性质而言，主要有以下两个特点。

第一，辅助性。这是行政咨询系统不同于行政决策中枢系统的主要区别。行政咨询系统的主要职责是为行政决策中枢系统的决策服务，当好中枢系统的参谋，但不能代替中枢系统决策。这种参谋的地位决定了它在行政决策体制中属于一种辅助性的机构。

第二，相对独立性。凡咨询系统都必须享有一定的独立性。唯有这样，咨询工作才有可能是客观的和科学的。相对独立性是咨询系统对决策问题进行客观、科学研究的重要前提；否则，如果咨询系统以执行某个决策者的指示为前提，将研究工作用于证明领导的某种意图，这样的咨询工作不但对正确的决策无益，反而有害，咨询系统研究的结论也不可能是客观的、科学的。

行政咨询系统在行政决策过程中主要有以下三大任务。一是发现问题并向决策者提出问题，使某个决策问题引起决策者的注意，将这些问题提上决策者议事日程。二是拟定决策方案。现代行政决策问题非常复杂，一个决策问题往往可以有多个解决方案，方案的设计往往需要多方面的专业知识，而作为决策者的领导在知识方面总是有限的，并且他们日理万机，也缺乏潜心研究的时间，因此方案的拟定和设计工作往往由咨询系统来完成。三是协助中枢系统对决策方案进行评估论证。因为方案的评估论证往往需要各方面的专家来完成，只有咨询系统才具备这种多学科人才的优势。

行政咨询系统是现代行政决策体制中一个重要的组成部分，在现代行政决策过程中发挥着不可替代的作用。由于行政咨询工作以相对独立的科学研究为前提，所以有利于保证决策的科学性和可靠性。但另一方面，正是由于咨询系统的研究仅仅是从客观出发的，所以它往往忽视了决策者的主观能动性。在实际的决策过程中，决策者的水平和能力往往起着很大的作用。所以决策者既要认真听取咨询系统的意见，又不能对咨询系统的意见照抄照搬。事实上，对于决策来说，咨询系统的意见对决策仅仅起一种参考作用。正确处理好中枢系统与咨询系统的关系，对于行政决策者来说具有重要的意义。

(3) 行政信息系统

现代社会是一个复杂多变的社会，要作出一项正确的决策，必须有大量而准确的信息。因此，为了保证行政决策的正确性，必须建立行政信息系统。现代行政信息系统主要由行政信息处理机构、人员及其信息通道、信息工具组成。这里信息通道主要指的是信息传输渠道，它有以下三种类型：一是纵向传输渠道，主要是将不同行政级别的行政组织之间的信息进行传输；二是横向传输渠道，主要是同一级别的行政组织为了各自的决策或行政相互协调而将它们各自的信息互相进行传输；三是综合传输渠道，即信息传输既有纵向的，也有横向的。这三类信息传输渠道构成了一个复杂的信息传输系统。

行政信息系统的主要任务是收集和加工处理各类行政信息，为决策中枢系统和咨询系统服务。现代社会是一个信息社会，信息量大且变化快，而现代行政决策必须掌握较为全面和准确的信息，方可保证其正确性。这就要求行政信息系统收集信息和处理信息必须全面、准确、及时。所谓全面，就是要求收集信息时不要以偏概全，而要通过一定的信息量来真实地反映事物的全貌；所谓准确，就是要求在信息处理过程中不能有误或失真；所谓及时，就是要求收集和处理信息速度要快，不致使本来有价值的信息因时间上的延误而失去价值。当然，这里所讲的全面、准确和及时也只是相对意义上而言的。行政信息是行政决策的基础，行政信息系统的工作在整个行政决策过程中起着基础作用。

重要概念

行政决策　　　行政决策程序　　　行政决策方法　　　行政决策评价
行政决策体制　　行政决策系统

课堂讨论

试谈谈如何加快行政（公共）决策的科学化、民主化和法制化进程。

思考题

1. 如何理解行政决策？
2. 行政决策在行政管理活动中的地位和作用如何？
3. 行政决策有哪些类型？
4. 行政决策应遵循哪些基本原则？
5. 行政决策的方法有哪些？
6. 现代行政决策体制有哪些特点？
7. 简述现代行政决策系统的构成。

微型案例

"公务员卖房"的本质是决策失误

2014年春节前夕，山东省C县某政府部门的工作人员接到了一项重要任务：2014年，必须介绍自己的亲戚或朋友，至少在县城内购买两套新建商品房。否则，她可能被停发工资，在这个县城中，很多公务员都接到了类似的卖房任务。

"公务员卖房",虽然是个别现象,但是"公务员卖房"背后留下的问题却是共性的,是比较普遍的现象,那就是盲目的城市开发和建设。当前,一些地方政府官员出于自身政绩考虑,通过举债的方式盲目进行"造城运动",导致城市商品房建筑供大于求,出现高度的空置率。而近年来,早就有海内外的媒体关于我国"鬼城"、"空城"现象的报道,但这似乎并未引起一些地方政府的重视。

在推进城镇化过程中,像C县这样的城市发展模式,在全国许多三四线城市都存在。也就是说,这是一种比较普遍的现象。那么,为什么各级政府都没有对这样的现象进行深入的调查和分析,并对可能出现的决策失误后果进行预测呢?要知道,这样的决策行为,留下的隐患和造成的损失是非常大的,政府负债和城市建设有可能形成恶性循环,导致地方政府的债务危机。在新型城镇化建设中,如何避免类似问题的再次发生,也是值得我们思考的。

(资料来源:林峰."公务员卖房"的本质是决策失误[N].中华工商时报,2014-02-17(007).有删节)

案例思考题

1. 试分析出现"公务员卖房"现象的原因有哪些。
2. 结合案例,谈谈如何避免地方政府出现行政决策失误行为。

第 8 章

行政执行与监督

行政执行是检验行政决策正确与否的唯一标准,行政执行是行政管理中的重要环节,是国家行政机关履行职能所必需。随着经济社会事务的发展、行政权力的不断扩展,行政执法侵权和行政人员违法的事件屡见不鲜,如何实施和健全行政监督机制,保障国家行政机关及其行政人员依法行政是一项十分紧迫的工作。

8.1 行政执行与监督概述

8.1.1 行政执行与监督的含义

1. 行政执行

行政执行是指行政机关或行政人员依法对国家事务直接具体地组织、指挥和控制的过程,即通过执行、适用规范行政管理活动的法律法规,实现行政决策目标,完成行政管理任务的全部行政活动和过程。在理解行政执行时,主要应从以下几方面去把握。

首先,行政执行是一个完整的过程。一般情况下,它包括如下一些实际内容:执行的准备阶段,包括设计执行计划,建立和组织执行机关,挑选与培训合格的执行者,准备和筹集执行所需要的各种资源等;实际执行阶段,执行机关依据计划,通过指挥、沟通、协调和控制手段落实决策方案;执行的结束阶段,进行必要的经验教训总结及奖惩。从执行过程的内容可以看到,行政执行与决策制定有极大的不同。决策的制定主要是一种认识和分析过程,而行政执行主要是一种行动的过程,它强调落实。当然,这种行动的过程也是在认识基础上进行的。

其次,行政执行是带有强制性的活动。从行政执行的方法、手段上看,它最典型地反映了行政执行的性质。它要求执行者按严格的组织程序来运作,行政领导者和行政机关负有全面指挥的责任,通过命令、指示等行政手段对工作人员进行指挥,具有很大的强制性、权威性。

第三,行政执行是一种效率行为。行政执行的根本要求就是用最快的速度、最好的质量、最少的消耗及时地实现决策目标。

第四,行政执行是一种创造性活动。在执行上级决策的过程中,各级地方和部门的领导机关要结合自己的特点制定本地区、本部门的决策实施措施,根据自身所处的特定条件,按照行政决策和执行计划创造性地决定自己的工作方式。这意味着行政执行不是一个按部就班简单的照章办事过程,而是一个由一系列不同层次的新决策组成的过程,因而也是不断丰富原来行政决策的过程,这为各级各方面的行政人员创造了充分发挥自己积极性、主动性和创造性的有利条件。

2. 行政监督

所谓行政监督,是指国家行政机关及其他行政主体对有义务执行和遵守有关行政法规、规章、命令和决定的组织和个人实施的查看、了解和掌握其义务履行情况、督促其履行义务的具体行政行为。行政监督有广义和狭义之分。广义的行政监督除查看、了解和掌握相对人履行其行政法义务的情况外,还包括对调查了解的结果加以处理的活动,如责令被监督对象纠正其违法或不当行为、撤销或变更违法或不当的行政行为、对有关责任人员给予处分等。狭义的行政监督仅指行政主体在其职权范围内查看、了解和掌握相对人义务履行情况的活动。

一般而言,在谈及行政主体对公民、组织的外部监督时,行政监督的概念是狭义的。当论及行政主体的内部监督,特别是专门机关的监督(如行政监察)时,行政监督的概念多是广义的。因为外部行政监督行为的任务和内容仅仅是查看、了解和掌握相对人履行其行政法义务的情况,而根据了解和掌握的情况对相对人的实体处理则不属于外部行政监督行为的范畴。

就一个完整的监督过程而言,行政监督应包括查看、了解事实及对被监督对象的权利和义务进行实体处理两大部分。因此,行政监督权也分为程序性监督权和实体性监督权。程序性监督权,如要求被监督对象如实汇报有关情况、提交有关文件的权力;对被监督对象运用一定强制手段以查明有关事实情况的权力;采取必要措施保全证据的权力等。实体性监督,针对监督对象出现的违法违规问题进行处理,限制其某些权力,责令其及时改正。

对行政监督的理解,可以从以下几个方面来把握。

首先,行政监督的主体是享有某项行政监督权的国家机关和法律、法规授权的组织。由于任何行政权力的行使都必然伴随一定的监督过程,因而任何行政主体在行使其法定权力的同时,也必然依法明示或默示地享有相应的行政监督权,从而具有行政监督的主体资格。也就是说,只有具备行政主体资格的组织才能成为行政监督的主体;而行政监督主体在行使权力、履行职责的同时也必然具有行政主体的法律地位。

其次,行政监督的对象是处于国家行政管理之下的公民和组织。它具体包括国家行政机关及其工作人员、法律法规授权的组织、行政机关委托的组织或者个人(在内部行政监督关系中),以及公民、法人和其他组织(在外部行政监督关系中)。其中,国家行政机关及其工作人员、法律法规授权的组织、行政机关委托的组织或者个人在行政监督的过程中具有双重身份,当他们依职权对其他组织和个人实施监督时,其身份是行政监督主体或行政监督主体的代表。与此同时,国务院以外的其他行政主体在行使行政监督权的同时又处于其他行政主体的监督之下,它们又具有监督对象的身份。也就是说,除国务院作为国家最高行政机关始终是行政监督的主体，以及作为外部行政管理相对人的公民、法人和其他组织始终是行政监督的对象之外，其他行政主体在行政监督中均兼有监督主体与监督对象的双重身份。

第三，行政监督的实施具有主动性、单方性和独立性。行政监督是行政主体为了维护国家行政管理秩序、保障国家行政活动的顺利进行而对特定的组织和个人主动实施的一种单方行为，这种行为依行政主体拥有的行政监督权而实施，不以相对人的同意为前提。行政监督虽然不直接改变相对方的实体权利与义务，但它可以对相对方设定某些程序性义务和对其权利进行一定的限制。行政监督的实施，可能会引起行政处罚，也可能引起行政奖励，也可能不引起任何其他行政行为，但都不影响行政监督行为的独立存在，也不影响其产生法律后果。

最后，行政监督的目的是保障行政管理目标的实现。通过行政监督可以及时地发现和制止行政违法行为，使法律、法规和规章得以顺利地贯彻执行，进而实现行政目标。

8.1.2 行政执行与监督的分类

为了进一步加深对行政执行的认识和研究，基于上述对行政执行与监督的两个方面的认识和理解，可以分别就科学行政和法制行政的不同角度对行政执行与监督作出相应分类。

1. 行政执行的种类

行政所涉及的范围相当广泛，其内容错综复杂。从科学行政的角度研究，行政执行根据不同任务，一般分为两类：一类是各种行政机构为完成例行性、经常性任务所做的大量工作，如传达上级指示、答复下级请示、检查各种工作情况及整理各种资料信息等；一类是以执行特定任务或计划为主要任务的活动，如为了加强对某方面行政事务的管理而设立临时管理机构，筹备组织、指挥、管理某项大型群众性宣传教育、文娱体育、咨询交流活动等。这类执行还有一种情况是，偶然性的突发性事件或非常状态下特殊任务的紧急管理、应变执行。如对地震、洪水、火灾、传染病流行等不可抗力的紧急救援、防洪抢险、扑救管治；对外敌入侵的战争动员，对社会动乱、政变的戒严管制，宣布进入紧急状态等。

现代行政管理任务日趋繁重，管理科学化、自动化程度不断提高，例行性和程序性决策日渐加强。由此，行政执行中大批例行性、经常性任务是主要的；执行特定政策、完成特别任务的紧急管理任务是有限的。但需要指出的是，鉴于行政管理程序的极大灵活性，无论是执行例行性、经常性任务或是执行特别性、紧急性任务，都要把处理当前的危机或解决严重的社会问题作为行政执行中不可忽视的至关重要的任务；否则，行政机关形同虚设，失去其设立、存在的意义。

从法律行政的角度来划分，行政执行即行政执法，可依其对相对人权利义务所引起的直接后果而分为以下几类。

(1) 行政决定

行政决定是指行政机关及其公务员经法定程序依法对相对人的权利义务作单方面处分的行为。其特点是：具有强制性和单方性；直接处分相对人权利和义务，须依法定程序，通常不能即时作出。其具体形式主要有行政许可、行政奖励、行政命令和行政处罚四种。

(2) 行政检查

行政检查又称行政监督检查，是指国家行政机关依法对相对人是否遵守法律、法规和具体行政决定所进行的能够间接影响相对人权利义务的检查了解行为。它具有义务性、限制性和单方自主性的特点。

（3）行政处置

行政处置又称即时强制，是指国家行政机关及其公务员在国家安全受到威胁，社会公共利益受到危害的紧急状态出现或将要发生的情况下，而临时采取特别行政命令、特殊强制措施的行为。它具有紧迫性、即时性和直接强制性三个特征。它是紧急状态下行政管理的一种特殊的很必要的手段。

（4）行政强制执行

行政强制执行是指特定国家机关（享有行政执行权的行政机关或申请司法机关）采取强制手段保障法律、法规和行政决定得到贯彻落实的一种执法行为。其特点如下：

① 行政性。发生于执行管理过程中，强制执行的内容为已经生效的具体行政行为。

② 强制性。基于国家行政机关或司法机关的权力作用，强行抑制相对人的意志，迫令相对人服从。

③ 保障性。是确保法律、法规和生效的行政决定得到贯彻落实的保障措施。

④ 执行性。旨在确保实现法律、法规或行政决定所要求达到的行政管理的目的和状态。这是行政强制执行最本质的特征。

2. 行政监督的种类

（1）依照行政监督对象的不同，可将行政监督分为内部行政监督和外部行政监督

内部行政监督是以行政机关及其工作人员、其他行政组织和人员，以及与行政机关之间存在组织隶属关系的国有企事业单位及其负责人员为对象的行政监督。外部行政监督是行政机关及其他行政主体以公民、法人及其他组织为对象进行的行政监督，是外部行政管理的一个重要环节。

（2）依照行政监督是否是行政机关的专门或主要职责来划分，可将行政监督分为一般权限的行政监督和专门权限的行政监督

一般权限的行政监督是指不以行政监督为专门或主要职责的行政机关在行使职权的过程中对监督对象进行的监督。它包括行政机关内部上下级之间的监督，如各级政府对其所属部门的监督、上级政府对下级政府的监督、上级政府工作部门对本系统内下级政府工作部门的监督、同一行政机关内部上下级之间的监督；同一行政机关内部负责内部事务管理的部门在其权限范围内对其他部门的监督，如政府人事部门对其他部门的人事管理进行的监督、财政部门对其他部门的财务管理进行的监督；以及不以行政监督为专门或主要职责的行政机关对其所属的企事业单位、社会团体的监督，如国务院对其所属的直属事业单位中国社会科学院的监督等。专门权限的行政监督是指以行政监督为专门或主要职责的行政机关在行使职权的过程中对监督对象进行的监督。主要是指行政监察机关、审计机关在其权限范围内对有关组织和人员进行的监督。

（3）依照行政监督的具体行为来划分，可将行政监督分为主动监督和被动监督

主动监督是指行政监督主体不经公民和组织通过申诉、控告、检举、提请复议等方式的请求，而对监督对象主动实施的行政监督。被动监督则指行政监督主体在公民和组织通过申诉、控告、检举、提请复议等方式提出请求后对有关监督对象进行的行政监督。就主动监督而言，监督主体在选择监督对象、监督时间和监督方式上有较大的自由裁量权。而对于被动

监督，监督主体一般依法具有采取监督行为的义务，监督过程更为公开、透明，监督主体实施监督时负有的监督程序义务也较多。

（4）依照行政监督实施的时间来划分，可将行政监督分为事前监督、事中监督和事后监督

事前监督是指行政主体在某一行政行为作出之前对其是否合法适当进行的监督，如工商部门在颁发某公司营业执照前，对申请人是否符合法定的公司成立条件而进行的检查监督。事中监督是指行政主体在某一行政行为的实施过程中对该行为进行的监督，如行政机关在对某个行政行为进行处理的过程所进行的复查行为。事后监督是指行政主体在某一行为实施终了之后对该行为及其结果进行的监督，如复议机关依复议申请人的请求对某个行政处罚行为进行的审查。事前监督是一种预防性的监督行为，一般不引起惩罚性的法律后果，也不会引起赔偿责任。而事中监督和事后监督因违法或不当的事情已经发生，通常会引起惩罚性的法律后果和赔偿责任。

此外，行政监督依照不同的标准，还可以分为例行监督和特定监督、定期监督和随时监督、全面监督和重点监督、纵向监督和横向监督、联合监督和单独监督等。

8.1.3　行政执行与监督在行政管理中的地位和作用

1. 行政执行与监督在行政管理中的地位

完成行政管理的根本任务，实现决策目标，关键在于准确果断、快捷圆满地执行活动和有效监督。

（1）行政执行与监督是行政管理中的一个重要环节

设置合理的机构，配备素质高的人员，健全工作制度，制定正确决策，对完成行政管理任务是重要的，但这些因素的作用只有通过行政执行过程才能体现。行政组织结构是否妥当、人员编制是否合理、决策是否正确等，也有待于执行结果来检验。离开执行活动，行政管理过程中组织、用人、领导、决策等环节已完成的工作，都会功亏一篑。

（2）行政执行与监督是决策目标的实践检验过程

决策目标的确定有无根据，目标规划是否符合客观要求，目标付诸实施的条件的完备程度，在目标制定过程中这些考虑周全与否，最后还需经执行实践来验证。在执行过程中，发现决策错误应从速改正，若有不足应予补充，薄弱之处要使其逐步完善。总之，行政执行是检验决策目标正确与否的实践检验阶段。

（3）行政执行的效果是评估、判断行政管理工作的客观依据

行政执行效果既是胜利完成工作任务的标志，又是行政管理中诸因素或环节效能的综合反映。如行政组织方面，法规编制是否建立、机构设置合理与否、管理幅度有无失当、职责权限是否分清等；人事管理方面，制度是否配套健全、人员素质的高低、人事关系能否正常融洽等；管理效能方面，办事效率如何、工作实绩优劣、领导干部作风好坏、工作人员积极性的发挥程度等；机关工作方面，管理技术程度、办公手段先进状况、信息渠道畅通情况等。凡此都会直接影响到行政执行效果，或者说，都会从行政执行效果上暴露利弊。经常以行政执行效果为行政工作的标尺，扶正纠偏，将有助于改进行政管理，提高行政效率，创造出促进技术进步、推动经济发展的行政管理体制。

2. 行政执行与监督在行政管理中的作用

（1）行政执行的功能

① 指挥执行决策。指挥是指领导者为完成任务，指导、协调下属实施活动的过程。其宗旨是落实决策规定。指挥的方式方法是指导协调。指挥的功能如下。

第一，高度统一有权威的指挥，可将多样复杂的行政执行活动有机地组织起来，使其持续有序地沿着决策目标推进，更好地完成使命。

第二，保证领导核心坚强有力的统一指挥，可调动全体人员的积极性、创造性，激发起团结奋斗的高昂士气，为同一目标协同行动，使行政管理各机制的运转善始善终，取得较佳成效。

第三，基于前两方面的积极作用，可有效地避免松散混乱现象，防止无政府状态及发生战乱或导致集体的覆灭。

由于缺乏领导核心的有效指挥，造成不可收拾的危殆局面，在军事史、政治史中不乏其例。领导者的作用，主要表现在对指挥功能的正确、有效的发挥上。领导者（个人或集团）指挥能力的强弱、好坏，也常集中体现在执行任务的实践上。一个好的指挥系统，不论是以个人或以集体为核心，均须集中于符合实现决策目标要求，为行政人员和管理对象所接受的统一的指挥意志上。因此，指挥者的素质不容忽视。

② 沟通信息，传递情报。行政沟通是指行政机构与各方面人员对共同任务和问题获得共识的方法和程序，也是交流思想、互通信息的过程。沟通的方式各种各样，传递就是沟通的一种重要方式。

③ 控制执行情况和进程。控制是指行政领导者和工作人员为保证实际工作能与计划相一致而采取的管理活动。执行阶段的控制，主要是保证执行工作能按决策目标和计划有程序、有节奏、和谐一致地完成任务所采取的措施。

④ 监督执行的效能。监督是控制手段。没有有效的监督，不可能有真正的控制，决策的执行就没有保障。监督是行政管理的重要问题。

（2）行政监督的功能

行政监督是保障行政目的得以实现的重要环节和手段。行政主体通过行政监督了解国家行政法律、法规、规章、命令、指示、决定的实施情况，及时反馈信息，以利于行政主体审查和评估既定行政法律、法规、规章、命令、指示和决定的正当性和合理性，及时采取修正和改进措施，为行政主体制定科学的决策提供事实依据。行政监督具有以下功能。

① 预防功能行政监督。可以预防和及时纠正监督对象的违法行为。建立行政监督机制，对监督对象有一种约束作用和威慑力，可以起到预防其实施违法行为，督促其正确执行国家行政法律、法规、规章、命令、指示和决定，及时发现问题，纠正违法行政行为的作用。

② 惩戒功能。行政监督的惩戒功能主要是指对行政主体及其工作人员的违法失职行为通过行政监督依法予以追究和处罚。行政监督是一种防止行政违法失职行为蔓延的手段，是一种对行政违法失职行为的法律制裁。因此，有关行政监督的法律都规定了惩戒的内容、方法和程序等。

③ 保障功能。行政监督是保证行政法律、法规、规章、命令、指示和决定的有效执行，实现行政管理目标的重要环节和手段，因而行政监督有必要通过设置合理的监督程序规则，如听证程序等，来保障行政监督结果的客观性和公正性。

8.2 行政执行的手段与方式

行政执行手段是行政管理手段在执行过程中的实际运用。行政管理手段是指行政部门为完成、实现行政管理的任务、目标而依法采取的行政措施，是执行阶段中排除障碍，保证指挥自如，协调顺利，监控有效，促进任务圆满完成不可缺少的方法。根据性质、作用和特点的不同，行政执行手段主要有下列几类，各类手段又分别以不同的方式来表现，发挥其执行功能。

1. 思想政治教育手段

行政执行中的思想政治教育手段，是指运用教育、诱导的手段，使下级或群众听从或服从上级领导指挥与安排，并进而自觉执行上级指示，认真完成所承担任务的方法。无论是行政执行准备还是行政执行过程中的各环节、阶段，几乎都要运用这种方法来宣传、说服、鼓舞下属和群众，以推进工作的开展。其具体做法有：舆论宣传，比如在行动计划制定后，就要大张旗鼓地宣传，使其精神、内容深入人心；说服教育，对少数不按决策与计划实施的人或抵触者进行个别谈心、疏导，通过细致的思想教育使他们服从并认真执行；典型引导，即通过树立先进典型、鞭策后进的方法，扶持、弘扬正确，压制和打击歪风，鼓舞和教育执行者；协商对话，在行政执行比较困难或遇到阻力的情况下，要由行政领导和执行单位的代表就深层次问题的解决进行商议、协调，这也就是决策目标的再宣传。

2. 行政干预手段

行政干预的手段是行政管理手段在执行过程中的实际运用。行政管理手段是较普遍使用的一种手段，是指政府凭借政权力量，依靠从上到下的行政组织制定、颁布、运用政策、指令、计划的方法，来实现国家对行政工作的领导、组织和管理的目的。具有控制、制约、调整、协调社会各地区、各部门行政管理工作方向，保证行政执行的集中统一，实现国家、社会所期望达到的管理目标的功能。行政干预一般分事前即预防性干预、事中即工作进行中的干预和事后干预三种。通常以后两种干预较为普遍，其特点如下：

① 以国家权力为基础，强调垂直领导关系，强调下级服从上级的权威性。以中央政府为行政系统中心，保证全国政令统一、统一组织、统一指挥、统一部署、统一行动、统一目标。

② 性质是指令性的，令行禁止，须无条件落实执行，具有强制效力。行政干预从集权体制中派生出来，是行政权力的体现。对于维护国家行政机关的权威，保证国家的集中统一领导，建立稳定的社会公共秩序，实现行政管理的预期目标是十分必要的，是行政机关执行管理职能的一个根本手段，对计划经济体制及其运转发挥过积极作用，即使在市场经济条件下也有其一定的积极意义。事实上，在当今世界取得成功的各种不同类型的市场经济中，一般都不是完全自由放任的自由市场经济。随着生产、劳动社会化程度和垄断程序的提高，国内国际矛盾的尖锐化，国际竞争的加剧，现代资本主义国家为维护本国垄断资本的利益，也越来越多地采取政府干预的行政手段，对社会经济生活加强控制。在我国，市场经济是和社会主义基本制度结合在一起运行的，以公有制为主体，以实现共同富裕为社会目标，更需要

通过行政干预手段建立起有效的宏观经济调控机制，对市场运行实行导向和监控，保证国民经济的合理布局、节约资源和市场有序运行。尤其在社会运行过程中出现紧迫与非常情况下，已"无法可依"或不应拘泥于根本无其必要的规章时，行政干预更加成为借以及时应付非常事件的要求，促使法律与秩序恢复，维护公共安全必不可少的紧急制动手段。

当然，行政干预手段是有其局限性的。其弊端是缺乏平等、协商的民主精神，容易挫伤下属和群众的积极性。所以，在行政执行中不能滥用行政干预手段，不应适当扩大其适用范围，即使在需要使用行政干预手段时，也不能简单化。要特别注意把行政干预与强迫命令、个人专断、主观主义瞎指挥区别开来；把行政干预的权威与滥用职权区别开来；把行政干预的强制性与有效性结合起来；把行政干预实现的目标和维护行政对象的利益结合起来，使行政干预手段建立在科学的基础上，以客观规律为依据，反映人民的愿望和要求。同时，要把科学的行政干预手段同经济手段、法律手段、思想政治教育手段等结合起来综合运用，创造一个稳定的、安全的和公正的社会环境。

③ 行政干预的方式是多种多样的。根据社会状况的发展对公共利益、国家利益和国家生存可能造成损害及威胁程度的不同，而分别选择使用不同的行政干预方式，其严厉程度和强制程度也有所区别。例如在经济行政管理上，对非营利性企业，政府是采取直接管理方式管理的；当国际市场发生较大变动，已经或即将波及国内经济的稳定和发展时，政府就要对汇率和外汇额度实行强力控制；当国内经济面临紧迫状态，通货膨胀急剧上升，政府会即时冻结物价、利率和工资等；为了预防洪水、瘟疫等不可抗力的天灾人祸，政府是要采取强制预防措施的，如组织江河沿岸群众兴修水利，下达指令性水利兴修任务，严禁在防洪堤坝上种植、搭建房屋，强制服食预防药物或打预防针等；当洪水泛滥、瘟疫等危险事件已经发生且尚未结束时，政府应当采取即时强制措施，如紧急疏散灾区群众，必要时炸坝排洪，在疫区实行紧急状态等；国家因战争或骚乱而在全国或局部地区颁布戒严令，在交通要道增设警戒，限制群众行动，实行宵禁，以维护社会治安和社会秩序，保障国家安全。

3. 经济手段

经济手段是指政府自觉依据和运用价值规律的基础上借助于经济杠杆调节作用，对国民经济进行宏观调控、调节各方利益关系，控制公共目标的管理方法。从根本上说，经济手段是利用各部门及其活动的经济利害关系来制约相互间的活动的行政执行行为。它是通过利益诱导进行间接管理的办法。在社会主义市场经济条件下，也就是要通过市场机制引导企业和其他经济组织，使它们的活动大体上符合整个宏观经济发展的目标。其特点有：一是重政放权，政企分开，使企业和经济组织真正成为自主经营、自负盈亏、自我发展、自我完善的法人实体，充分发挥企业和经济组织的主观能动性；二是发挥政府的经济职能，根据价值规律，利用经济政策，如经济计划、财政政策、货币政策、产业政策、区域政策、收入分配政策等，或者说是经济手段的方式，进行宏观调控与管理。或者政府根据拟定的经济计划，从现实经济生活出发，选择相应的与商品、货币、价值范畴相联系的经济参数（税率、利率、汇率等）具体实施经济政策，从而指导和影响经济活动；或者根据财政政策对于经济运行的不同影响，政府在不同的时期采取不同的财政政策（扩张性财政政策或紧缩性财政政策）等。当然各种经济政策都有其自身的局限性，政府在运用这些政策时应注意相互合理搭配使用，以收到预期的经济效果。

4. 法律手段

法律手段是依法治国、行政法治的武器和工具。具体贯彻到行政执行中，是指行政机关以法律为武器，根据法律活动的规律、程序和特点实施行政管理。换句话说，是指国家行政机关在行政管理领域内，依照法定职权和程序，把国家法律、法规实施到具体的行政活动中，以达到有效而合理的管理目的。

"法治是治国理政的基本方式，要推进科学立法、严格执法、公正司法、全民守法，坚持法律面前人人平等，保证有法必依、执法必严、违法必究。推进依法行政，做到严格规范公正文明执法。进一步深化司法体制改革，确保审判机关、检察机关依法独立公正行使审判权、检察权。"在党的十八届三中全会的决定中也提到：要"建设法治中国，必须坚持依法治国、依法执政、依法行政共同推进，坚持法治国家、法治政府、法治社会一体建设"。

法律手段的主要特点有以下四个方面。

① 权威性。法律手段是以国家的法律和法规管理国家，而法律是统治阶级意志的集中体现，是通过法定程序上升为国家意志，对一切组织、公民具有普遍的约束力，具有高度权威性。任何公民、组织、政党机构都不得违反法律法规，都必须服从法律权威。

② 强制性。法律由国家行政机关组织实施，辅之以行政强制手段。运用法律手段执行行政活动，是以国家的强制力为后盾，在法律面前人人平等，对任何公民、组织团体都具有强制作用，不能拒绝执行行政决策，否则会受到法律的严厉制裁。

③ 规范性。法律法规都是用极其严格的语言来表达的，不允许出现模棱两可、含糊不清的状况，因而具有明确性，层级效力性。运用法律手段进行行政执行，具有普遍适用性，对社会公众和团体组织具有普遍约束力，其实质是运用法律法规的强制力量，去规范人们的行为，影响其行动。

④ 稳定性。法律法规一经立法机关颁布生效，便不会经常变化，不依个人意志随意更改，具有相对稳定性，因而法律手段也具有稳定性。

8.3 行政执行的保障及其控制

8.3.1 行政执行的权力保障

1. 保障执行权力行使的意义

无权力便无法进行管理。行政机关享有权力是基于捍卫国家意志，谋求公共利益，维护公共秩序，增进公共福利的需要。这在我们社会主义国家与各团体、组织和个人并没有根本的利害冲突，但也不是说国家、集体和个人的利益在任何时候、任何方面都能经常保持一致。当公共利益与公民、社会组织的利益（甚至是合法权益）发生冲突时，行政机关的权威和行政权力往往会受到挑战：或者法律法规规定一般公民和社会组织的义务遭到拒绝履行；或者行政机关的命令、决定受阻不能执行甚至公民或组织置法律、法规于不顾，违反行政法上的义务，破坏行政管理秩序。因此，为了有效地行使行政管理职权，保障法律、法规贯彻执行，国家又必须通过宪法和法律为特定行政机关设定采取行政强制措施权（包括即时强制和行政强制执行）和行政处罚权，使行政机关用其抑制行政相对人的意志，排除其抵抗或妨碍，以应现实的迫切需要，确保行政调查和执行的进行；或迫使相对人履行义务；或追究既往，予以惩戒，防止将来再次违法；实现维系行政管理的必要状态，达到行政管理预期的决策目标。行政即时强制权、行政强制执行权和行政处罚权，都是行政管理职权行使或行政执行的权力保障。

2. 行政执行的强制措施

行政执行的强制措施是行政机关保障行政效能、实现行政管理目标而采取的强制性手段，它包括行政上的即时强制和行政强制执行。

（1）行政上的即时强制（行政处置）

它是指国家行政机关及其公务员为阻止或排除正在妨碍或将要妨碍行政管理活动顺利进行的危害国家和社会利益等突发事件的发生和蔓延而采取的紧急执法行为；是确保行政调查顺利进行和行政处理决定迅速有效执行的一种强制措施。它具有紧迫性、即时性和直接性三个基本特征。其紧迫性在于：或者业已发生的危害社会事态情况严重，不当机立断，果断强制制止，社会公共安全、民众生命财产将会遭到更大损失；或者危害社会公共安全的事态发生逼近，一触即发，不紧急处置消除于未然，后患将不堪设想。其即时性，换言之为先行处置性。按依法行政原则，行政机关行使职权必须遵循法定程序。例如公安机关对违法乱纪者的治安行政处罚，依《治安管理处罚条例》规定，须经传唤、讯问、取证、裁决四个步骤，方为合法有效。但遇紧急突发事件，诸如抢劫、凶杀、纵火等违法行为的发生，公安机关则不受程序制约，视紧急情形的要求，当即捉拿案犯，先行拘留，即所谓可"先斩后奏"。因为这还不是对当事人权利义务的最终处分，仍属一种临时性的约束或限制。其直接强制性，表现为行政机关单方面的实力强制，对相对人的强制约束紧随行政机关的意思表示而即时执行，不得怠慢、延误。

即时强制，从不同的角度考察分析，可作不同的分类。按其所要制止的危害事实的性质来划分，有对违法事实的强制，如拦截超速车辆；有对非违法危害事实的强制，如特大洪水泛滥已超出历史危险警戒线，行政机关下令炸坝分洪。依其即时强制的对象不同，可划分为对人（或组织）的强制和对物的强制两类。对人的强制包括对人的行为或身体的强制干预，如酗酒之人在酒醉状态中，对本人有危险或对他人安全有威胁的，公安人员应当将其约束到酒醒；卫生行政部门对食品、药品、检疫及公共场所卫生质量的紧急控制决定，其对象除公众外，还包括有关企事业单位、社会团体。对物的强制，主要指对财产或物品的强制处置。如公安机关为了查清违法行为的需要，对某人或某单位的货物、财产暂时查封、扣押，对其银行存款予以冻结等。从即时强制的直接目的来区分，又可分为预防性强制和制止性强制两类。预防性强制是指为防患于未然而为之，即为了预防危害事件的发生，行政机关及其工作人员对隐患之人或物或将受患之人或物，采取强制措施，进行紧急处理。这是一种预先处置行为，是防范性强制措施。强制制止，是指行政机关及其工作人员为遏制已经发生且正在危害着国家和社会公共利益的事实继续蔓延并尽快消除之，而断然采取对人或物的强制措施。这是一种事后的处置行为，是一种制止或补救性的措施。

（2）行政强制执行

它是基于公民、法人或其他组织不履行法律、法规规定的义务，由行政机关依法采取强制手段迫使其履行义务的行政执行行为。某些法律、法规规定，需要由行政机关申请人民法院强制执行的,这实际上是行政机关强制执行的延伸和继续。理由是,强制执行请求权的提起和确定是行政机关;强制执行的根据、内容是行政机关的处理决定。虽然法院须对强制执行申请的执行内容(是否合法、是否可执行)进行审查,但并非诉讼活动。行政强制的执行目的是通过督促义务人履行其法定义务,以实现国家行政管理活动的顺利进行,提高执行工作的质量和效率,保证决策目标的实现。我国的大量行政立法都有规定这种强制执行作为履行行政法义务的有力保证。

3. 行政处罚

行政处罚,是指享有行政处罚权的行政机关依法对违反法律或行政管理规定,尚未构成犯罪而应当承担行政责任的行为实施制裁的行政执法行为。它不是所有行政机关都可以实施的,也并非对所有领域和事项都能实施,而仅限于法律、行政法规特别授权的特定行政机关、管理公共事务的组织或行政机关依法委托的组织,在其法定的或授权、委托的职权范围内适用。处罚的对象是尚未构成犯罪的破坏行政管理秩序的违法行为,具有法律制裁的性质,这是行政处罚的基本特征。其功能在于:惩罚违法,排除妨碍,警戒将来,导人守法,趋善避恶,创造良好、安全、文明、有序的社会环境,维护公共利益,确保公民权益。

我国制定颁布的《行政处罚法》是行政机关对违法者给予必要行政处罚的法律依据,是行政机关依法行使行政权力、进行行政管理、履行行政执行职责的法律保障。

8.3.2 对行政执行权力的控制

对行政执行权力的控制,是通过法律手段来对行政权的行使实行有效的制约和监督。制约,是以宪法所确认的公民的基本权利为界限约束行政权力的行使;监督,是国家机关依照法定职权对行政活动,包括行政执行,进行督促、察看和审查,或依被管理者的检举揭发、控告、申请,由有权的国家机关对违法或不当的行政行为实施纠正并追究行政责任。其目的是阻止和抑制对于行政权的专断,以维护被管理者的合法权益不受非法和不当的行政行为的侵害。

1. 对行政权力控制的必要性

(1) 行政权力是一种支配他人的力量

国家行政管理机关凭借这种支配力对社会公共事务进行管理,确保行政活动有序进行。在现代社会里,国家行政管理的对象异常复杂,管理的范围相当广泛。基于有效管理的需要,行政权力也随之强化和扩大,几乎将全部社会生活的各个方面都置于行政机关的控制和管理之下,这样行政权力的行使也就往往直接涉及被管理者的切身利益。例如,行政机关不能没有行政处罚权,但行政处罚直接影响到每一个公民的人身权、财产权、行为权。某些行政部门随意性严重,"罚随口出",处罚名目繁多,乱处罚、乱罚款,以罚代教,以罚代管,甚至以罚代刑,导致政府行为失去规范,行政效能低下,执法软弱无力,社会秩序混乱。可见,如果权力的行使不受限制,就极有可能给被管理者的合法权益造成伤害,引发社会动荡和不安,违背公共行政活动的目的。

(2) 行政权力是一种强制他人服从的力量

行政权力的强制性可以使行政机关依自己单方面的意思表示而作出具有约束力的行政决定,而无须考虑被管理者同意与否,被管理者是必须服从的,否则行政机关就要运用权力的制裁性和强制性，或者通过行政处罚或者采取行政强制执行措施来保证其意志的实现。这种凭借单方面的意志强制他人服从的力量，如果不受到任何约束，就会导致行政执行上的个人专横和专断，滥用行政权力，为所欲为，使行政活动偏离公众所期望的方向。

（3）行政权的支配力和强制力孕育着权力的任意性和腐化性

权力不受管制，常使某些行政工作人员利令智昏，反仆为主，置法律于不顾，以权欺人、以势压人，无所顾忌，任意妄为。上述行政处罚与此无关。江泽民同志在中央纪委第八次会议上的讲话中提到："有的领导干部常出入豪华酒楼、宾馆和夜总会之类的高级消费娱乐场所，一掷就是千金"，"超标准修建办公楼，用巨额公款购买或装修领导干部住宅"等。更有甚者，在组织、人事工作方面公然出现"跑官要官、买官卖官和骗官的歪风"。此等以权谋私、消极腐败的不法之举，足见权力失控的腐败性。江泽民同志进一步指出："历史事实说明，官吏的腐败、司法的腐败，是最大的腐败，是滋生和助长其他腐败的重要原因。"因为官吏和司法都是执掌国家大权者。历史上曾有不少思想家早就深刻地揭示：权力导致腐化，绝对不受控制的权力绝对地腐化。所以，当今行政发达的国家都高度重视对行政先例的法律控制，通过行政法治的手段，从各个方面建立健全行政执法监督机制，保证行政权力合法行使。

2. 对行政权力的法律控制

对行政权力的法律控制主要从三方面来保证：一是强化行政权力的法律约束；二是严格行政权力运用的合理要求；三是通过行政法制监督，加强控制。

严格规制行政权的存在与行使必须有宪法和法律的根据，这是政府和法律关系的根本准则。法高于行政。行政组织与职权必须由法律设定，行政机关不得为自身设立职权。我国《宪法》第5条明确规定："一切国家机关和武装力量、各政党和各社会团体、各企业事业组织都必须遵守宪法和法律。一切违反宪法和法律的行为，必须予以追究。""任何组织和个人都不得有超越宪法和法律的特权。"我国《宪法》、《国务院组织法》和《地方各级人民代表大会和地方各级人民政府组织法》是我国行政组织成立和职权确定的主要法律根据。没有宪法和组织法的依据而成立的机关，配备的行政工作人员，都是不合法的、无效的。行政机关职权的使用范围和界限，其运用的基本原则和要求，还必须通过具体的授权法加以具体规定。

① 任何行政活动都必须以宪法和法律为根据，不能违反、超越宪法和法律，或与宪法和法律相抵触。"越权无效"是英国授权法的原则，规定超越管辖权、不履行法定义务、滥用权力等都属于行政违法行为。美国也严格规定行政权行使不能超越立法的授权和法律的要求。我国大多数行政法律、法规都对行政机关的职责和权限、行政活动的方式、手段作了较明确的规定，行政机关处理行政事务时必须严格依照执行，否则，便属违法行政，其行政活动无效。

② 行政权的行使不得侵犯或损害公民、组织的合法权益。没有宪法和法律的授权，行政机关不得限制、剥夺公民的权利，不得增加公民的特定义务，也不得为任何特定的人设定特定的权利或免除特定的义务。根据英国行政行为合法性原则规定，政府采取行动侵犯公民的自由和权利时，必须指出这个行为所遵守的法律根据。在美国，法律给予的利益（普通法所保护的利益或政府所提供的利益）在被剥夺时都要受到正当法律程序的保护，法律剥夺个人利益的程序，也必须符合宪法的要求。我国宪法和法律确定了行政机关的权力和被管理权

力的边界。行政权的行使必须根据宪法和法律所确认的被管理者的权利为基本界限。

③ 确定行政权行使的合理性原则，是进一步加强对行政权行使的法律控制。这是行政职权的强化，政府行政自由裁量权不断扩张，加强行政法治的必然结果。行政活动关系复杂多变，活动内容广泛纷繁，专业技术性强，讲求行政效率。要把所有行政活动全都纳入法律、法规规范，调整的范围是不可能的；即使已经规范了的，也未必尽善无遗。为一般人提供预定的一种行为模式的法律，作为一种公正、标准的尺度，无论对管理者还是被管理者来说都不是绝对至上的。面对纷繁复杂、变迁频繁的社会生活，管理者和被管理者的行为要达到协调和统一，实现对国家和公共事务的有效管理。对那些法律所未能规范和调整的行政活动，行政机关不能不运用法律所赋予的较大的自由裁量权，在法律规定的范围内，凭自己的判断进行权衡，斟酌处理（特别是遇到某些紧急情况，或者意外事件发生时）。在我国现实生活中，被管理者的合法权益被侵犯和损害，多发生在行政机关不正确行使自由裁量权的行政活动中，降低了国家行政机关的威信，在人民群众中造成极坏影响。因此，对行政权行使的法律控制仅限于政府的羁束行为远远不够，同时应当加强对政府自由裁量行为的控制。英国行政法学家 H. 韦德认为：" 所有的自由裁量都有可能被滥用，这仍是个至理名言。" 美国行政法学者 B. 施瓦茨指出：" 自由裁量权是行政权的核心。行政法如果不是控制自由裁量权的法，那是什么呢？" 英国是最早提出以行政合理性原则来控制行政权行使的国家。英国的自然公正原则是行使行政权力必须遵循的最低限度的原则。行政机关作出对当事人不利影响的决定时，必须听取当事人的意见，任何人都有为自己辩解和防卫的权利，行政能作为自己案件的法官。这一原则的地位如美国宪法上的正当法律程序一样被广泛适用。美国《宪法》第 5 条修正案规定：" 非经正当的法律程序，不得剥夺任何人的生命、自由或财产。" 美国联邦行政程序法规定，滥用自由裁量权就是专横和任性。我国大量的行政性法律、法规和规章都在一定程度上体现合理性精神。如规定行政机关处理违法行为人时，必须考虑到其有无法定从轻从重的情节和酌定的从轻从重的情节，做到错罚相适应。处罚与违法行为相适应就是行政权行使合理性的具体要求。我国行政处罚对行政处罚权的设定、对处罚程序作出统一明确的规定，正确确立了行政执法公开、公正原则，并相应建立了听证（听取意见）制度、调查制度、回避制度、合议制度、审裁分离制度和表明身份制度、告知制度、说明理由制度、咨询制度等，表明我国行政权行使的合理性原则已经确立并逐步得到完善，对行政自由裁量权的控制意识进一步加强。自由裁量权是一种根据具体情况明辨是非，能最好地为公共利益服务的权力，是一种符合理智和正义的权力，不是按照私人意见行事的权利。对自由裁量权的行使不能不受任何限制。法律对其要求是：必须符合法律目的和意图，不违背大多数人的公平正义观念，合情合理和客观适度，无损或尽量减少损害国家和人民的利益。它是一个基本法律要求和法律规则。

④ 通过行政法制监督，加强对行政权行使的控制。行政法制监督是控制、制裁行政违法和行政不当的特殊手段。通过检查、监督、审查，对不依法和不适当作出行政行为和实施行政管理，都要使其承担法律责任。法治社会是责任社会，任何人都必须对自己的行为负责，行政机关也不例外。有权力就必须有责任，行政权力就必须承担相应的责任。西方 " 三权分立 " 制度通过立法机关的控制和司法审查使行政机关承担责任，限制行政机关独揽大权，预防和制止不当行使职权，保障公民权利与自由。美国国会对行政机关的控制，其范围超过法院，包括事前的控制、执行中的监督和事后的检查在内，是全面的控制，其严密程度

超过任何其他西方国家议会对行政部门的控制。如国会的调查听证，往往不问事件大小，只要能够满足议员的某种政治目的，都能触发国会的监督程序，而且时常扩张到行政的细微事件上。美国的司法审查也十分严格，除了法律规定必须审查外，一切行政行为在法律未明确禁止审查时，都可以受到司法审查。除此，还有执法诉讼中的审查和宪法权利的审查，形式多样，审查范围灵活。司法审查是美国法院监督行政机关遵守法律的有力工具，是经常性、局外的、有严格程序保障的，具有传统权威性的监督。英国议会对行政机关的监督内容、范围也相当广泛。西方行政发达国家的法治传统历史久远，其法制监督机制健全严密，是一个以权力制约权力的控制系统，成为法治社会的根基和支柱，对行政机关合法合理行使行政权，维护人权，公民权利与自由，发挥着积极有效的保证作用。

我国实行人民代表大会为组织形式的人民民主专政，坚持中国共产党领导的多党合作的政治协商制度。我国宪法规定："中华人民共和国的一切权力属于人民。人民行使权力的机关是全国人民代表大会和地方各级人民代表大会。"人民当家做主是我国社会主义民主政治的精义所在。我国"依法治国"、"行政法治"的实质是人民依靠法律治理国家机关，管理国家和公共事务。人民通过自己的代表机关行使立法权，制定宪法和法律，设定和规范国家行政机关、审判机关和检察机关，分别独立行使行政权、审判权和检察权。行政机关置于权力机关和司法机关的监督之下。我国宪法赋予公民享有广泛的权利，包括政治权利与自由、人身权、财产权、经济权、文化教育权和对国家机关批评建议、申诉、控告、检举及取得损害赔偿等监督权。我国人民的民主权利有充分的法律保障，任何权力的行使均不得侵犯，体现了一个民主法治国家所具有的人民主权至上、法律至上的基本特征。基于我国民主制度和宪法根据，经过改革开放30多年来的民主法制建设，行政法律不断健全，已建立起以执政党共产党、权力机关、司法机关、监察机关、人民政协、人民群众、新闻媒介为主体的以权力制约权力和以公民权利制衡国家权力的执法监督机制，使各种监督活动逐步纳入法制轨道。行政机关及其工作人员要增强对自己行为承担责任的法制观念，行政机关从事行政管理活动要合法行使权力，履行职责，超越法律的界限（违法或不当）就要承担相应的法律后果。在我国的许多行政法律和法规中，都规定有对行政机关及其工作人员违反法律的责任条款。我国行政责任法律制度正趋向完备和明确，对促进行政机关依法行政，防止滥用职权，维护被管理者的合法权益将起到积极的作用。

8.4　行政监督制度

行政监督制度是指不同监督主体在行政监督任务和权限的划分，以及相应的机构设置和法律制度的体系①。根据国家政权的性质、宪法和法律规定，我国实行上下双向的行政监督制度。国家行政机关作为国家权力机关的执行机关，负有执行对国家公共事务的组织和管理职责。行政管理职能的行使必须以确保公民的宪法权利不受行政行为的侵害这一前提。以法律为武器防止、纠正、制裁政府的不当、违法失职的行为，保障公民的合法权益，是整个法

---

① 夏书章. 行政管理学.3版. 广州：中山大学出版社，2003：298.

制的基础和前提，亦是行政法律监督的目标。

8.4.1 内部行政监督

行政机关内部的专门监督是指以行政监督为专门或主要职责的行政机关对被监督对象进行的监督，主要是指行政监察机关、审计机关在其权限范围内对有关组织和个人进行的监督。

1. 行政监察

行政监察是指在行政机关系统内部设置的专门监督机关依法对国家行政机关、国家公务员和国家行政机关任命的其他人员执行国家法律、法规、政策和决定、命令的情况进行监督和惩戒的活动，是内部行政监督的一种主要形式。

（1）行政监察的特征

行政监察主要有以下特征。

① 行政监察的主体是县级以上各级人民政府内专门设立的行政监察机关及其向政府所属部门派出的监察机关。

② 行政监察的对象是国家行政机关、国家公务员和国家行政机关任命的其他工作人员。

③ 行政监察的主要任务和活动内容是查处国家行政系统内部发生的违法、违纪案件，以保障国家法律、政策与政令的畅通。

④ 行政监察一般以事后监督为主，但这并不意味着监察机关不能做出事先、事中监督行为。只是监察机关的活动更多地体现为对违纪案件的事后调查和处理。

⑤ 行政监察机关在一定范围内享有独立的行政处分权。因为法律直接赋予了行政监察机关对作为其监察对象的其他行政机关的工作人员行使一定限度的行政处分权。这是行政监察不同于其他平级之间内部行政监督的一个主要特征。

（2）行政监察机关的职责和权限

行政监察机关的职责主要如下。

① 检查国家行政机关在遵守和执行法律、法规和人民政府的决定、命令中的问题。

② 受理对国家行政机关、国家公务员和国家行政机关任命的其他人员违反行政纪律行为的控告、检举。

③ 调查处理国家行政机关、国家公务员和国家行政机关任命的其他人员违反行政纪律的行为。

④ 受理国家公务员和国家行政机关任命的其他人员不服主管行政机关给予行政处分决定的申诉，以及法律、行政法规规定的其他由监察机关受理的申诉。

⑤ 法律、行政法规规定由监察机关履行的其他职责。

行政监察机关的权限如下。

① 要求被监察的部门和人员提供与监察事项有关的文件、资料、财务账目及其他有关的材料，进行查阅或者予以复制。

② 要求被监察的部门和人员就监察事项涉及的问题作出解释和说明。

③ 责令被监察的部门和人员停止违反法律、法规和行政纪律的行为。

④ 在调查违反行政纪律行为时，可以根据实际情况和需要采取下列措施：暂予扣留、

封存可以证明违反行政纪律行为的文件、资料、财务账目及其他有关的材料；责令案件涉嫌单位和涉嫌人员在调查期间不得变卖、转移与案件有关的财物；责令有违反行政纪律嫌疑的人员在指定的时间、地点就调查事项涉及的问题作出解释和说明，但是不得对其实行拘禁或者变相拘禁；建议有关机关暂停有严重违反行政纪律嫌疑的人员的执行职务。

⑤ 在调查贪污、贿赂、挪用公款等违反行政纪律的行为时，经县级以上监察机关领导批准，可以查询案件涉嫌单位和涉嫌人员在银行或者其他金融机构的存款；必要时，可以提请人民法院采取保全措施，依法冻结涉嫌人员在银行或者其他金融机构的存款。

⑥ 在办理行政违纪案件中，可以提请公安、审计、税务、海关、工商行政管理等机关予以协助。

⑦ 根据检查、调查结果，遇有下列情形之一的，可以提出监察建议：拒不执行法律、法规或者违反法律、法规及人民政府的决定、命令，应当予以纠正的；本级人民政府所属部门和下级人民政府作出的决定、命令、指示违反法律、法规或者国家政策，应当予以纠正或者撤销的；给国家利益、集体利益和公民合法权益造成损害，需要采取补救措施的；录用、任免、奖惩决定明显不适当，应当予以纠正的；依照有关法律、法规的规定，应当给予行政处罚的；其他需要提出监察建议的。

⑧ 对监察事项涉及的单位和个人有权进行查询。

⑨ 监察机关的领导人员可以列席本级人民政府的有关会议，监察人员可以列席被监察部门的与监察事项有关的会议。

⑩ 监察机关对控告、检举重大违法违纪行为的有功人员，可以依照有关规定给予奖励。

（3）行政监察程序

按照《行政监察法》的规定，监察机关的监督检查程序如下。

① 对需要检查的事项予以立项。
② 制定检查方案并组织实施。
③ 向本级人民政府或者上级监察机关提出检查情况报告。
④ 根据检查结果，作出监察决定或者提出监察建议。

监察机关对违反行政纪律的行为进行调查处理的程序如下。

① 对需要调查处理的事项进行初步审查；认为有违反行政纪律的事实，需要追究行政纪律责任的，予以立案。
② 组织实施调查，收集有关证据。
③ 有证据证明违反行政纪律，需要给予行政处分或者作出其他处理的，进行审理。
④ 作出监察决定或者提出监察建议。

此外，还规定了对国家公务员及国家行政机关任命的其他工作人员不服行政处分向检察机关提出申诉的程序、监察对象不服监察决定申请复审的程序、监察对象对监察建议的异议程序等。

2. 审计监督

审计监督是指国家审计机关，为了加强国家的审计监督，维护国家财政经济秩序，促进廉政建设，保障国民经济健康发展，对国务院各部门和地方各级人民政府及其各部门的财政收支、国有金融机构和国有企业、事业组织的财政收支的真实、合法和效益依法独立进行的监督活动。

(1) 审计监督的特征

审计监督的主要特征如下。

① 审计监督行为的行政主体是具有法定审计职权的国家各级审计机关。

② 审计监督行为的相对人是指本级人民政府各部门、下级人民政府、国家金融机构、全民所有制企事业单位及其他国有资产的单位。

③ 审计监督的内容是对相对人的财政收支活动的真实性、合法性和效益性三方面进行监督。

④ 审计监督行为是依照法律、法规进行。审计机关依照法律、法规和政策的规定和要求进行监督，依照法定的程序和方法进行监督。

⑤ 审计监督具有一般行政监督行为和行政法律行为的构成要件和效力。

(2) 审计机关的职责

根据《审计法》的规定，审计机关依法履行以下职责。

① 审计机关对本级各部门（含直属单位）和下级政府预算的执行情况和决算，以及预算外资金的管理和使用情况，进行审计监督。

② 审计署在国务院总理领导下，对中央预算执行情况进行审计监督，向国务院提出审计结果报告。地方各级审计机关分别在省长、自治区主席、市长、州长、县长、区长和上一级审计机关的领导下，对本级预算执行情况进行审计监督，向本级人民政府和上一级审计机关提出审计结果报告。

③ 审计署对中央银行的财务收支进行审计监督。审计机关对国有金融机构的资产、负债、损益，进行审计监督。

④ 审计机关对国家事业组织的财务收支，进行审计监督。

⑤ 审计机关对国有企业的资产、负债、损益，进行审计监督。

⑥ 审计机关应当对与国计民生有重大关系的国有企业、接受财政补贴较多或者亏损数额较大的国有企业，以及国务院和本级地方人民政府指定的其他国有企业有计划地定期进行审计。

⑦ 审计机关对国家建设项目预算的执行情况和决算，进行审计监督。

⑧ 审计机关对政府部门管理的和社会团体受政府委托管理的社会保障基金、社会捐赠资金及其他有关基金、资金的财务收支，进行审计监督。

⑨ 审计机关对国际组织和外国政府援助、贷款项目的财务收支，进行审计监督。

⑩ 除《审计法》规定的审计事项外，审计机关对其他法律、行政法规规定应当由审计机关进行审计的事项，依照《审计法》和有关法律、行政法规的规定进行审计监督。

(3) 审计机关的权限

根据《审计法》的规定，审计机关依法拥有以下权限。

① 审计机关有权要求被审计单位按照规定报送预算或者财务收支计划、预算执行情况、决算、财务报告，社会审计机构出具的审计报告，以及其他与财政收支或者财务收支有关的资料，被审计单位不得拒绝、拖延、谎报。

② 审计机关进行审计时，有权检查被审计单位的会计凭证、会计账簿、会计报表及其他与财政收支或者财务收支有关的资料和资产，被审计单位不得拒绝。

③ 审计机关进行审计时，有权就审计事项的有关问题向有关单位和个人进行调查，并

取得有关证明材料。有关单位和个人应当支持、协助审计机关工作，如实向审计机关反映情况，提供有关证明材料。

④ 审计机关进行审计时，被审计单位不得转移、隐匿、篡改、毁弃会计凭证、会计账簿、会计报表及其他与财政收支或者财务收支有关的资料；不得转移、隐匿所持有的违反国家规定取得的资产。审计机关对被审计单位正在进行的违反国家规定的财政收支、财务收支行为，有权予以制止；制止无效的，经县级以上审计机关负责人批准，通知财政部门和有关主管部门暂停拨付与违反国家规定的财政收支、财务收支行为直接有关的款项，已经拨付的，暂停使用。但采取该项措施不得影响被审计单位合法的业务活动和生产经营活动。

⑤ 审计机关认为被审计单位所执行的上级主管部门有关财政收支、财务收支的规定与法律、行政法规相抵触的，应当建议有关主管部门纠正；有关主管部门不予纠正的，审计机关应当提请有权处理的机关依法处理。

⑥ 审计机关可以向政府有关部门通报或者向社会公布审计结果。审计机关通报或者公布审计结果，应当依法保守国家秘密和被审计单位的商业秘密，遵守国务院的有关规定。

（4）审计机关的审计程序

审计机关进行审计活动的程序如下。

① 审计机关根据审计项目计划确定的审计事项组成审计组，并应当在实施审计日前向被审计单位送达审计通知书。被审计单位应当配合审计机关的工作，并提供必要的工作条件。

② 审计人员通过审查会计凭证、会计账簿、会计报表，查阅与审计事项有关的文件、资料，检查现金、实物、有价证券，向有关单位和个人调查等方式进行审计，并取得证明材料。

③ 审计人员向有关单位和个人进行调查时，应当出示审计人员的工作证件和审计通知书副本。

④ 审计组对审计事项实施审计后，应当向审计机关提出审计报告。审计报告报送审计机关前，应当征求被审计单位的意见。被审计单位应当自接到审计报告之日起 10 日内，将其书面意见送交审计组或者审计机关。

⑤ 审计机关审定审计报告，对审计事项作出评价，出具审计意见书；对违反国家规定的财政收支、财务收支行为，需要依法给予处理、处罚的，在法定职权范围内作出审计决定或者向有关主管机关提出处理、处罚意见。

⑥ 审计机关应当自收到审计报告之日起 30 日内，将审计意见书和审计决定送达被审计单位和有关单位。审计决定自送达之日起生效。

8.4.2　外部行政监督

外部行政监督是行政机关及其他行政主体以公民、法人及其他组织为对象进行的行政监督。

1. 外部行政监督的类型

（1）一般监督和特定监督

一般监督是指国家行政主体对不确定的一般个人、组织是否遵守法律、法规及行政决定、命令所做的监督检查,如交通民警对过往的机动车辆是否遵守交通规则所做的一般性检查等。特定监督是指国家行政主体对特定个人、组织进行的监督检查,通常指主管机关对特定单位和个人进行的检查监督,如卫生防疫部门对某个单位进行的卫生防疫检查、财政部门对某个单位的财务管理进行的检查等。在实际操作中,这两种监督经常交叉使用。

(2) 法定监督和非法定监督

法定监督是指严格依照法律规定的管理权限、条件和程序进行的监督。它通常会涉及社会重大利益或特定相对人的合法权益,因此法律对此予以较为严格的法律规范和约束。非法定监督是行政主体依其自由裁量权实施的监督。它一般表现为对工作的调查,调查的过程及结果一般不会直接影响社会公共利益及特定相对人的合法权益。

(3) 立法调研型监督和案件查处型监督

立法调研型监督是指行政主体为准备某项行政决策(包括制定行政法规、规章、规范性文件,发布行政指示、决定、命令等)或者为查明某项行政立法或抽象行政行为的实施效果及研究改进措施而进行的监督活动,其目的是调查、论证行政立法、决策的合理性及掌握决策涉及的各种利益关系。调查监督的对象一般是不特定的人或组织,具有很大程度的公开性和开放性,一般不采用强制性的调查监督方式。案件查处型监督是行政主体为查明公民、组织是否做出违法行为而进行的调查监督活动。其目的是为了查明具体行政行为的违法事实,调查搜集证据,分清责任。案件查处型监督属于强制性调查,调查监督的对象涉及特定的人或组织及特定的事件,监督的过程及结果一般不会直接向公众公开(当事人例外)。

此外,外部行政监督像其他行政监督一样,还可以分为主动监督与被动监督;职权监督与授权监督;事前监督、事中监督和事后监督等。

2. 外部行政监督的一般原则

(1) 职权调查原则

为了保障外部行政监督的效能,外部行政监督应遵循职权调查的原则。职权调查原则,是指行政机关依职权调查搜集证据,决定调查的种类、范围、顺序及方式,受当事人请求权的限制。

(2) 当事人参与原则

外部行政监督具有保护公共利益与个人利益的双重功能,当事人不仅有权利参与监督,而且有义务参与监督,以增加外部行政监督过程的公开性和透明性,更好地保护当事人的合法权益及地位。为此,各国行政程序法都普遍规定了当事人参与原则。

(3) 程序公正原则

程序公正原则是现代行政程序的基本要求,因为程序的公正是正确认定事实、正确选择法律和适用法律,作出正确判断的根本保证。程序公正原则要求行政主体在实施外部行政监督行为的过程中,必须在程序上平等地对待各方当事人,必须排除各种可能导致不公平的因素,同时切实保障当事人的知情权,以达到法律追求的公正结果。

3. 外部行政监督的程序性权力及其法律限制

(1) 传唤权及其限制

传唤,即行政监督主体通知被监督人或证人前来调查询问或作证。法律程序对传唤的规范和约束包括三个方面的内容:一是传唤权的行使必须有明确的法律规定;二是传唤必须以书面方式行使,并载明传唤的理由;三是载明不接受传唤的法律后果。如意大利《行政程序法》(草案)第28条规定,审理过程中,行政权者于必要时,可以令利害关系人到场;传唤利害关系人的传票应载明传唤理由除另有规定外,应以附有送达回执的挂号邮件送达之;在利害关系人无正当理由不到场的情况下,行政机关认为有必要另定日期再行传唤时,可以仅基于现有资料进行处理。

(2) 强制进入权及其限制

强制进入是指行政主体依其单方面的意志决定进入相对人住宅、办公地点、营业场所及其他相对人占有、使用、支配的场所开展调查活动的一种行政权力。这种权力是行政主体开展调查所必须做出的行政行为,但同时又对相对人的财产权、隐私权构成了实实在在的威胁。因此,在使用该项权力时,各国法律都作了较为严格的限制。例如,在荷兰,不仅《行政法通则》中有关于强制进入的规定,而且还专门制定了《进入房地产法》,以示对该问题的重视。依照荷兰法的规定,包括行政调查人员在内的行政监督检查人员有权进入任何地方,但进入私人住宅前需事先征得主人的同意。如有必要,检查人员可在警察的帮助下进入某房产或地产。检查人员进入某一地方应根据主人的要求立即出示身份证件。

(3) 要求提供证据权及其限制

公民负有作证的义务,即公民应根据行政主体的要求提供有关信息、文件、资料及其他证据。公民负有作证义务,意味着行政主体拥有要求公民作证的调查权,但这种权力并不是绝对的、无限制的,许多国家的行政程序法都规定了在某些情况下,公民享有拒绝作证的权力。

(4) 强制检查与证据保全权及其限制

强制检查与证据保全是西方国家行政程序法重点规定的问题之一。荷兰《行政法通则》第5章第1节第7条规定,行政监督检查人员有权要求检查文件和资料;有权复制文件和资料;如果无法在现场复制文件和资料,检查人员有权将该文件和资料带走以便复制,但必须给予文件和资料所有人一份书面收据。第8条规定,行政检查人员有权对当事人所有或占有的物品进行检查,有权对该物品进行测量并提取其样本;行政检查人员有权开包(或箱)检查;如果在现场不能对物品进行检查、测量及取样,检查人员有权向所有人或占有人出具书面收据后将该物品带走;检查人员提取的样品应返还给所有人或占有人。目前,我国还没有制定统一的《行政程序法》,行政程序的规定散见于单行法律、法规中,还有待于借鉴别国先进的行政程序立法经验,进一步补充和完善。

8.4.3 行政法制监督

行政法制监督是指国家权力机关、国家司法机关、专门行政监督机关及国家机关系统外部的公民、社会组织依法对行政主体及其工作人员行使行政职权行为和遵纪守法行为的监督。它不同于前述行政监督,但同时又与行政监督具有密切的联系和对应关系,二者都是维护行政法制不可或缺、不可偏废的有力武器。

1. 行政法制监督的特征

行政法制监督具有以下特征。

① 行政法制监督的主体是国家权力机关、国家司法机关、专门行政监督机关及国家机关系统外部的公民、社会组织(即行政管理法律关系中的行政相对人)。国家权力机关、国

家司法机关、专门行政监督机关作为行政法制监督主体,能对监督对象采取直接产生法律效力的监督措施,如撤销行政行为、处理违法违纪的公务员等。国家机关系统外部的公民、社会组织作为行政法制监督主体,不能对监督对象作出直接产生法律效力的监督行为,而只能通过批评、建议或申诉、控告、检举等方式向有权国家机关反映,或通过舆论机构揭露、曝光,引起有权国家机关注意,使之采取能产生法律效力的措施,以实现对监督对象的监督。

② 行政法制监督的对象是行政主体及其工作人员。监督对象首先是行政主体,即行政机关和法律、法规授权的组织,其次是国家工作人员。国家工作人员在行政管理法律关系中只是行政主体的代表,在具体行政管理中代表行政主体行使职权,但在行政法制监督法律关系中可以与行政主体并列,成为独立的监督对象。

③ 行政法制监督的内容主要是行政主体行使行政职权的行为和国家工作人员遵纪守法的行为。对行政主体依法行使职权行为的监督,主要是对行政行为合法性的监督,而合理性监督和效率性监督不是行政法制监督的主要任务。对国家工作人员的监督也包括"遵纪"和"守法"两个方面。

2. 行政法制监督的类型

(1) 国家权力机关的监督

即各级人民代表大会及县级以上人民代表大会常务委员会对行政机关及其工作人员的监督。特别是全国人大和全国人大常委会,是行政法制监督的最重要的主体。国家权力机关对行政的监督主要是对行政机关抽象行政行为的监督,如最高国家权力机关对国务院行政法规的监督,省、自治区、直辖市的人大、人大常委会对地方政府规章的监督,其他地方国家权力机关对相应地方人民政府规范性文件的监督。

国家权力机关对抽象行政行为的监督既可以通过备案制度进行,也可以应其他监督主体的请求进行。国家权力机关通过审查监督,如认为行政机关的抽象行政行为同有关法律、法规相抵触,可以撤销其抽象行政行为。除了对抽象行政行为进行监督外,国家权力机关对行政的监督还包括对各级人民政府组成人员的监督。国家权力机关如发现政府组成人员有渎职、失职行为,可以通过法定程序罢免渎职、失职的政府组成人员。

(2) 国家司法机关的监督

国家司法机关的监督包括人民检察院对行政的监督,以及人民法院对行政的监督。人民检察院是国家法律监督机关,是行政法制监督的主体。人民检察院的行政法制监督主要限于对严重违法乱纪、可能构成犯罪的国家工作人员的监督。人民检察院通过对犯有渎职罪、贪污罪、贿赂罪的工作人员进行侦查和提起公诉,实现其行政法制监督职能。此外,人民检察院还具体对劳改、劳教场所及其管教人员实施日常监督,通过处理劳改、劳教工作中的违法行为,保障这一特定行政管理领域的行政行为合法。

人民法院作为行政监督主体,其主要监督方式是通过审判行政诉讼案件,以及审查行政机关的强制执行申请,对具体行政行为的合法性进行审查,撤销违法的具体行政行为,变更显失公平的行政处罚决定,责令行政机关限期作出具体行政行为,以及判决行政机关承担行政赔偿责任,并对拒不执行法院判决、裁定的行政机关及其工作人员依法采取司法强制措施,以此达到监督行政的目的。此外,人民法院还可以通过司法建议的方式,建议行政机关纠正不属于人民法院撤销范围的违法行政行为,建议处分在违法行政行为中有过错的国家工作人员。

(3) 专门行政监督机关的监督

专门行政监督机关主要是指国家行政监察机关和国家审计机关。它们既是行政系统内部监督机制的主体，同时又是国家行政法制监督机制的主体。行政监察机关作为行政法制监督的主体，主要是对国家工作人员遵纪守法情况进行监督检查。行政监察机关通过主动调查和接受相对人的申诉、控告、检举，发现有关国家工作人员的违法违纪行为，通过直接处分或建议相应主管机关处分违法违纪的工作人员，以警示其他工作人员，保障行政行为的廉洁和公正。

国家审计机关作为行政法制监督的主体，主要是对各级人民政府及其工作部门的财政收支行为进行监督。审计机关通过审计监督，发现监督对象违法或违反国家有关规定的财政收支行为，依法予以处理、处罚，或提请有权处理的国家机关依法予以处理、处罚，以保障财政领域的行政合法性。值得注意的是，审计机关对行政机关以外的金融机构、企事业单位的财务收支进行审计监督不属于行政法制监督，而属于行政监督的范围。

(4) 国家机关系统外部的公民、社会组织的监督

公民、社会组织作为行政法制监督的主体，有权对国家机关及其工作人员的行政行为提出批评、建议、申诉、控告、检举和揭发。《宪法》第41条规定："中华人民共和国公民对于任何国家机关和国家工作人员，有提出批评和建议的权利；对于任何国家机关和国家工作人员的违法失职行为，有向有关国家机关提出申诉、控告或检举的权利。"此外，公民认为具体行政行为侵犯其合法权益的，可以提起行政复议和行政诉讼。

社会组织的监督，主要有两种形式：一是民主党派、人民团体等通过人民政协对行政机关及其工作人员的监督，其主要监督方式是政协委员到基层视察工作，列席各级人大或其常委会的会议，向政府提出批评、建议等；二是新闻单位对行政的监督，主要通过报刊、广播、电视等媒体，揭露行政机关及其工作人员的违法行政行为，纠正违法或不当的行政行为，实现行政法制监督的目的。

8.5 我国行政监督的现状及完善

行政监督是确保国家行政权力合法合理运用的保障。自改革开放以来，我国法制建设的不断进步，以及行政体制改革的不断深入，推动了我国行政监督体系的建设，初步形成了内外结合的行政监督系统，发挥着权力制约的功能。在全面深化改革的新时期，分析我国行政监督制度存在的问题，探索完善途径，发挥其权力监控的作用，对于规范行政权力运用，促进政府职能转变，深化行政改革具有重要意义。

8.5.1 我国行政监督的现状

目前，我国建立了内外结合的行政监督系统，在一定程度上对行政权力的行使和政府官员的行为起到了监督作用，但整个监督体系庞杂，以及缺乏应有的独立性和权威性，行政监

督体制还存在诸如行政监督缺位、监督滞后和监督不力的问题，出现了"漏监"、"虚监"、"难监"现象，显现着监督体制的无力和低效。

1. 行政监督法律还不健全

改革开放三十多年来，我国在行政监督立法方面迈出了较大步伐，先后制定和颁布了一批有关行政监督的政策、法律和法规，如《行政监察法》、《行政复议法》、《行政诉讼法》、《行政处罚法》等，但从总体上讲，行政监督立法还不健全，仍不能满足当前行政监督发展的实际需要。已经制定的法律中很多都是一些原则性规定，实践操作性不强，需进一步修改和完善；而许多应当制定的法律一时还制定不出来，尤其是缺乏专门行政监督法规，致使许多具体的行政监督活动无法可依。比如群众和社会舆论监督方面，要么缺乏法律保障，要么没有程序规范。虽然我国宪法中规定了有关人民群众的监督权利，但却没有通过专门法律加以具体规定，民众监督权利的行使缺乏可操作性程序，使得人民群众对行政机关及其公务人员的监督作用难以发挥。媒体舆论监督也尚未法律化，虽然《宪法》明确规定国家公民有言论、出版自由及批评建议的权利，但《新闻法》迄今尚未制定，舆论监督缺乏规范性程序。此外，而一些监督主体的监督权利也缺乏保护措施，近几年来，民众的举报遭到打击报复、新闻记者采访难的问题屡见报端，有些受到行政权力的干预，有些受到当事人的阻拦，甚至遭到围攻和殴打。这表明监督主体的监督权急需得到法律的保护。

2. 行政监督体系还不合理

我国建立的内外结合的行政监督制度，虽然监督内容和范围较全面，但多元化的监督力量缺乏，而且没有得到有效整合，监督联动性较弱，监督合力和独立性较弱。首先，我国各种监督主体之间的关系还没理顺，各类监督主体各自分工不甚明确、合理，致使越权行事，滥用权力，互争管辖或互相推诿的情况时有发生，造成"漏监"，影响行政监督的实效性。其次，行政系统内部诸如监察部门、审计部门的专门监督机构缺乏应有的地位和必要的独立性。在领导体制上，这些部门受双重领导，既受同级行政机关的领导，又受上级业务部门的领导。一方面专门监督机构的负责人，要么是由同级行政机关的领导成员兼任，要么由同级行政机关任命；另一方面专门监督机构的经费、工资由同级行政部门主管，在经济上受制于行政机关，这样必然影响监督主体的独立性。由于缺乏相对的独立性，在现实中监督人员不能监督同级或上级行政机关人员，或者只能被动地接受上级的意志。再者，人大机关作为权力机关，对行政机关起着人大监督的作用。尽管宪法和有关法律赋予了它重要的监督地位和权力，但实际地位低，不能真正独立行使监督权力。现行法律只对其监督内容、范围和形式作了原则性规定，缺乏可操作的明确规定，使人大监督无章可循，无从下手。而人大代表的兼职性，也在一定程度上影响了其监督的独立性、客观性和效力。

3. 专业监督人才还不具备

在我国内外结合的行政监督体制中，监督的主体具有多样化，监督主体的专业知识、能力素质结构参差不齐、各类监督主体的动力也不一致。从实践来看，我们的部分监督人员存在着思想素质、知识水平和工作能力不高等问题。如我国的各级人大机关、政协组织都具有监督行政机关管理活动的权力，但很多代表的知识能力水平有限，限制了对行政机关的活动的监督效果。在开展重大的行政监督时，专业的监督队伍通常是从其他部门抽调而组成的，专业培训不够，业务素质不高，监督人员立场的坚定性和政治觉悟性也都大打折扣。在实际工作中也存在一些监督官员不坚持原则、监督不当不力，甚至利用监督权力进行寻租腐败的现象，这些问题阻碍了行政监督的有效开展。随着经济全球化程度的加深，我国各种经济活动将会更加紧密地融入现代化国际经济之中，行政腐败现象呈现"国际化"的特点；而互联网时代的到来，计算机技术和新兴媒介的应用，也使行政监督趋向"智能化"、"网络化"。这都对我国行政监督队伍的知识水平和业务能力提出了新的挑战。

4. 社会监督渠道还不畅通

我国行政监督体系中的社会监督主要是指公民、社会组织、公众媒介等的外部性监督。虽然在我国的宪法中规定人民群众具有监督的权力，但在现实生活中，民众参与行政监督的渠道是有限的。大多数民众是通过信访、上访等方式进行检举揭发，却遭到对方的各种阻挠，甚至遭到关押、迫害；而一些举报官员贪腐的民众经常受到恐吓、报复，民众的监督权利缺乏有效的制度和机制保障，监督渠道不畅。公众媒介是公民或社会组织对行政机构及其行政人员表达意见的重要主体，是公民行使行政监督权利的一种重要渠道，也是社会主义民主政治的重要内容，公众媒介通过对重大违法违纪行为进行曝光，从而引起社会和监督机构的重视。但当前我国的媒体舆论监督尚未实现法制化，《新闻法》迄今尚未制定，舆论监督缺乏规范性程序。此外，当前我国的政府部门大都掌控着地方媒体的话语权，影响着媒体报道的客观性、公正性；而对于外地媒体的报道，一些地方政府极力打压、封锁，甚至跨省抓捕媒体记者，严重影响了媒体监督作用的发挥。再者，当前我国行政机关政务的公开化程度仍不高，存在不透明之处，如行政机关的三公支出的公开得不到推进，由此导致行政监督信息不对称、渠道不畅通，造成行政监督难以发挥实效。

8.5.2 完善我国行政监督的路径

针对当前我国行政监督制度存在的问题，应当从全面系统的角度完善监督体系，提高监督的法制化程度，确保监督的独立性、客观性，保障民众、社会媒体监督渠道畅通。具体而言，要从以下方面进行完善。

1. 加强行政监督法制建设

行政监督立法工作是实现行政监督法制化的前提和基础，要尽快建立健全各种行政监督法律法规，行政监督才能有法可依、统一标准，避免监督的盲目性和随意性。首先，应该尽快制定一部统一的《行政监督法》，为行政监督提供法律依据，从立法上完善行政监督工作，明确行政监督的职责权限、义务权利、对象范围、方式程序和效力等，以达到依法强化监督、细化监督、实化监督的目的。此外，要进一步完善《行政诉讼法》和《行政复议法》，使抽象行政行为也成为行政诉讼审查的范围，真正发挥监督法律的监督作用。同时，准予人民法院依照行政诉讼法、行政复议法对行政机关行为实施监督，对因遭受违法行政行为而受损害的公民提供救济，从而对行政权的行使进行有效的制衡。立法机关应加快制定《新闻法》、《舆论监督程序法》、《政务公开法》等，为公众、社会媒体的行政监督提供法律保障和信息保障，保护监督者的权利。通过建立规范程序和监督机制，发挥社会媒体"第三只眼"的作用。

2. 完善行政监督系统机制

目前，我国监察和审计等专门监督机构的监察机关实行双重领导体制，这种内部监督由于体系不独立、地位不高，容易受行政权力、人情关系的影响，监督效果大打折扣。当前，要积极探索建立独立的行政监督体系的协调机制，使隶属于各系统的监督主体互相配合，协调一致，形成联动机制，充分发挥行政监督的整体功能。探索建立由党委统一领导，各监督组织参加的"监督协调委员会"机构，整合纪委、人大、政协、政府监察、审计部门和社会媒体等监督机构的力量，领导和协调全国行政监督工作。对各监督主体进行综合指导和协调，并建立独立于行政体系的垂直领导体系，确保监督的独立性和公正性。一方面指挥协调各监督主体的监督目标，确保行动的联动统一、规范有序，使各监督主体的监督目标不偏离主体目标；另一方面对监督主体的监督过程进行协调，使监督主体在监督过程或案件受理、调查、移送、处理等方面就能互通情况、协调配合，形成有机整体和监督合力，发挥监督体系的整体效能，使整个行政监督系统更加有序地运行。

3. 构建专业监督人员队伍

行政监督是通过行政监督工作人员的工作来实现的，要提高行政监督效能就必须提高行政监督人员的政治素质、业务素质和道德素质，建设行政监督高水平队伍。首先，行政监督人员要不断提高思想道德修养，要从对人民负责的角度出发，分清善与恶、正与邪、是与非，培养自己的道德感情，磨炼自己的道德意志，把外在的他律性的道德规范转化为自己内在的道德责任感和良心，从而形成高尚的行政伦理精神，提高自己的行政监督责任意识。其次，要加强行政监督人员的业务素质和能力培训，针对目前部分监督人员理论知识和业务水平不高、对一些新的法规不熟悉的情况，要通过培训专业的法律法规、行政监督、金融财政等知识来提高他们的知识水平、工作能力等基本素质。同时，要加强对监督人员的计算机、互联网知识培训，提高他们利用计算机技术从事网络监督的能力。只有构建了高素质的监督队伍，才能提高监督水平和效能。

4. 保障社会监督渠道通畅

要发挥社会监督的积极作用，需要保证其监督渠道的畅通。一方面，要进一步完善群众监督渠道，强化群众监督的法律保障，确立群众监督的法律地位，明确群众监督的权利和程序，使之受法律制度的保护。建立健全保密制度和举报奖励制度，加大对违法打击报复行为的惩罚力度。完善信访、举报、申诉和控告等传统监督形式，充分利用现代化科技手段推进监督渠道的多元化，开通网络举报、电话举报等途径，加强监督举报的回应性，大力推行群众评议、领导干部任前公示制等制度，发挥群众对行政干部的监督。另一方面，要完善媒体舆论监督机制，加强新闻立法，为舆论监督提供法律保障。保障新闻工作者的舆论监督权不受行政权力侵犯，切实保障新闻自由，使社会媒体能更好地依法履行监督职责。同时也应以法律形式明确规定媒体舆论的监督权、采访报道程序及权限责任等，通过法律制度规范媒体的监督行为，使他们能依法履行其职责。要加大政务公开力度，提高行政机关行为的公开性和透明度，使其接受群众和社会媒体的监督。只有实行政府信息公开，提高政府工作的透明度，才能自觉接受人民群众的监督，更好地聚民意、集民智、凝民心，提高行政工作水平和效率，保证行政机关的清正廉洁。

重要概念

行政执行　　行政干预　　行政处罚　　行政强制执行

行政控制　　行政保障　　行政监督　　行政监察
审计监督　　内部行政监督　　外部行政监督　　行政法制监督

课 堂 讨 论

2006年3月5日，温家宝总理在第十届全国人大四次会议上所作的《政府工作报告》中明确提出，建立健全行政问责制，提高政府执行力和公信力。试问：政府执行力主要包括哪些方面，如何进一步提升政府的执行力？

思 考 题

1. 简述行政执行与监督的含义。
2. 简述行政执行在行政管理活动中的地位作用。
3. 简述行政执行的手段及其内容。
4. 简述行政监督的含义及其类型。
5. 如何理解行政执行与监督的法律约制？

微 型 案 例

让行政权力清单深入人心

2013年11月21日，广州市人民政府在其政府网站上公布了政府行政权力清单，包含全市行政审批职权387项、行政处罚职权3130项。巨大的条目"广州市规范行政权力公开运行"在政府网站首页分外醒目。点开"权力清单"主页，市直各局委办行政审批、行政处罚、行政强制、行政征收、行政裁决、行政给付、行政检查，以及其他行政行为以表格形式列出，清晰明了。至此，广州成为全国首个"晒出"行政权力清单的城市。

此举不仅体现了政府让权力在阳光下运行的信心和决心，而且让原本让市民感到神秘的权力变成了服务型政府向市民提供的服务内容。"权力清单"制度准确传达了政府拥有权力的数量、规模、边界，让公众更加全面地了解政府及其职能部门享有的权力，便于公众进行监督。

需要指出的是，仅仅在网上公布权力清单还远远不够，市政府及职能部门还应该通过各种其他传媒渠道，积极主动地广泛告知公众，让更多不习惯或没有条件上网的公众，也能够获得权力清单的内容和细节，让所有人都有平等享受政府服务的权利。

(资料来源：邱登科. 让行政权力清单深入人心 [N]. 民营经济报，2013-11-22 (002))

案例思考题
1. 行政权力清单制度的推行对加强我国行政监督将产生怎样的影响？
2. 如何"晒"好行政权力清单，使其避免流于形式？

第 9 章

行 政 立 法

　　行政立法是确保宪法、法律和法规的顺利实施，实现依法行政、依法治国目标的基本手段。行政立法应当遵循宪法，依照法定的权限和程序，坚持原则性和灵活性相结合。

9.1 行政立法概述

9.1.1 行政立法的概念

1. 什么是行政立法

　　行政立法并非一个法律条文中的专门术语，而只是一个学理上的概念，因各国法律制度的差异和探究问题的角度的不同，学者们往往对行政立法使用不同的称谓。例如，在英国、美国等普通法系国家，行政机关只能根据议会的授权制定行政管理法规或规章，因此，人们往往把这种立法活动称之为授权立法或委任立法（Delegated Legislation）；基于行政立法对议会立法的从属性，或者说是根据行政立法的效力等级，有人把行政立法称之为次级立法（Subordinate Legislation）；为了把行政立法与议会立法相区别，避开行政机关行使立法权是否合宪的问题，还有人把行政立法称作是准立法（Guasi Legislation）；另外还有部门立法（Department Legislation）以及行政机关的立法（Legislation By Administration Bodies）等叫法，这些称谓则反映了行政立法的主体特征。用语上的差别反映了行政立法模式的千姿百态，我们没必要也不可能给行政立法下一个世界通用的定义。但不管各个国家的行政立法在职权来源、运行方式、行使程序、监督机制等方面有着多么巨大的差别，但行政立法是由行政机关制定具有一定法律效力的规范性文件的活动，在这一点上则是共同的。

　　行政立法有广义和狭义之分。广义行政立法是泛指行政性质的立法，其内容是关于行政管理的行政法律规范，属于行政部门法，它是国家权力机关所制定的行政法律规范，是国家行政机关从事行政管理活动的依据和准则。凡是国家机关，包括国家权力机关和行政机关制定并发布行政法律规范的活动，或称制定行政法的活动叫行政立法。狭义行政立法是指国家行政机关依法定权限和程序制定、颁布具有法律效力的规范性文件的活动，简言之为行政机关立法。根据《宪法》、《地方组织法》和《中华人民共和国立法法》（2003年3月5日）的规定，行政立法是指国务院制定行政法规的活动；国务院各部、委员会、中国人民银行、审计署和具有行政管理职能的直属机构，省、自治区、直辖市人民政府及省、自治区人民政府所在地的市，经济特区所在地的市和经国务院批准的较大的市的人民政府制定行政规章的活动。从"立法"性质上看，立法是以国家名义制定、发布规范性文件，并具有与法律相同的效力；所立之法属于法的范畴，体现法的基本特征。就"行政"性质而言，立法者为行政机关；法所调整的对象主要是行政管理事务或与行政管理有关的事务；其适用的程序是行政程序；目的是执行权力机关制定的宪法和法律，实现行政管理职能。①

2. 行政立法的特征

立法作为行政机关一种特定的活动，具有以下特点。

（1）行政立法是一种从属性的立法

依照我国宪法规定，全国人民代表大会是全国最高权力机关，国务院是最高权力机关的执行机关。地方各级人民代表大会是地方国家权力机关，地方各级人民政府是地方各级国家权力机关的执行机关。国家行政机关由权力机关产生，并对它负责，受它监督。因此，行政机关的行政立法不得同宪法与法律相抵触，而且，行政机关所制定的规范性文件的效力低于权力机关制定的法律。同时，由于行政机关行使的行政立法权从属于权力机关的立法权，所以，行政立法严格受授权法规定的立法目的、授权范围、标准、原则、程序的制约，行政机关只能在授权法规定的职权范围内依法进行行政立法，不能超越授权法而自立标准和自定程序进行行政立法，不能把行政立法排除在权力机关审查的范围之外。②

（2）行政立法活动是一种准立法活动

其特点表现在：行政立法的主体只能是国家行政机关，而不是其他国家机关；行政立法的效力低于权力机关立法的效力；行政立法所调整的对象，只限于调整行政管理中的一定社会关系，而不是有关国家政治、经济、文化生活中的重大社会关系；行政立法的表现形式为行政法规和行政规章，其名称通常有条例、规定、办法等，而不能使用"法"；行政立法的制定程序也比权力机关的立法程序简便灵活。

（3）行政立法行为是一种抽象的行政行为

行政立法活动实质上是国家行政机关的一种行政管理活动，这种活动是一种抽象的行政行为，而不是具体行政行为，因为行政立法不是针对特定的人和事项作出的规定，而是针对不特定的人和事项所规定的一般行为规范。同时，在形式上有比较严谨的条文和结构，在时效上有相对的稳定性，在程序上须经过法定的特别程序。

（4）行政立法与其他行政行为不同的基本特征

① 行政立法的立法者是特定的国家行政机关和经授权的授权性组织。行政立法职权和权限须由法律特别规定。不是所有的国家行政机关都享有行政立法权。除上述指出的根据《宪法》、《地方组织法》和《中华人民共和国立法法》规定的五个层级的国家行政机关和经法律特别授权的某些组织可以制定行政法规和规章外，其他行政机关和企事业单位、社会组

---

① 夏书章. 行政管理学. 3版. 广州：中山大学出版社，2002：125-126.
② 崔宇航，翟明清. 行政管理学. 郑州：黄河水利出版社，2005：194-195.

织均无权从事行政立法行为。至于县（市）、乡（镇）两级人民政府制定和发布的决定、命令的行为，根据宪法和法律的规定，不应视为行政立法行为。其他行政行为，一般指具体行政行为，所有法定行政机关或经行政机关委托的组织都有权在其职责权限内实施，无须法律特别规定。

② 行政立法行为必须在法定权限内进行。行政机关立法是代表国家从事的一种具有普遍约束力和强制力的特殊行政行为，不仅必须具备法定的职权，而且必须在其法定的权限范围内进行。例如，根据法律或法规的要求制定实施细则，根据法律或法规的授权制定规章等。超越法律、法规的要求或授权的事项立法无效，应予撤销。这是较其他具体行政行为更为严格的特别限制。

③ 行政立法行为的对象具有普遍性，而具体行政行为则有特定性。前者不是针对特定的人和事，后者的对象是特定的、个别的；前者作出的规定一经发布即对法定范围内的人和事具有普遍约束力，仅为后者提供依据，并非对特定的人和事的具体处理；后者是依据前者的规定对具体人和事作出的处理。

④ 行政立法行为较之具体行政行为具有更长的时间效力。行政立法行为的效力具有延续性和无溯及力，它对同一类型的人和事可以多次反复适用，且只有向后的效力；具体行政行为的效力通常是一次性的，一经履行或实现即告消灭，某些具体行政行为还可追究既往，如行政处罚行为就是对已经发生的违法行为的制裁。

⑤ 行政立法行为须遵循更为正规和严格的程序规则；而具体行政行为的程序相对较简单灵活，而且两种行为的形式要件不同。行政立法行为必须采取特殊规范性文件的形式公开公布；具体行政行为的形式要件，可以是公开发布的书面形式，或是一般的书面形式，也可以是口头形式。

⑥ 行政立法行为与具体行政行为的不同还表现在其不可诉性上。根据我国《行政诉讼法》和《行政复议法》，行政立法行为不能成为诉讼或诉愿的对象，即对行政法规、规章不能提起诉讼或申请复议；而对于涉及人身权、财产权方面的具体行政行为引起的行政争议，可以提起诉讼或申请复议。

9.1.2 行政立法的必要性

行政立法的必要性由行政管理的性质决定。行政立法是我国的主要立法活动，它所要解决的基本问题是，既要依法保护公民、法人的民主权利和合法权益，又要维护行政机关的权威和保证行政机关及其工作人员行使合法权力，对于健全国家立法制度，建立和完善中国特色社会主义法律体系，保障和发展社会主义民主，推进依法治国，建设社会主义法治国家，具有十分重要和深远的意义。

1. 行政立法是"依法治国"、"依法行政"的标志

行政管理的意义，首先它是一种"国家的"管理，所执行的是上升为国家意志的统治阶级的意志。从这个意义上说，行政管理活动是一种法律活动或法律管理。行政机关作为权力机关的执行者，其权利义务由行政法来调整，法律、行政法规是国家实施行政管理的主要手段和武器。国家通过立法活动，包括行政立法，使统治阶级的意志，在社会主义国家就是使工人阶级领导下的广大人民的意志形成为人们必须遵守的行为规则，使行政管理有法可依，

行政机关的行政活动有所依据，具有法律效力和普遍约束力。现代的所谓"法治"、"依法治国"、"依法行政"是从行政管理的法律性质出发的，实际上是行政法治。

我们社会主义国家依法治国就是依照宪法和法律的规定来治理国家，管理社会事务。行政法治是依法治国的核心和保证。政府守法是依法治国的首要原则。《宪法》第 33 条规定："中华人民共和国公民在法律面前一律平等。"从行政法的角度理解，就是国家机关及其工作人员应该和公民一道，平等地接受法律的约束，都必须和人民大众一样守法。我们的法律是人民代表机关制定的，只有政府守法，人民当家作主的法律地位才能成立和有保障。政府守的法主要是宪法和行政法。虽然我国的行政法还比较薄弱和不够完备，但随着改革开放和经济体制改革的深入，政治体制改革的开展，国家行政权将逐步加强，行政立法将得到高度重视。自党的十一届三中全会以来，我国制定了新宪法和一大批法律及有关法律问题的决定。行政法规、地方性法规和规章等也都相应地加紧制定和公布。当然这种发展趋势绝不会像西方资本主义国家那样，削弱"立法高于行政"的原则。我国人民代表大会制度在不断增强中，发挥着越来越重要的民主功能。行政立法依然要受立法机关的控制、监督。《宪法》第 67 条第 7 款规定，全国人大常委会有权撤销同宪法、法律相抵触的行政法规、决定和命令。这就保证了行政机关的活动建立在法律的基础上，保证了我国依法治国的性质。

2. 行政立法实现了民主与法制的统一，法与权的统一，国家利益、集体利益与个人利益的统一

民主与法制是一致的。民主是法制的基础和前提，法制是民主的保障。实现社会主义民主与法制的统一，是立法的基本指导思想和出发点。为保障人民民主，必须加强法制和使民主制度化、法律化，就是要把体现劳动人民共同利益的社会主义民主原则和要求上升为国家意志，转化为国家制度和法律，以保证劳动人民行使管理国家的权利。社会主义法制是社会主义国家按工人阶级和广大人民的意志建立起来的法律和制度，它是立法、执法、守法和监督法律实施等方面的统一，中心环节是依法办事。可见，立法是社会主义法制的重要方面。随着行政对经济和社会生活的干预日增，行政立法在国家立法中占有极为重要的地位。加强行政立法，完善行政法体系，是社会主义法制建设中不容忽视的大问题。"一手抓建设，一手抓法制"，必须高度重视行政立法，否则人民的民主权利就没有完备的法制保障，民主制度化、法律化就会残缺不全。

民主与权威也是对立的统一，这也在于民主的制度化、法律化，推进法与权的统一。各级行政机关的权威，只有在不与宪法和法律及上级法规相抵触的限度内，才是合法的和有约束力的。也就是说，它要遵照构成法律体系的既定规范行事。当前，政府某些腐败现象和官僚主义的存在，有的是思想作风问题，有的是制度造成的，有损政府的形象和权威。显然，民主与权威问题涉及法与权的关系。正如邓小平同志指出："我们党政机构以及各种企业、事业领导机构中，长期缺少严格的从上而下的行政法规和个人负责制，缺少对于每个机关乃至每个人的职责权限的严格明确的规定，以至于事无大小，往往无章可循，……，造成机构臃肿，层次多，副职多，闲职多，而机构臃肿又必然促成官僚主义的发展。因此，必须从根本上改变这些制度。"这些精辟论述说明行政法从制度上惩治腐败、防止官僚主义的重要性。通过行政立法途径，发展社会主义民主，改进各级政府部门的工作，抓紧保障公民权利和自由的具体法律的制定工作，使民主制度化、法律化；开辟各种社会协商对话渠道，建立各个层次、各种组织之间的协商对话制度，并使之逐步走向制度化、法律化，是完备我国法律体系，实现法与权统一的必要的法律措施。我国行政诉讼立法就是要解决人民与国家关系问题，亦即法与权的关系问题。

从上述民主和法制的关系及行政立法对实现民主与法制统一的重要性中可以看到，行政上合法与不合法问题不是纯法律问题，它同民主问题、政治问题是不可分的。行政管理的主要任务之一就是领导和管理经济，行政机关及其工作人员必须依法正确处理国家、企业（其他集体组织）和个人之间的权、责、利关系，兼顾国家、集体和个人的利益。这样行政法既使国家利益和国家权威获得法律保障，又要使行政机关及其工作人员的活动遵守法律，尤其是使其侵害公民、法人和其他组织的合法权益的违法失职行为，毫无例外地受到制裁。

3. 行政立法是提高行政效率的需要

在目前我国行政法制并不完善的情况下，即使有了一些宪法和法律的规定，但现实中往往涌现出新的或仅为某些地区、某些领域所独有的技术性、专业性或区域性较强的问题要及时加以解决，或者虽有宪法、法律原则的规定但缺乏更详细的办法。此时就需要行政机关及时以行政立法的方式加以解决，以使宪法、法律的原则规定得以具体落实，或弥补行政管理领域中因缺少法律而造成的立法"真空"。同时，行政立法的存在还可以调动和发挥各级政府的积极性和主动性，因地制宜地解决自己所面临的问题。行政立法经验和规律的积累还可以使行政立法的成果在条件成熟时上升为立法机关制定的法律，在更大程度上和更广的空间内指导行政管理的实践，从总体上实现行政效率的提高。

4. 行政立法是进一步加强政权建设、改革行政管理体制、理顺各级政府部门之间关系的需要

为适应我国社会、经济发展趋势，在建立健全社会主义市场经济体制的同时，相应的政治体制和行政管理体制改革应当加快步伐。关键是实行政企分开、所有权与经营权适当分离，使企业真正成为自主经营、自负盈亏、自我约束和发展的独立的法人实体。

第一，要使企业真正成为"有一定权利和义务的法人"。我国《全民所有制工业企业法》和《全民所有制工业企业转换经营机制条例》以法律形式肯定了企业作为独立的商品生产者和经营者的法律地位，并赋予企业充分的经营自主权，同时承担相应的义务，理应得到切实的保障和落实。

第二，对行政机关在管理经济中的权利、义务和责任作出明确规定。这些问题涉及上下左右、纵横交错的关系。没有行政法的促进和保障，将是很难达到目的的。

当前，我国民主与法律建设进入新的历史时期。在推进依法治国，努力建设社会主义法治国家的进程中，行政立法重要的是要将各种关系制度化。

① 实现党、政权组织和其他社会组织关系制度化。
② 实现中央、地方、基层之间的关系制度化。
③ 政府对企业和全社会政治、经济、文化和各项社会活动的管理规范化、制度化。
④ 实现国家政权组织内部活动制度化。
⑤ 通过干部人事制度改革，建立干部人事的科学分类管理体制，使人员的培养、选拔、使用、淘汰制度化、法律化。
⑥ 确定和完善执法监督制度的组织和领导体系，并使其对政府和公职人员的执法活动的监督规范化、制度化。

行政立法被提到议事日程并得到加强，正是我国社会主义和政治形势发展的必然结果，是国家政治经济活动和政府工作逐步走上法制轨道的需要。

9.1.3 行政立法的基本原则和要求

1. 行政立法的基本原则

行政立法的基本原则，是由宪法和法律规定的享有行政立法权的行政机关制定的行政法规、规章必须遵循的基本准则。它是根据我国法制建设中贯彻四项基本原则的经验，在遵循发展民主和坚持社会主义等我国立法一般原则的基础上提出来的。根据我国《宪法》和《立法法》的规定，行政立法应当遵循的主要原则如下。

① 立法应当遵循宪法的基本原则，以经济建设为中心，坚持社会主义道路，坚持人民民主专政，坚持中国共产党的领导，坚持马克思列宁主义、毛泽东思想、邓小平理论和"三个代表"重要思想，坚持改革开放。

② 立法应当依照法定的权限和程序，从国家整体利益出发，维护社会主义法制的统一和尊严。行政立法是一种从属性、补充性和执行性的立法权。只有享有行政立法权的行政机关在其权限内以宪法和法律为依据制定的行政法律规范，在不与宪法、法律及上级法规相抵触的限度内，才是合法的和有约束力的。也只有严格遵循法定的程序立法才能保证立法的科学性、民主性和公正性。如前所述，实现国家利益、集体利益和个人利益的统一，是行政立法一项重要的艰巨的任务。如果说依照法定程序立法是民主原则的要求，那么从国家整体利益出发，维护社会主义法制的统一和尊严，则是由我国社会主义法律性质所决定的。

③ 立法应当体现人民的意志，发扬社会主义民主，保障人民通过多种途径参与立法活动。人民的意志是我国社会主义法的本质。我国立法，从宪法到一般法律、行政法规，再到地方性法规、规章，都应当表达人民的共同意志。现阶段应以发展社会主义民主政治，建设社会主义政治文明，全面建设小康社会的重要目标，加快推进社会主义现代化建设为其历史任务。因此，必须坚持民主立法，通过多种形式，充分听取和考虑相关人的意见，建立公开听证、合议制度和专家论证制度，使行政立法具有群众基础和保证立法质量。

④ 立法应当从实际出发，科学合理地规定公民、法人和其他组织的权利与义务、国家机关的权力与责任。制定行政法规、规章必须尊重客观实际，把马克思主义同中国具体情况密切结合起来，根据社会主义国家政权建设和法制建设的要求，既要积极，又要慎重；既要考虑可能性，又要考虑可行性；恰如其分地掌握立法时机，条件成熟的，应及时制定；未成熟的不能急于求成，片面追求"完备化"。这样才有利于根据社会经济的发展，恰当地确认公民的行政权利，正确处理行政权力与公民权益之间、以行政权为核心的国家权力之间的关系。

⑤ 坚持原则性和灵活性相结合，这是马克思主义的一条重要原则，也是社会主义立法的基本原则。原则性是由立法工作的本质规定的，是法律的基本目的和要求。它是维护法律性质，坚持社会主义立法方向，实现法制统一性的基础。原则性和灵活性不是对立的，而是相辅相成的。原则性是主要的、决定性的；灵活性不是对立的，是原则性的体现，没有灵活性，原则性也不能贯彻。在行政立法工作中严格遵守原则性和灵活性相结合的社会主义法制原则，对提高工作效率，保证行政管理法律规范的质量有重要意义。

制定社会主义法律有两个基本原则，即民主原则和社会主义原则。行政立法也必须遵循这两个原则，以免迷失社会主义方向。灵活性是指在原则性允许的限度内，根据具体情况，对某些问题作灵活规定。社会主义法律的灵活性包括两个方面：一是在制定法律时，对某一法律规范的规定，要考虑到实现的时间上的步骤性和方式方法上的多样性；二是要考虑到社会主义法制的统一性和各地方、部门的实际情况，即既要保证中央的集中统一领导，又要充分发挥各地、各部门的积极性和主动性。注意防止和克服地方、部门行政立法中的部门本位主义。

2. 行政立法的要求

根据立法权高于行政权的原则，尽管大多数法律规范都由政府依职权制定或是立法机关授权行政机关制定，但行政机关毕竟不是立法机关，不能凌驾于权力机关之上，其行政活动（包括行政立法活动）不能置法律于不顾。同时，还要根据行政立法的预测功能，注意其稳定性和适应性、计划性和科学性。所以，行政立法必须遵循下列要求。

① 制定行政管理规范必须依据宪法和法律并旨在执行宪法、法律。宪法、法律是较原则的规定，行政法规、规章是宪法、法律的直接延续和具体化，以便于执行。行政法规不得与宪法、法律相抵触；否则，是无效的，应予以撤销。这表明行政机关的活动是以法律为准绳的。

② 行政立法不仅应符合法律的字面含义，而且要符合法律的目的，这是国家法律对一切行政活动的要求。我们是社会主义国家，人民是国家的主人。法律是以工人阶级为领导的广大人民共同意志的反映，符合人民大众的利益是社会主义法制的本质和内容。行政法规、规章不能违背国家法律这个基本宗旨。我国正处在改革开放的历史时期，各种社会关系都在不断变化、发展中，新旧社会关系的更替，难免出现若此若彼的复杂交错关系，而使某些法律条文的意义失去现实性和合理性。因而行政法规、规章作为法律的延续和补充，对尚未明朗稳定的具体关系的调整，在立法时就不能拘泥于法律条文的定义而要遵从法律的宗旨和精神实质。

③ 享有行政立法权的行政机关立法必须在各自的权限内进行，超越法定权限立法不具有合法的效力和约束力。

④ 行政法规、规章的制定必须遵守法定程序和形式。行政立法必须遵循法定程序规则进行，在形式上必须采取特别规范性文件形式，否则也会失去法律效力和引起法律上的混乱。

⑤ 坚持稳定性和适应性的统一。这是事物发展的辩证法对立法工作有重要指导作用。法的稳定性是指一个法律文件一经制定生效，就不能轻率改变。法律作为评判人们行为合法与否的标准，是明确的、肯定的，应当适用于一段较长的时期，不能朝令夕改。行政管理规范也应如此，否则使人无所适从，这样就有损法律的严肃性和权威性，影响社会生产的发展和社会秩序的安定。但法的稳定性又总是有条件的、相对的。社会不断发展，经济、政治、文化等条件也在变化，法律所调整的社会关系自然要改变。法的适应性就是根据客观发展的需要，从立法上对法律作及时的制定、修改或废止，以适应其调整的社会关系的变化。行政管理规范调整的社会关系广泛、复杂，发展快、变动大，其适应性要求也更为严格。

⑥ 坚持计划性与科学性相结合。行政立法坚持计划性与科学性的原则，集中体现在立法规划的制定上。立法规划期限的确定，尽可能与国家的国民经济和社会发展规划相一致。

如《国务院"七五"期间立法规划》的期限,即同"七五"计划相一致。1991 年 4 月 9 日,七届全国人大四次会议通过了《中华人民共和国国民经济和社会发展十年规划和第八个五年计划纲要》,立法规划自然要考虑符合"十年规划"和"八五"计划纲要的要求。党的十四届三中全会通过的《中共中央关于建立社会主义市场经济体制若干问题的决定》指出,社会主义市场经济体制的建立和完善,必须有完备的法制来规范和保障,无疑应当纳入行政立法规划的重要内容。这样有利于充分发挥法规、规章对管理经济和社会生活各个领域的作用。

行政立法既要有长远规划,又要有近期计划。长远规划宜定得粗一些,近期计划可细一些。立法计划的科学性要求立法要符合客观规律、客观需要,切实可行。

9.2 行政立法体制

9.2.1 行政立法体制概述

我国现已建立起一套比较完善的行政立法体制,并且在社会主义法制建设中发挥了重要作用。

所谓体制,一般是指国家机关、企事业单位管理权限划分的制度及其相应机构设置的系统或体系。立法体制,是指有关国家机关立法的体系及其立法权限的划分。行政立法体制则指国家行政立法的体制及其立法权限的划分,它是整个国家立法体制的一部分。一个国家的立法体制,通常是由该国的宪法及有关组织法规定的。因此,行政立法必须严格在各自的职权范围内进行,充分注意权限合法和程序符合规定,以维护法制的统一性。

我国现时行政立法体制是一个多层次的、分等有序的、严密统一的系统。根据宪法和组织法的有关规定,我国依法确认的行政立法系统如下。

1. 国务院立法(制定行政法规)

国务院是我国最高的行政立法机关。其行政立法权的内容主要是:根据法定职权和委任职权制定行政法规、向全国人民代表大会及其常务委员会提出拟定的法律草案和其他议案、批准或撤销其所属部门或机构及地方政府制定的规章。国务院制定的行政法规,其形式为"条例"、"规定"、"办法"等,通常分为以下三类。

(1)国务院制定、发布的行政法规

这类法规在行政法规中所占比例最大,数量最多。例如,1990 年 12 月 24 日国务院发布、1994 年 10 月修订发布的《行政复议条例》,1992 年 6 月 28 日国务院发布的《城市市容和环境卫生管理条例》等。有些法规虽是由国务院发布,但因其批准或通过的机关不是国务院,而是全国人大常委会,体现了立法机关的意志,且履行了制定的法律手续,应属法律的范围,不能称为行政法规。如 1979 年 11 月 29 日第五届全国人大常委会第 12 次会议批准、1979 年 11 月 29 日国务院公布的《国务院关于劳动教养的补充规定》;1984 年 5 月 11 日第六届全国人大常委会第 5 次会议批准、1984 年 5 月 13 日国务院公布的《中华人民共和国消防条例》等。

(2) 国务院批准发布的行政法规

这类法规由国务院职能部门依法定职权或委任职权制定，经国务院批准或批转发布。前者如1987年12月26日国务院批准，1988年1月14日卫生部、外交部、公安部、国家教育委员会、国家旅游局、中国民用航空局、国家外国专家局发布的《艾滋病监测管理的若干规定》；1990年1月11日国务院批准、1990年3月3日交通部发布的《中华人民共和国海上交通事故调查处理条例》。后者如1987年10月14日国务院批准、1987年10月20日农牧渔业部发布的《中华人民共和国渔业法实施细则》；1987年12月30日国务院批准、1988年1月20日对外经济贸易部发布的《中华人民共和国技术引进条例实施细则》等。

(3) 国务院办公厅发布的行政法规

国务院办公厅是国务院的综合性办公机构，在一定程度上代表国务院进行活动。据此，由国务院办公厅拟定的关于外部行政管理（即不包括机关行政在内）的各种规范性文件或行政法规性文件（指规范性不强的文件），经国务院批准、发布后，取得行政法规效力。例如，1993年3月27日国务院办公厅发布的《关于设立外币免税商店（场）有关问题的通知》等。

2. 国务院各部委立法

这是指国务院所属各职能部门根据法律和行政法规在其业务主管的职权范围内制定规范性文件的活动。这类规范性文件称为中央行政规章，多采取"决定"、"命令"、"指示"等形式。《宪法》第90条第2款规定："各部、各委员会根据法律和国务院的行政法规、决定、命令，在本部门的权限内，发布命令、指示和规章。"《国务院组织法》第10条规定："各部、各委员会工作中的方针、政策、计划和重大行政措施，应向国务院请示报告，由国务院决定。根据法律和国务院的决定，主管部、委员会可以在本部门的权限内发布命令、指示和规章。"可见，国务院职能部门制定行政规章的根据主要是《宪法》和《国务院组织法》。法律和行政法规也是国务院职能部门的立法根据，一般由具体法律或行政法规在专条中作出授权规定。国务院职能部门立法是受国务院制约，并附有立法权限和条件限制。

上述《宪法》和《国务院组织法》的有关规定并没有赋予主管各项专门业务的国务院直属机构以行政立法权，即没有法定立法职权。但在行政立法实践中，依委任职权，即根据法律或行政法规授权，或经国务院批准后，也可以制定和发布行政规范性文件，对某项专门业务进行普遍性调整。例如，1987年6月30日国务院批准、1987年7月1日海关总署发布和1993年2月17日国务院批准修订、1993年4月1日海关总署重新发布的《中华人民共和国海关法行政处罚实施细则》；1990年8月9日国务院批准、1990年8月17日国家工商行政管理局发布的《投机倒把行政处罚暂行条例施行细则》等。

国务院各部委管理的国家局，如文化部管理的国家文物局、国家科委管理的专利局等，在其成立时就具有独立的法律地位，依法行使某项专门事务的行政职权和裁决争议权。至于是否具有制定规章权，法律也没有明确规定，但在行政立法实践中，依委任职权立法的也不乏其例。例如，1992年5月5日国家文物局发布的《中华人民共和国文物保护法实施细则》；1992年12月12日国务院批准修订、1992年12月21日中国专利局发布的《中华人民共和国专利法实施细则》等。

3. 地方行政机关立法（制定地方行政规章）

根据我国现行的法律规定，有权制定地方行政规章的地方行政机关仅限于省、自治区、直辖市人民政府，省、自治区人民政府所在地的市政府和经国务院批准的较大的市人民政府。地方行政规章是根据法律和行政法规制定的，因此不得与之相抵触。在形式上，地方行政规章有两类：一类是以政府名义发布的规范性文件。例如，1996年10月22日广州市人民政府发布的《广州市城市供水管理办法》，1993年4月10日哈尔滨市人民政府发布的《哈尔滨市减轻国有企业负担的规定》等。另一类是政府转发其所属职能部门的规范性文件。例如，1987年4月2日经北京市人民政府批准由市政府办公室转发的《北京市关于技术交易合同登记的若干规定》；1986年6月21日广东省公安厅、工商行政管理局颁布的《广东省旅游业治安管理细则》等。经政府批转的地方行政规章旨在贯彻中央行政立法或管理本地方的各类行政工作。

9.2.2 行政立法权限的划分

1. 行政立法权限的划分

行政立法权限划分是关于行政机关立法权项的明确规定，包括国家权力机关（立法机关）与国家行政机关之间的立法权限划分和享有行政立法权的国家行政机关之间，主要是指国务院与国务院各部委之间、国务院与地方政府之间的立法权限的划分，亦即哪些事项应由哪级机关制定、颁布法规。换句话说，哪些事项应由法律来规定，哪些事项应由其他形式的法规、规章来规定。目前我国法规（包括行政法规、地方性法规）、规章与法律区别的标准是颁布的不同，而不得由行政机关或其他机关制定法规或规章；应当由行政机关的规章来规定的事项也不应由立法机关以法律形式来规定。

2. 国家权力机关的行政立法权限

如前所述，从广义上理解行政立法，制定行政管理法规的机关包括国家权力机关和国家行政机关。从我国宪法和法律的有关规定中也可以看到，我国行政管理方面的法律规范并非都由行政机关来制定颁布。涉及国家和地方的政治、经济和文化等基本制度和行政管理活动的重大方针政策问题，分别由国家最高权力机关和地方权力机关以法律、法规的形式来规定。

（1）国家最高权力机关的立法权项

我国实行人民代表大会制度。我国人民代表大会及其常委会是国家最高权力机关，是国家的立法机关，享有最高、最广泛的立法权。从法理上说，国家最高权力机关可以对国家和社会生活各个领域的任何问题立法。但从其性质、地位和职责的最高权威性分析，国家最高权力机关不应当也不可能对范围相当广泛，内容纷繁复杂，日趋专门化、科学化、时效性强的行政事务都予以法律形式来规定。根据我国宪法、法律规定和立法实践，有关行政管理事项中应由国家最高权力机关以法律来规定的，主要属于行政法基本制度和政策、行政机关组织、行政管理体制、部门行政管理制度及涉及宪法基本原则和公民基本权利义务等重大问题。

《立法法》第7条第2款规定：全国人民代表大会"制定和修改刑事、民事、国家机构和其他的基本法律"。《立法法》第7条第3款规定：全国人民代表大会常务委员会"制定和修改除应当由全国人民代表大会制定的法律以外的其他法律。在全国人民代表大会闭会期间，对全国人民代表大会制定的法律进行部分补充和修改，但是不得同该法律的基本原则相抵触。"

《立法法》第8条规定:"下列事项只能制定法律:(一)国家主权的事项;(二)各级人民代表大会、人民政府、人民法院和人民检察院的产生、组织和职权;(三)民族区域自治制度、特别行政区制度、基层群众自治制度;(四)犯罪和刑罚;(五)对公民政治权利的剥夺、限制人身自由的强制措施和处罚;(六)对非国有财产的征收;(七)民事基本制度;(八)基本经济制度及财政、税收、海关、金融和外贸的基本制度;(九)诉讼和仲裁制度;(十)必须由全国人民代表大会及其常务委员会制定法律的基本事项。"

(2)地方国家权力机关的立法权限

根据《宪法》第99条和《地方组织法》规定的精神,《立法法》第64条规定,地方人民代表大会及其常委会制定地方性法规的范围和事项主要包括如下两个方面:一是为执行法律、行政法规的规定,需要根据本行政区域的实际情况作具体规定的事项;二是属于地方性事务需要制定地方性法规的事项。

《立法法》第64条还规定,除应当由法律规定的事项外,其他事项国家尚未制定法律或者行政法规的,省、自治区、直辖市和较大的市根据本地方的具体情况和实际需要,可以先制定地方性法规。在国家制定的法律或者行政法规生效后,地方性法规同法律或者行政法规相抵触的规定无效,制定机关应当及时予以修改或者废止。

3. 国务院的行政立法权限

这是指国务院制定行政法规的权限。1987年国务院发布的《行政法规制定程序暂行条例》(以下简称《条例》)规定:"行政法规是国务院为领导和管理国家各项行政工作,根据宪法和法律,并按照本条例的规定制定的政治、经济、教育、科技、文化、外事等各类法规的总称。"《立法法》第56条对国务院行政法规的制定权及其权限范围作出了明确规定。

① 国务院制定行政法规,只能在自己职权范围内进行。也就是说,旨在行使《宪法》第89条规定的职权,为领导和管理国家各项行政工作而制定和发布具有法律效力的规范性文件。行政法规可以就下列事项作出规定:一是为执行法律的规定需要制定行政法规的事项;二是《宪法》第89条规定的国务院行政管理职权的事项。主要包括:一是国务院和地方行政机构的设置及其编制、任务和职责,以及公务员的管理、中央政府和地方省级政府的职权划分;二是省、自治区、直辖市行政区域划分;三是国家国民经济和社会发展计划及国家预算的编制和执行;四是全国性的行政工作管理,如全国经济工作和城乡建设,国防和外交事务,科教和文体及卫生与计划生育工作,国家安全和社会治安及司法行政,全国民政、民族事务及少数民族的平等权利和民族自治地方权利的保障,华侨、归侨及侨眷的合法权益的保护等;五是省、自治区、直辖市范围内部分地区的戒严。

② 根据人民代表大会及其常务委员会授权,就应由法律来规定而尚未立法的事项先行制定行政法规。但是有关犯罪和刑罚、对公民政治权利的剥夺和限制人身自由的强制措施和处罚、司法制度等事项除外。经过实践检验,制定法律的条件成熟时,国务院应当及时提请全国人大及其常委会制定法律。

③ 制定和批准行政法规必须根据宪法和法律(基本法律、一般法律),不得与宪法、法律相抵触。

4. 国务院各部门的行政立法权限

这是指国务院各部门制定行政规章的权限。国务院是由各部、各委员会、中国人民银行、审计署和具有行政管理职能的直属机构、办事机构组成的，它们是国务院行使国家最高行政权的职能机构或工作机构。国务院各部门制定的规章是指各部门根据法律和国务院的行政法规、决定、命令在本部门的权限内按规定程序所制定的规定、办法、实施细则、规则等规范性文件的总称。部门规章适用于全国范围，不仅对本国公民和法人及其他组织有约束力，而且对中国境内的外国公民和法人及无国籍公民和法人及其他组织有约束力，故称为"全国性行政规章。"根据《立法法》，享有规章制定权的主体包括国务院各部、委员会、中国人民银行、审计署和具有行政管理职权的直属机构。办事机构是协助国务院总理办理某一方面事项的行政机构，不对外行使管理职能，因此不具有规章制定权。《立法法》规定：国务院各部门制定的规章，必须在各自的权限范围内对其主管的具体业务或者其他行政事务作出规定，而且应当属于执行法律或者国务院的行政法规、决定、命令的事项；跨部门立法涉及其他部门职权范围的事项，应当提请国务院制定行政法规，或者由国务院有关部门协商，取得一致意见，联合制定规章，否则超越权限发布规章无法律效力。

5. 地方人民政府的立法权限

这是指地方人民政府制定地方性规章的权限。《立法法》第73条规定："省、自治区、直辖市和较大的市的人民政府，可以根据法律、行政法规和本省、自治区、直辖市的地方性法规，制定规章。"按此规定，我国享有规章制定权的只限于两个层级的地方人民政府：一是省、自治区、直辖市的人民政府；二是较大的市的人民政府。所谓较大的市的人民政府，是指省、自治区的人民政府所在地的市政府、经济特区的人民政府及经国务院批准的其他享有规章制定权的设区的市政府的统称。地方性规章是指由省、自治区、直辖市人民政府和较大的市的人民政府根据法律、行政法规和地方性法规，按法定程序制定的普遍适用于本地区行政管理工作的规定、办法、实施细则、规则等规范性文件的总称。根据《宪法》第107条和《地方组织法》第51条及《立法法》第73条，地方政府在法律规定的职权范围内，有权依据法律和行政法规及地方性法规制定地方性规章，但不能超出法律赋予的行政管理权限。其立法范围：为执行法律、行政法规、地方性法规的规定需要制定规章的事项；属于本行政区域具体行政管理事项。

地方政府规章制定权与国务院部门规章制定权比较，在具体权限上大致相同。所不同的是，地方政府规章除可以规定为执行法律、行政法规、地方性法规所需要规定的事项外，还可以规定属于本行政区域的具体行政管理事项。

9.3 行政立法的程序及效力

9.3.1 行政立法的程序

一般意义上，程序指"事情进行的先后次序"或"按时间先后或依次安排的工作步骤"，而在法律学上，"程序"一词有专门的含义，与"实体"相对称，指按照一定的方式步骤、时间和顺序作出法律决定的过程。行政程序是指行政主体在行使行政权力，作出行政行为的过程中所遵循的方式、步骤、顺序及时限的总和，是行政主体实施行政行为的空间与时间的表现形式。行政立法程序，是指国家行政机关依照法律的规定，制定、修改和废止行政法规或规章的活动程序，是行政立法行为合法成立的必要程序条件。它是行政行为程序的一种类型，与国家最高权力机关的立法程序比较，其特点是简便、灵活、讲求效率。现代国家行政程序所追求的目标是民主、高效、合理。按照这一目标要求，行政立法程序应通过一定的法律、法规来加以规范，逐步实现程序民主化、科学化、规范化，提高立法工作效率，保障立法质量。

我国还没有对行政立法程序作出统一的规定。宪法和有关组织法也没有关于行政立法程序的原则规定。目前，行政立法程序有章可循的仅可见于某些行政法规和规章。《国务院组织法》第4条规定："国务院工作中的重大问题，必须经国务院常务会议或者国务院全体会议讨论决定"，经国务院批准，国务院办公厅发布的《行政法规制定程序暂行条例》，是专门规定制定行政法规程序的法律性文件。国务院各部委和各省、自治区、直辖市人民政府，也陆续依据该条例制定了规章的制定程序。

行政立法程序就其立法的表现形式来划分，可分为两种：一种是制定行政法规的程序，另一种是制定行政规章的程序。

1. 国务院制定行政法规的程序

《立法法》第57条至62条对行政法规制定颁布的程序作出明确的规定。根据《行政法规制定程序暂行条例》（以下简称《条例》）的具体限定，制定行政法规的程序包括：规划、起草、审定、发布等阶段。

（1）规划

行政法规的规划分为五年规划和年度计划两类，由国务院法制局根据国民经济和社会发展五年计划所规定的各项基本任务编制。国务院有关部门认为需要制定行政法规的，应向国务院报请立案。一般由国务院各主管部门分别提出立法建议，经国务院法制局通盘研究综合协调，拟定草案，上报国务院审定，并由法制局负责组织实施和监督执行。在执行过程中，法制局可以根据形势发展的需要，对规划和计划作适当的调整。

（2）起草

行政法规由国务院组织起草。行政法规的制定，按其所规范的业务范围，或是仅限于某一主管部门的专门业务，或是内容重要、涉及多个主管部门的业务，而分别由各主管部门起草，或由国务院法制局或者主要的部门负责，组成有关各部门参加的起草小组进行工作。行政法规起草的程序要求如下。

① 注重社会调查和预测分析，确定法规内容和调整范围。

② 征询有关部门意见，充分协商一致；意见未能统一，报请国务院审批时专门提出说明。

③ 采取座谈会、论证会、听证会等多种形式，广泛听取有关机关、组织和公民的意见。

④ 应当注意与有关行政法规相衔接和协调。

⑤ 需要由有关部门制定实施细则的，在起草法规时应作统一考虑，同时进行。

⑥ 内容完整，包括制定目的、适用范围、主管部门、具体规范、奖惩办法、施行日期等。

⑦ 形式规范，章、节、条、款、项、目清晰。

⑧ 结构严谨，条理清楚，用词准确，文字简练。

(3) 审定

根据《条例》规定，审定按报审、审查、审议或审批三个程序进行。报审，由起草部门将与行政法规草案及其说明、各方面对草案主要问题的不同意见和其他有关资料报送国务院法制机构进行审查。审查，由国务院法制局负责审查报送的法规草案，并向国务院提出审查报告和草案修改稿，审查报告应当对草案主要问题作出说明。审议或审批，即行政法规的决定程序，行政法规草案由国务院常务会议或者全体会议，或总理办公会议、国务院有关领导传批等进行审批。无论采取哪种形式，都必须遵循民主集中制原则。

(4) 发布

经国务院常务会议审议通过或经国务院总理审定的行政法规随即进入发布程序。其发布方式有两种情形：或由国务院发布，或由国务院批准、国务院主管部门发布。发布规则如下。

① 国务院发布须经总理签发《中华人民共和国国务院令》，国务院批准、国务院主管部门发布，由部门行政首长签署发布令。

② 行政法规发布令中包括发布机关、序号、法规名称、通过或批准日期、生效日期、签署人和发布日期等内容。

③ 行政法规一律刊登《国务院公报》，并由新华社发稿、《人民日报》全文刊载，不另行文。

2. 行政规章的制定程序

我国《立法法》第74条规定："国务院部门规章和地方政府规章的制定程序，参照本法第三章的规定，由国务院规定。"可见，我国目前尚无专门法律规定行政规章的制定程序。现有的规定和行政立法实践的做法，原则上由国务院各部委和省、自治区、直辖市人民政府，根据《行政法规制定程序暂行条例》拟定本部门、本地区行政规章制定程序的管理办法进行。制定行政规章要遵循以下几个基本原则。

① 符合党和政府的方针、政策的要求。

② 符合我国的立法体制。我国法制体系是统一的，又是分层次的。要遵照构成法律体系的既定规范行事，不与宪法、法律及上级法规相抵触。

③ 根据法制统一的原则，要对现行内容相同或基本相同的规章进行清理，不规范的做法要改变。旧规章将要为新规章所代替，要说明其废止时间。"与本规定相抵触的以本规定为准"的表述令人煞费功夫查找核对，不宜使用。行政规章不得使用"条例"名称。

④ 要考虑我国法制建设的实际情况，从本部门、本地区的实际出发，保障行政规章切实可行。制定中央行政规章，由国务院所属职能部门的具体业务单位起草，经过征求意见、讨论和修改后，交部务会议或委员会会议讨论通过，并由部长或委员会主任签署发布，登载在《国务院公报》或中央或地方的主要报刊上。同时，须按公文处理办法下发有关行政机关。制定地方行政规章，一般由地方人民政府的法制机构负责编制统一的立法规划和计划，并组织和监督执行；地方人民政府的职能部门按规划负责起草；通过广泛征求意见，反复讨论、修改、定稿后，由起草机关的行政首长签署，报送同级人民政府全体会议或常务会议审批；审批通过的行政规章经地方政府首长签署发布，并刊登在政府公报或地方主要报刊上；涉及公民、法人和其他组织的权利义务的规章，还应当印成布告张贴公布。地方行政规章的制定和发布，都须报国务院备案。

3. 行政立法的备案程序

享有行政立法权的主体依职权和授权立法，无须经过上级机关批准，但根据社会主义法制统一原则，下位法的规定不能违反上位法的规定，不得与上位法相抵触。为维护这一原则，保障上位法制定机关的审查监督，《立法法》设置了备案程序。备案是指将法规、规章文本报送相应的有权机关备查的程序，包括报送、登记、统计、存档等环节。备案不影响法规、规章的生效。但如果报送备案的法规、规章有违反统一原则，备案机关则有权作出改变或者撤销的决定。备案程序是一种很重要的监督形式。

《立法法》第89条规定，行政法规、地方性法规、自治条例和单行条例、规章应当在公布后的30日内报有关机关备案（地方性法规、自治条例和单行条例不属于狭义行政立法范畴，但与行政法规、规章同属国家法律体系的组成部分，且大多数为行政法律规范，相互之间是紧密联系的。这里按《立法法》规定一并阐述）。

（1）行政法规的备案

行政法规从属于宪法和法律，不得与宪法、法律相抵触，否则全国人大常委会有权撤销。《立法法》规定，行政法规要报全国人大常委会备案，接受全国人大常委会的监督。

（2）地方性法规的备案

省级人大及其常委会制定的地方性法规，不得与法律、行政法规相抵触，因此须报全国人大常委会和国务院备案。较大的市人大及其常委会制定的地方性法规，须经省、自治区人大常委会批准后方能施行，省、自治区人大常委会要对其批准行为负责。因此，较大的市人大及其常委会制定的地方性法规，由该市所在的省、自治区人大常委会报全国人大常委会和国务院备案。

（3）自治州、自治县制定的自治条例和单行条例的备案

自治条例、单行条例不得违反或抵触法律、行政法规。自治州、自治县的自治条例和单行条例，报省、自治区、直辖市人大常委会批准后生效，并由省、自治区、直辖市人大常委会报全国人大常委会和国务院备案。

（4）规章的备案

部门规章和地方规章不得违反、抵触行政法规，应当报国务院备案。

地方规章也不得违反本级人大及其常委会制定的地方性法规，较大的市人民政府制定的规章不得违反省、自治区人大及其常委会制定的地方性法规和省、自治区人民政府制定的规章。因此，地方政府规章在报送国务院备案的同时，还应当报本级人大常委会备案，较大的市人民政府制定的规章还应当同时报本省、自治区人大常委会和人民政府备案。

9.3.2 行政立法的效力

1. 行政立法效力的概念

行政立法的效力，是指行政法规、规章的法律效力。行政法规、规章本身不是法律，但一经制定、发布，就具有与法律相同的效力。包括两方面的含义：一是指行政法规、规章的拘束力和强制执行力，即必须遵守，若有违反都应追究相应的法律责任；二是指行政法规的适用力，即适用范围，也称效力范围。如前所述，行政立法有效成立必须符合法定的前提条件（要求）；否则，有关机关（在英美法系国家是普通法院，在大陆法系国家是行政法院）

有权撤销行政机关所立之法规、规章及规范性文件。在我国，根据《宪法》第 67 条的规定，全国人大常委会是撤销不具备生效条件的法规、规章及规范性文件的机关。人民法院审理案件时不能把这类行政法规、规章及规范性文件作为审判的根据。

2. 行政立法的效力等级

行政法规、规章的法律效力，同它在我国法律体系的地位是相应的。我国的法律体系是由各类规范性文件组成的，它们在法律体系中分别处于不同的地位。

① 宪法，作为国家的根本大法，处于最高的法律地位。

② 基本法律（如刑法、民法、香港特别行政区基本法），由全国人民代表大会通过。

③ 一般法律，由全国人大常委会制定通过。基本法律和一般法律都是根据宪法制定的，二者的区别在于制定机关不同，前者的法律效力等级，应高于后者。

④ 行政法规，由国务院制定发布或经国务院批准发布，其法律地位低于宪法和法律，高于行政规章。

⑤ 地方性法规、民族自治地区的自治条例和单行条例。

⑥ 行政规章（中央行政规章、地方行政规章）。

可见，一切法律、法规都是从一个法律体系中产生、派生出来的，都有其一定的法律效力。每个法规的合法性都必须以某项法律（狭义）或行政法规为依据。行政立法要符合宪法和法律，地方性法规要符合宪法、法律和行政法规，并报全国人大常委会和国务院备案，才具有法律效力。根据行政法规、规章在我国法律体系中的地位不难看出，它们的法律效力是基于宪法、法律的效力而派生的，并划分为不同的效力等级。不同层次的行政机关，其行政立法的法律效力并不处于同一层级。国务院是最高国家权力机关的执行机关，又是国家最高行政机关，所制定的行政法规的效力等级高于地方性法规、行政规章，低于宪法和法律；部门规章之间、部门规章与地方政府规章之间具有同等效力，在各自的权限范围内施行；地方性法规的效力高于本级和下级地方政府规章；省级人民政府制定的规章，其法律效力又高于省、自治区人民政府所在地的市政府和经国务院批准的较大的市的人民政府制定的规章。

3. 行政立法的适用范围

行政立法的适用范围，包括时间、空间方面的适用范围和对人的适用范围三个方面。简而言之，是时间效力、空间（地域）效力、对人的效力。行政法规、规章的效力范围明确了，才能正确适用，发挥其效力作用。

(1) 行政立法效力的时间范围

行政法规、规章在时间上的效力，是指行政法规和规章的有效期限，自什么时候生效，到什么时候失效。我国没有对行政立法的生效时间和失效时间的确定办法作统一规定。

① 行政立法的生效时间。通常有两种情形：一是自发布之日起生效。如国务院 1997 年 1 月 3 日发布的《海关稽查条例》第 33 条规定："本条例自发布之日起施行。"二是发布后另定生效时间。行政法规、规章先行发布，日后生效，以便于全民学习、理解，执行机关做实施准备。如 2001 年 12 月 25 日国务院发布的《出版管理条例》第 68 条规定："本条例自 2002 年 2 月 1 日起施行。"

② 行政立法的失效时间。我国对行政法规、规章的效力终止时间的规定，有三种方式。有的专条规定，新法施行之日就是旧法失效之时。如 1988 年 6 月 3 日国务院发布的《中华人民共和国企业法人登记管理条例》第 39 条规定："本条例自 1988 年 7 月 1 日起施行。

1980年7月26日国务院发布的《中外合资经营企业登记管理办法》，1982年8月9日国务院发布的《工商企业登记管理条例》，1985年8月14日国务院批准、1985年8月25日国家工商行政管理局发布的《公司登记管理暂行规定》同时废止"；有的没有作出明文规定，一般适用新法废止旧法原则，但新、旧法必须是同一机关对同类事项或行为作出的调整；有的通过法规清理，以专门行政文件撤销或废止旧法。

（2）行政立法效力的空间范围

行政法规、规章在哪些地域范围发生效力，与其行政立法机关的层级性有关。总的来说，国务院制定的行政法规和国务院各部委制定的行政规章的地域效力遍及全国所有领域，包括我国领土、领海、领空，以及根据国际法和国际惯例规定其他应视为我国领域的一切领域。地方行政规章的地域效力一般只及于其行政立法机关所管辖的行政区域范围。但行政法规、规章对其效力的地域范围有明确特指规定的，应依其规定具体适用。

（3）行政立法对人的效力

包括对国家机关、企事业单位和社会团体的拘束力、适用力。行政立法对人的效力，是指行政法规、规章对哪些人具有拘束力、适用力。在我国，一般说来，中央行政立法对所有中国公民、法人和其他组织（不论其在国内还是国外），以及在我国境内的外国公民、法人和无国籍人及外国组织，都发生效力，但有特别规定的除外。地方政府规章一般只对其辖区内所指向的人有效，而对其他行政区域内的人不发生效力。

行政法规、规章依法定程序一经制定、发布，不仅对行政相对人有拘束力，而且对行政机关本身也有拘束力，即使是上级行政机关或下级行政机关也都遵照执行；对其他国家机关，无论是权力机关，还是人民法院或人民检察院都有遵守的义务。《行政诉讼法》规定，人民法院审理行政案件，以法律和行政法规、地方性法规为依据，可以参照中央行政规章和地方政府规章。也就是说，行政立法中只有行政法规对人民法院的审判活动具有适用力。参照行政规章时首先要考虑其合法性，即是否符合法律、行政法规的精神，才考虑予以适用或不予适用。

重 要 概 念

行政立法程序　　　行政立法权力　　　行政立法行为　　　行政立法体制
行政立法权限　　　行政立法程序　　　行政立法效力　　　行政立法备案程序

课 堂 讨 论

结合所学知识，请谈谈你对抽象行政行为和具体行政行为的理解。

思 考 题

1. 什么是行政立法?
2. 行政立法与立法机关的立法行为有哪些区别和联系?
3. 简述行政立法的必要性。
4. 行政立法应当遵循哪些基本原则?
5. 简述我国当前的行政立法体制。
6. 简述我国各级政府行政立法的基本程序及效力。

微 型 案 例

劳教制度改革

2013年7月15日,随着湖南高院在湖南省高级人民法院第二审判庭对"上访妈妈"唐慧诉永州劳教委案进行二审公开宣判及唐慧的最终胜诉,饱受争议的劳动教养制度再次成为舆论关注的焦点。

2013年12月28日,全国人大常委会通过废止劳教制度的决定。根据决定,劳教制度废止前,依法作出的劳教决定有效;在劳教制度废止后,对正在被依法执行劳教的人员,解除劳动教养,剩余期限不再执行。"决定"自28日公布之日起施行。这意味着延续半个多世纪的劳动教养制度正式废止。此前,11月中旬,十八届三中全会《中共中央关于全面深化改革若干重大问题的决定》提出,"废止劳动教养制度,完善对违法犯罪行为的惩治和矫正法律,健全社区矫正制度。"

(1) 劳动教养制度明显违反了《宪法》和《立法法》的有关规定

我国现行《宪法》第三十七条规定:"中华人民共和国公民的人身自由不受侵犯。任何公民,非经人民检察院批准或者决定或者人民法院决定,并由公安机关执行,不受逮捕。禁止非法拘禁和以其他方法非法剥夺或者限制公民的人身自由。"《立法法》第8条第五款规定:"对公民政治权利的剥夺、限制人身自由的强制措施和处罚只能由法律规定。"而劳动教养不经正当的司法程序,无须审判,甚至被劳教人员没有上诉的权利,仅由劳动教养委员会审查决定,事实上是由公安机关或党政领导决定,就可限制公民人身自由长达3年,还可延长为4年。

(2) 劳动教养制度与现行《行政处罚法》的规定也不符

《行政处罚法》第9条规定:"限制人身自由的行政处罚,只能由法律规定。"第10条第一款规定:"行政法规可以设定除限制人身自由以外的行政处罚。"第64条第二款规定:"本法公布前制定的法规和规章关于行政处罚的规定与本法不符合的,应当自本法公布之日起，依照本法规定予以修订，在 1997 年 12 月 31 日前修订完毕。"由此可见，作为行政法规的《劳动教养试行办法》规定"劳动教养"这样一种限制人身自由的行政处罚，不但不符合《行政处罚法》的规定，与规定矛盾和冲突，而且已经在事实上处于缺乏法律依据的状态。

（资料来源：劳教制度改革 [EB/OL]．http：//xingzheng．lawtime．cn/xingzheng-chufazhishi/201312302876632.html）

案例思考题

简要分析我国行政立法存在的主要问题，以及如何进一步完善我国的行政立法制度。

第 10 章 财务行政

财务行政是国家行政机关对国家货币收支所进行的有效管理，包括预算、会计、决算和审计的全过程。财务行政是将财政学的理论具体运用到国家理财活动的实践中，探讨国家财力的效用最大化问题。

10.1 财务行政概述

10.1.1 财务行政的含义

1. 财务行政的概念

财务行政的概念有广义和狭义之分。从狭义上说，财务行政是指依靠财政供给的行政事业单位对完成其工作任务所需要的国家预算资金进行领拨、分配、使用和监督的管理活动；从广义上说，财务行政是指政府对国家财政收支分配活动的组织、实施和监督管理活动的总称[1]，它包括与财政活动有关的管理体制、管理制度、程序和方法等。财务行政是国家各项财务的根本，它在行政管理中占有十分重要的地位。

2. 财务行政的特性

财务行政是政府经费收支上的有效管理方法与程序。从这点上来说，财务行政具有如下特征。

（1）强制性

政府为保证其职能的实现，大都凭借公共权力，以政府的名义运用强制力量参与转化为价值形态的社会产品的分配。政府的财政预算法案一经国家权力机构通过，则便产生法律的强制效力，具有强制性的特点。

---

[1] 曲福田，盛邦跃. 行政管理学. 南京：南京大学出版社，2002：357.

(2) 连贯性

财务行政虽分为预算、会计、决算、审计四个步骤,在各环节各有不同的机关来完成和履行,但这些活动是相互贯通、首尾呼应、不可或缺的完整统一体。预算是会计与计划,会计是计划的执行,决算与审计是监督与考核,需要配合运用,连贯一致。

(3) 计划性

政府财政是国家管理经济的重要手段,国家财政资金的分配支出具有严格的计划性。在财务行政中,预算即计划,具有法律上的特性,未经审批的预算不拨款,无预算的支出不拨款,原定预算不敷开支时,应事先调整或追加预算,经批准后方可拨款。

(4) 公益性

财务行政始终把全体人民的利益放在第一位,当社会效益和经济效益发生冲突时,宁可不盈利或亏损,也要实现社会平衡发展的目标。这种分配是取之于民、用之于民的分配,具有公益性。

10.1.2 财务行政的职能、作用和基本原则

1. 财务行政的职能

财务行政职能是行政管理的经济职能的重要组成部分,是社会经济关系、经济政策和经济制度的综合反映。具体来说,财务行政具有以下四种职能。

(1) 筹集资金的职能

筹集资金、组织国家财政收入是财务行政的首要职能,其目的在于维持和巩固国家政权,保证行政管理的正常运转。由于包括公共行政组织在内的国家政权机构本身不创造物质财富,所以只能从社会分配中强制性地集中一部分产品和资金维持包括自身在内的国家各政权机构的存在,更需从社会分配中强制性地广泛集中分散资金,以满足社会主义扩大再生产的资金需要,提高人民生活水平。所以,筹集资金是财务行政首要而又十分重要的职能。

(2) 资源配置的职能

资源配置,即国家行政组织凭借其掌握的权力,通过对资金、财力的分配,引导社会人力和物力的流向,而形成一定的经济产业结构。市场是完成资源配置的主要途径,但其不能提供满足广大人民需要的公共产品。资源配置的职能就是由政府在必要时干预市场,提供满足公共需要的公共产品,以达到优化资源配置的目标。

(3) 宏观调控的职能

这是现代广义的财务行政区别于传统狭义的财务行政的重要职能。现代政府的财政收支不只是在公务上的运用,更进一步的在于使政府的收支达到指导生产、扩展就业、繁荣经济的目的。因此,政府应针对客观需要,利用各种财政政策和财政手段,通过有目的、有计划、集中性的收支活动调节、控制、影响无数微观主体分散进行的经济活动和财务活动,以达到社会经济稳定的最终目的。

(4) 收入分配的职能

市场机制会导致收入和财富分配的不公平,因此就需要政府来实施收入分配的职能。整个社会的物质利益分配过程是通过预算、决算、信贷、投资、税收等一系列的财务行政活动和财政管理体制来实现。按照支付能力设计的税收制度和按照受益能力设计的转移支付制度

是政府针对收入分配不公所采取的两种最常见的手段。

2. 财务行政的作用

财务行政在行政管理中的地位十分重要,因为政府的一切管理活动均离不开钱。具体地说,财务行政具有以下重要的作用。

(1) 有利于巩固国家政权

财为庶政之母。离开了财务行政,国家机器便无法运转。国家各项事业的继续发展,也有赖于财政提供必要的资金。在一定的时空条件下,国家各项事业的发展规模和速度,政府解决社会公共问题,满足社会需要的能力,最终都会受到国家财政经费状况的制约。

(2) 有利于实现国有资产的保值和增值

国有资产管理是政府行政管理的重要组成部分。财务行政可通过会计、审计、清产核资、资产评估等手段,发挥其对国有资产的监管作用,保证国有资产的安全、保值和增值,以发挥国有经济在国民经济中的主导地位。

(3) 有利于政府的机构改革

通过财务行政,可以促使各个国家机关和行政事业单位按照"因事设职,以职定员"的原则确定机构、编制、工资和经费,克服机构臃肿、人浮于事等弊病,从而推进机构改革,使政府部门精干、效益,充满活力。

(4) 财务行政对政府行政管理具有监督和控制的作用

财务行政可以通过会计、审计等一系列环节和方法监督政府及其工作人员在财政收支上的合法性、公正性和廉洁性,以保证国家财力的投放和使用能发挥到最佳效益。

3. 财务行政的基本原则

(1) 取之于民,用之于民的原则

社会主义的财务行政是为人民的根本利益服务的。因此,财政收入取之于民,则必须用之于民,每一分钱的使用都必须始终代表人民的根本利益,切实为人民办好事、办实事。

(2) 为行政任务服务原则

财务行政是行政机关实现其职能的物质基础和重要手段,它是通过有效利用国家财政收支为国民经济持续、稳定发展服务的。所以,财务行政应首先坚持为行政任务服务原则,即积极支持国家政权建设,促进各项事业的发展,保证行政任务的完成。

(3) 讲求效益原则

财务行政更应坚持讲求效益原则。所谓讲求效益,是指用较少的资金为人民群众办较多的事,让有限的资金产生尽可能大的社会效益。这就要求行政机关在使用资金过程中,要珍惜有限的财力和物力,创造最佳的事业成果,提高资金的使用效率。

10.2 公 共 财 政

10.2.1 公共财政的职能与国家预算

1. 公共财政的职能

公共财政是指国家或政府为市场提供公共服务的分配活动或经济行为,它是与市场经济相适应的一种财政模式或类型。

在满足完全竞争市场条件下，可以达到资源的最优配置，实现帕累托效率。但现实的经济并不能满足那些条件，市场就必然不能达到理想的效率状态。当某些条件不存在或不具备时，帕累托最优则无法实现。还有，在市场机制无政府干预的情况下，收入或财富分配的不公和宏观经济失衡也不可避免，这就是市场失灵。市场失灵的客观存在，使政府介入或干预有了必要性和合理性的依据。为了弥补或纠正市场失灵，就要求政府通过行政法律手段、财政手段和货币手段来干预市场，以达到社会资源优化配置、收入分配公平及经济稳定发展的目的。由此，资源配置、收入分配和稳定经济也就成为公共财政的三大职能。[①]

(1) 资源配置职能

资源配置，是指通过对现有社会资源的合理配置，实现资源配置的合理化，以提高资源的利用效率。公共财政的资源配置职能，是指对不能由市场提供的产品，政府通过国家预算政策来提供，这种活动进而会对整个经济资源的使用方式产生影响。

市场在资源配置中起基础性的作用，在没有政府干预的情况下，市场会通过价格与供需平衡自发地形成一种资源配置的状态。但由于在现实生活中存在着市场失灵，因此政府必须直接介入市场，通过自身的财政收支活动引导资源流向，来提供满足公共需要的公共产品，弥补市场的失灵和缺陷，最终实现全社会资源配置的最优效率状态。一般来说，政府可通过财政支出、税收和公债等手段进行资源配置。

(2) 收入分配职能

收入分配，是指在一定时期内创造的国民收入在价格、税收、政府支出等工具的作用下，在国家、企业和个人之间分割，形成流量的收入分配格局和存量的财产分配格局。

由于市场机制不能避免收入分配的不公平，政府在再分配方面发挥着私人机构无法替代的作用。因此，政府需执行其收入分配的职能，其手段包括按照支付能力原则设计的税收制度和按照收益能力原则设计的转移支付制度。如税收，政府通过征收企业所得税和个人所得税可以调节不同企业、个人等微观主体的收入水平。通过征收资源税可以缩小部门和地区间资源条件的差距。因此，税收作为一种运用非常广泛的手段，在针对微观市场主体利益的调节上，具有十分明显的作用。政府的转移支付是指不以取得商品或劳务为补偿而支付给个人的款项。如政府可将征收累进所得税筹集的税收收入用于公共事业的投资，如安居工程等，以利于低收入阶层。

(3) 稳定经济职能

宏观经济稳定的三大指标是：充分就业、物价稳定和国际收支平衡。充分就业，是指有工作能力、愿意工作，而且又想寻找工作的人都能找到工作，它并不表示全社会成员百分之百就业。物价稳定也不意味着物价冻结不变，应当认识到，即使在经济正常运转时期，物价的轻微上涨也是一个必须接受的事实，因此物价稳定是指物价上涨幅度维持在一个不至于影响社会经济正常运行的范围内。国际收支平衡，指的是一国在进行国际交往时，其经常项目的收支大体保持平衡。

公共财政的经济稳定发展职能是指政府运用财政政策，以实现经济稳定、持续发展的目的。市场机制有其固有的缺陷，正如马克思的经济周期理论所阐述，自由竞争的市场经济必

---

① 刘汉屏. 公共经济学. 北京：中国财政经济出版社，2002：122.

然会出现经济的不稳定,经济不是大幅度波动,就是为长期的持续的失业和通货膨胀所困扰。因此,政府的干预和调节显得尤其必要。

经济稳定职能主要包括两方面的内容。其一,调节社会总供求总量上的平衡。要实现经济的稳定增长,关键是要如何实现社会总供给和总需求的平衡,通过政府的某些举措,如果总供求实现了平衡,物价水平就是基本稳定的,经济处于较好的状态,充分就业和国际收支平衡目标也比较容易实现。其二,调节社会总供求结构上的平衡。社会总供求的结构包括产业结构、部门结构和地区结构。这是财政在调节总供求结构方面的原理,类似于财政通过资源配置职能实现优化国民经济结构。

2. 国家预算

(1) 国家预算的概念

国家预算,是指国家以社会经济管理者身份取得的收入和用于维持政府公共活动,保障国家安全和社会秩序,发展各项社会公益事业支出的预算,是政府基本财政收支计划。国家预算起源于英国,其英文词汇"BUDGET",原意为皮包,由于当时英国财政大臣到议会提请审批财政法案时,总是携带一个装有财政收支项目的大皮包,后来人们就将政府收支计划寓意为"皮包"。在形式上,国家预算就是按一定的标准将财政收入和支出分门别类地列入特定的表格,可以使人们清楚地了解政府的财政活动;从其实际经济内容来看,国家预算的编制是政府对财政收支的计划安排,预算的执行是财政收支的筹措和使用过程,而国家预算执行结果的总结就是国家决算。

(2) 国家预算的分类

① 按收支管理范围分类,国家预算一般分为总预算和单位预算。总预算是国家各级政府的基本财政计划。中央预算由中央所属的部门(或单位)预算和各省级总预算组成。省总预算由本级各部门单位预算及所属县总预算组成。单位预算是政府预算的基本组成部分,是各级政府的直属机关就其本身及所属行政事业单位的年度经费收支所汇编的预算,另外还包括企业财务收支计划中与财政有关的部分。

② 按照预算级次分类,国家预算可分为中央预算和地方预算。中央预算是指中央政府的财政收支计划,地方预算是指地方政府的财政收支计划。在单一制国家中,预算可分为中央预算和各级地方政府预算。在联邦制国家中,预算可分为联邦预算、州(邦)预算和各级地方预算。

③ 按编制形式分类,国家预算可分为单式预算和复式预算。单式预算又称单一预算,是指国家财政收支计划通过统一的一个计划表格来反映。复式预算是指在预算年度内将全部预算收支按经济性质归类,分别汇编成两个或两个以上的预算,以特定的预算收入来源保证特定的预算支出,并使两者具有相对稳定的对应关系。我国曾一度编制复式预算,但编制和实施较为复杂,目前已不再编制复式预算。

④ 按编制方法分类,国家预算可分为增量预算和零基预算。增量预算是指计划财政年度的预算分项支出数是以上年度各该项支出数作为基数,按新的财政年度的经济发展情况加以调整之后确定的。零基预算是指对所有的财政收支,完全不考虑以前的水平,重新以零为起点而编制的预算。

⑤ 按投入项目能否直接反映其经济效果来分类,国家预算可分为项目预算和绩效预算。项目预算是指只反映项目的用途和支出金额,不考虑其支出的经济效果的预算。绩效预算是

美国在 1949 年首次提出的一种预算方法，称为"Performance Budgeting"，是政府部门按所完成的各项职能进行预算，将政府预算建立在可衡量的绩效基础上，即干多少事拨多少钱。绩效预算由绩、效、预算三个要素构成。"绩"是指财政支出所要达到的目标，"效"是指用具体指标评估完成目标的情况和取得的成绩，"预算"是指财政为这一支出目标提供的拨款额。绩效预算与传统预算方法的不同之处在于：它把市场经济的一些基本理念融入公共管理之中，从而有效地降低了政府提供公共品的成本，提高了财政支出的效率。绩效预算与传统预算的另一个不同之处在于：它关注的不是预算的执行过程，而是执行的结果，关注的是政府的开支是否取得成效。

（3）国家预算的原则

国家预算的原则是指国家选择预算形式和体系应遵循的指导思想，也就是制定政府财政收支计划的方针。迄今为止，影响较大并为世界上大多数国家所接受的主要有以下五条原则。

① 公开性。国家预算是反映政府的财政收支活动，与全体公民的利益息息相关。因此，国家预算及其执行情况必须采取一定的形式公诸于人民，让人民了解财政收支情况，并置于人民的监督之下。

② 完整性。列入国家预算的一切财政收支都要反映在预算内，不得造假账、预算外另列预算，欺骗广大公众。国家允许的预算外收支也应在预算中有所反映。

③ 可靠性。每一收支项目的数字指标必须运用科学的方法，依据充分确实的资料，并总结出规律，进行计算，不得假定、估算，更不得造假。

④ 统一性。要求各级预算设立统一的预算科目，每个科目都要严格按统一的口径、程序计算和填列。

⑤ 年度性。年度是指政府必须按照法定预算年度编制政府预算。这一预算要反映全年的财政收支活动，同时不允许将不属于本年度财政收支的内容列入本年度的政府预算之中①。

10.2.2 公共财政的收入与支出

1. 公共财政收入

1）公共财政收入的概念

公共财政收入，是指公共机构为满足财政支出的需要而筹集的一切资金的总和。在商品货币经济条件下，公共收入是以货币来度量的，从这个角度说，公共收入又是一定量的货币收入，即国家占有的以货币表现的一定量的社会产品的价值，主要是剩余产品价值。

2）公共财政收入的分类

对公共财政收入的分类，各国财政学者有各种不同的主张。据我国实际情况，结合公共收入的理论与实践，公共财政收入的分类主要有下列几种。

① 按公共财政收入的来源分类，有两种分类方法：一种分类方法是以公共收入来源的经济成分为标准，可将其分为国有经济收入、集体经济收入、股份制经济收入、外商投资经

---

① 张国庆. 行政管理学概论. 2 版. 北京：北京大学出版社，2000：407.

济收入等。按公共财政收入来源的产业为标准，可分为第一、第二、第三产业的收入。

② 按公共财政收入的管理权限分类，公共财政收入可分为中央收入和地方收入。中央收入是指按照预算法和财政管理体制的规定，由中央政府集中筹集和支配的收入；同样，地方收入则是指按照预算法和财政管理体制的规定，由地方政府集中筹集和支配的收入。

③ 按公共财政收入的形式分类，可分为税收、公债、国有资产收益和其他收入。

④ 按公共财政收入的稳定程度分类，可分为经常收入和临时收入。经常收入是指每个财政年度都连续不断、稳定地取得的收入，如国家税收、规费、公有财产及公有企业收入等；临时收入则是指非定期、不规律取得的收入，具有不稳定性，如公债收入、赔偿金及罚没收入等。

3）国家税收

税收是国家或政府为实现其职能需要，凭借政治权力，按照法定标准，向经济组织和个人无偿征收实物或货币，以取得公共收入的一种特定分配方式。它是各国政府取得公共收入的最基本形式。

（1）国家税收的特征

税收相比于其他财政收入，具有强制性、无偿性和固定性的基本特征。

① 强制性。税收的强制性是指税收是凭借国家的政治权力，以国家法令的形式强制进行的，是一种强制的课征。任何单位和个人都必须遵守税法，依法纳税，否则就要受到法律制裁。

② 无偿性。税收的无偿性是指国家课税后，税款即为国家所有，既不需要偿还，也不需要对纳税人付出任何代价。税收的无偿性是以强制性为条件的。

③ 固定性。税收的固定性是指通过法律形式事先规定课税对象及统一的比例或数额，按预定标准征收，未经严格的立法程序，任何单位和个人都不得随意变更或修改。作为主体收入，税收的这种固定性有利于保证国家财政收入的稳定，也有利于维护纳税人的合法权益。

上述三个特征是统一的整体，三者缺一不可。其中，税收的强制性决定着税收的无偿性，税收的强制性、无偿性又决定和要求着税收的固定性。

（2）国家税收的分类

税收的分类方法有许多种，不同的分类方法在税制研究上具有不同的作用。我国的税收分类方法主要有以下几种。

① 以税收负担是否容易转嫁为标准，税收可以分为直接税和间接税两大类。所谓直接税，是指税负不易转嫁，由纳税人直接负担的税收，如各种所得税、土地使用税、社会保险税、房产税、遗产及赠与税等。所谓间接税，是指纳税人容易将税负全部或部分转嫁给他人负担的税收，如以商品流转额或非商品营业额为课税对象的消费税、营业税、增值税、销售税、关税等。

② 以税收的征税对象为标准，税收可以分为商品税、所得税、财产税、行为税和资源税。

③ 以税收的管理权限为标准，税收可以分为中央税、地方税及中央地方共享税。这样划分，并不意味着中央与地方具有相等的征收权力，而是由国家在政治和经济上实行分级管理体制所决定的。属于中央政府管理并支配其收入的税种称为中央税。属地方政府管理，收

入由地方政府支配的税种称为地方税。属中央与地方政府共同享有按一定比例分别管理和支配的税种称为中央地方共享税。

④ 以税收的计税依据为标准，税收可以分为从价税和从量税。所谓从价税，是指以课税对象的价格或金额为标准，按一定税率计征的税收，如我国现行的增值税、营业税、关税等。所谓从量税，是指依据课税对象的重量、数量、容积、面积等，采用固定税额计征的税收，如现行的资源税、车船税等。一般来说，从价税的应纳税额会随商品价格的变化而变化；而从量税则只会随着课征商品数量的变化而变化，计算简便，其税负高低与价格无关，税负水平是固定的，但是不尽合理的。

⑤ 以税收与价格的关系为标准，税收可以分为价内税和价外税。凡税金构成价格组成部分的，称为价内税；凡税金作为价格之外附加的，称为价外税。与之相适应，价内税的计税依据为含税价格，价外税的计税依据为不含税价格。我们认为，价外税比价内税更容易转嫁。我国的增值税，在零售以前各环节采取价外税，在零售环节采取价内税。西方国家的消费税大都采用价外税方式。

2. 公共财政支出

1) 公共财政支出的概念

公共财政支出是指政府为履行其职能而支出的一切费用的总和，也就是政府行为的成本。它不仅是政府实现其职能的主要手段，还是国民经济发展的重要资金来源，以及实现社会公平的重要途径。

2) 公共财政支出的分类

依据不同的标准，公共财政支出有不同的分类。

① 按公共财政支出的经济性质不同分类，可以将公共财政支出分为购买性支出和转移性支出两大类。购买性支出是政府用于购买为执行政府职能所需的商品与劳务的支出，包括购买政府进行日常政务活动所需的商品与劳务的支出和购买政府进行投资所需的商品与劳务的支出。在实践中，主要表现为政府各部门的行政管理费、投资拨款等。转移性支出，是公共部门无偿地将一部分资金的所有权转移给他人所形成的支出，如财政用于安排的养老金、财政补贴、失业救济金、贫困补助金和债务利息等方面的支出。转移性支出的经济含义，就是政府从某些私人主体获得资源，然后转给另一些私人主体。这是资源在社会成员之间的重新分配活动，公共部门在这里只是作为资源流动的中介机构或中转站。

② 按公共财政支出的受益范围分类，可分为一般利益支出和特殊利益支出。一般利益支出，是指全体社会成员均能享受其所提供的利益的支出，如用于国防、司法、警察、外交等方面的支出。特殊利益支出，是指只对社会中某些特定居民或企业给予特殊利益的支出，主要包括用于教育、企业补助、社会保障、医疗卫生、居民补助等方面的支出。

③ 按公共财政支出的目的分类，可分为预防性支出和创造性支出。预防性支出，是指政府用于维持社会秩序和保卫国家安全避免遭受国内外敌对力量的破坏和侵犯，而保障人民生命财产安全与生活稳定的支出。此项支出主要包括国防、警察、监狱、行政部门和国家权力机关等方面的支出。创造性支出，是指政府为促进经济稳定、协调发展和改善人民生活等方面而用于的支出，主要包括经济、文教、卫生、环保与社会福利等方面的支出。

④ 按国家职能分类，可分为公共工程支出、科教文卫支出、行政管理支出、国防支出、社会保障支出、财政补贴支出和财政投资支出。

3）公共财政支出的原则

公共财政支出的原则是指政府在安排和组织财政支出过程中应当遵循的基本准则。随着公共财政支出规模的不断扩大，它对社会经济的影响也越来越显著，从现代经济学理论的观点来看，公共财政支出原则可以归纳为经济效益原则、公平原则和稳定与发展原则。

（1）经济效益原则

经济效益原则是指通过公共财政支出使资源得到最优化配置，使整个社会效益最大化，从而使社会总效益超过社会总成本。为衡量某项支出是否符合经济效益原则，通常需要对其进行成本-效益分析，预测每一方案所消耗的经济资源与其所产生的社会效益的对比关系，以此作为政府决策的依据。

（2）公平原则

公平原则是指公共部门所提供的支出应能恰当地分别符合各阶层居民的需要，从而使支出产生的利益在各阶层居民中间的分配达到公平状态。

（3）稳定与发展原则

稳定与发展原则是指公共财政支出应调节社会供需关系，达到经济稳定及均衡发展的目的。

但现实表明，对每一项公共财政支出来说，以上三个原则通常很难同时满足，致使政府决策者往往处于两难境地，这需要决策者统筹考虑全局，寻找到一个最佳的支出方案。

10.2.3　公共财政政策

公共财政政策即宏观财政政策，指国家为实现一定经济目标，依据经济规律而确定的财政行动方针和措施，旨在指导财政活动，处理各种财政关系。

1. 公共财政政策的类型

政府宏观调控有三大目标，即充分就业、物价稳定和国际收支平衡。为了实现这些目标，就必须充分利用各种不同类型的财政政策，最大限度地发挥它们的作用。

1）依据财政政策对社会总需求的影响，将其分为扩张性财政政策、紧缩性财政政策和均衡性财政政策

（1）扩张性财政政策

扩张性财政政策，又称膨胀性财政政策或"松"的财政政策，它是指通过财政收支规模的变动来增加和刺激社会总需求的政策。由于财政支出大于财政收入，结果表现为财政赤字。

在经济衰退时期，国民收入小于充分就业的均衡水平，总需求不足，这时政府通常要采取扩张性的财政政策。其主要内容是增加财政支出，减少政府税收。二者相比，增加财政支出比减税更具有扩张效应。

增加财政支出，包括增加公共工程的开支，增加政府对物品或劳务的购买，增加政府对个人的转移性支出。财政支出是社会总需求的直接构成要素，因此其规模的扩大也就会直接增加总需求。减少政府税收，包括降低税率、废除旧税及实行免税和退税，其结果也可以扩大总需求。

(2) 紧缩性财政政策

紧缩性财政政策是指通过财政分配活动来抑制社会总需求的政策，其结果通常表现为财政盈余。在国民经济出现总需求过旺的情况下，通过紧缩性财政政策消除通货膨胀缺口，达到供求平衡。实现紧缩性财政政策目标的手段主要是增税和减少财政支出。增加税收可以减少民间的可支配收入，降低消费需求；减少财政支出可以降低政府的消费需求和投资需求。所以无论是增税还是减支，都具有减少和抑制社会总需求的效应。如果在一定经济状态下，增税与减支同时并举，财政盈余就有可能，在一定程度上说，紧缩性财政政策等同于盈余财政政策。

(3) 均衡性财政政策

均衡性财政政策也称为中性财政政策，即为一种保持财政平衡的政策，使财政收入和财政支出的总量对比关系对社会总需求保持中性关系，既不会产生扩张效应，也不会产生紧缩效应。均衡性财政政策的目的在于力求避免预算盈余或预算赤字可能带来的消极后果。

2) 按政策调节经济周期的作用方式划分，公共财政政策可分为自动稳定和相机抉择的财政政策

(1) 自动稳定的财政政策

自动稳定的财政政策是指那些能够根据经济波动情况自动发生稳定作用的政策，它不需要借助外力就可直接产生调节作用。它主要表现在两个方面：第一，税收的自动稳定性。在税收体系中，尤其是公司所得税和累进的个人所得税，对经济活动水平的变化反应相当敏感。第二，政府支出的自动稳定性。经济学家们一致认为，对个人的转移支付计划是普遍的自动稳定器。如国家遭遇经济萧条，大量劳动者失业，那么这时社会用于社会保障的支出也就随之增加。

(2) 相机抉择的财政政策

相机抉择的财政政策是指某些财政政策本身没有自动稳定的作用，需要借助外力才能对经济产生调节作用。一般来说，这种政策是政府根据当时的经济形势，采用不同的财政措施，以消除通货膨胀或通货紧缩缺口，是政府利用国家财力有意识地干预经济运行的行为。

2. 公共财政政策与货币政策的配合

财政政策和货币政策是国家调控宏观经济的两大政策。总的说来，财政政策和货币政策的调控目标都是一致的，但是财政政策和货币政策各自使用的政策工具和作用不尽相同，各有局限性。因此，为了达到理想的调控效果，通常需要将财政政策和货币政策配合使用。在不同的调控目标的约束下，财政政策与货币政策就会有不同的协调、配合方式。

(1) 双松政策

双松政策即宽松的财政政策和宽松的货币政策，指通过增加支出和减税来增加或刺激社会总需求。宽松的货币政策，指通过降低法定准备金率、降低利率而扩大货币供应规模。当社会总需求严重不足，生产资源大量闲置，解决失业和刺激经济增长成为宏观调控的首要目标时，适宜采取以财政政策为主的双松的财政货币政策配合模式，但却有通货膨胀的风险。

(2) 双紧政策

双紧政策即紧缩的财政政策和紧缩的货币政策，当社会总需求极度膨胀，社会总供给严重不足和物价大幅度攀升，抑制通货膨胀成为首要调控目标时，适宜采取双紧的财政政策与货币政策配合模式。财政通过削减财政支出、增加税收等方式压缩社会有效需求。同时，央

行通过提高法定准备金率，提高利率来压缩货币供给量，抑制投资和消费支出，两者相互配合使用，可对经济产生有力的紧缩作用。

(3) 紧缩的财政政策和宽松的货币政策

当政府开支过大，物价基本稳定，经济结构合理，但企业投资并不十分旺盛，经济也非过度繁荣，促进经济较快增长成为经济运行的主要目标时，因为紧的财政政策可以减少财政开支，松的货币政策能使利率下降，以刺激私人投资，因此此时适宜采取"紧财政、松货币"的配合模式。但若货币政策过松，也难以抑制通货膨胀。

(4) 宽松的财政政策和紧缩的货币政策

当社会运行表现为通货膨胀与经济停滞并存，产业结构和产品结构失衡，治理"滞胀"、刺激经济增长成为政府调节经济的首要目标时，适宜采取松的财政政策和紧的货币政策配合模式。因为松的财政政策在于刺激需求，而紧的货币政策可避免过高的通货膨胀率。

由此可以看出，宽松与紧缩，实际上是财政与信贷在资金供应上的宽松与紧缩。在市场经济发展的今天，货币政策和财政政策作为政府最主要的调控工具，已成为整个国民经济运行的中枢神经，二者的搭配就显得极其重要。所以，在运用财政政策和货币政策时应对造成经济不稳定的因素进行分析，以便选择更有利的财政搭配方式，从而使经济稳定发展。

3. 科学发展观下的稳健的财政政策

财政政策是国家为实现宏观经济目标常用的调控手段。

(1) 积极财政政策向稳健财政政策的调整

积极财政政策的实施使国民经济在面临内外紧缩的条件下避免了衰退，实现了经济持续平稳的增长。发端于1998年的扩张性财政政策，是中国政府为对付亚洲金融危机下的国内投资和需求不足而推出的一项被当时决策者称为"特定时期"的一项"非常措施"。1998—2004年，总共通过9 000亿元国债资金安排了基础设施项目，建设了一批农业、水利、交通等基础设施，带动了投资，增加了就业，满足了需求，显示了成果。总体而言，作为一项反周期宏观政策，积极财政政策基本上是恰当的，并对中国经济社会相对平衡发展起到了不可低估的作用。

自1998年下半年起开始实施积极财政政策，当年的国债发行量即为3 000亿元，累积国债余额为7 838亿元，2000年上升到4 000亿元，累积国债余额为13 011亿元，2003年达到6 283.4亿元，累积国债余额为18 810亿元。当通货膨胀逐渐成为影响宏观经济发展的压力时，若继续实施积极的财政政策，则会不利于控制固定资产的投资过快，且容易加剧投资与消费的比例失调程度，加大经济健康运行的阻力和风险。因此，在这样的背景下，"中性财政政策"的出台是十分必要、十分及时的，它是符合我国经济形势发展变化和宏观调控客观需要的一次科学抉择。

(2) 稳健财政政策的内涵

中性财政政策是指财政收支活动对社会总需求的影响保持中性，既不产生扩张效应，也不产生紧缩效应。实施稳健财政政策的核心是松紧适度，着力协调，放眼长远。具体来说，要注意把握"控制赤字、调整结构、推进改革、增收节支"。一是控制赤字，就是适当减少中央财政赤字，适当减少长期建设国债发行规模，近期中央财政赤字规模大体保持在3 000亿元左右。二是调整结构，就是要进一步按照科学发展观和公共财政的要求，调整财政支出结构和国债项目资金投向结构，区别对待、有保有压，这需要同改革举措相衔接，通过推进改革的安排来实现。三是推进改革，就是要以财政自身的改革及着眼于推进改革的财政收支安排，实现推进整体改革进程的目的。四是增收减支，就是在总体税负不增或略减税负的基础上，严格依法征税，确保财政收入稳定增长，同时严格支出管理，切实提高财政资金使用效益。

我国的改革和发展正处在关键时期，坚持以人为本，全面、协调、可持续的发展观，是我们党从新世纪新阶段党和国家事业发展全局出发提出的重大战略思想。在新的经济背景下，财政政策由"积极"转向"稳健"是与时俱进的明智选择，"控制赤字、调整结构、推进改革、增收节支"的科学内涵，注定稳健财政政策将成为中国经济理性前行的政策保障。

10.3 政府审计

10.3.1 政府审计的职能和作用

政府审计又称国家审计，是指由政府审计机构对各级政府、国家金融机构、全民所有制企业事业单位及其他国有资产单位的财政、财务收支的真实性、合法性和效益性所实施的审计。我国国务院审计署及其派出机构和地方各级人民政府的审计厅（局）所组织和实施的审计，均属于国家审计。我国国家审计机关代表政府实行审计监督，依法独立行使审计监督权。审计署依法对中央预算执行情况进行审计监督；对中央银行的财务收支进行审计监督。对国有资产占控股地位或主导地位的企业、对国家建设项目预算的执行情况和决算、对社会保障基金、社会捐赠资金、对国际组织和外国政府援助及贷款项目的财务收支进行审计监督。审计机关还可以对与国家财政收支有关的特定事项向有关地方、部门或单位进行专项审计调查，对审计结果可向有关部门通报或向社会公布。地方政府各级审计机关对本级预算执行情况进行审计监督。

1. 政府审计的职能

从审计的职能来讲，政府审计和民间审计一样，同属于外部审计，都是以独立于被审计单位的身份来对其经济活动进行监督、鉴证和评价。

（1）政府审计的评价职能

这是现代政府审计的一项基本职能，在于确定被审计单位的各项经济资源和利用是否节约、各项经营活动是否有效率、各主要项目及决策方案是否达到预期效果。政府审计要关注政府效率，实质上就是对政府部门或公营机构开展效益审计，因为这也是全社会民主进步的客观要求。

（2）政府审计的监督职能

这是传统政府审计的一项基本职能，在于确定被审计单位的所有经济活动是否遵守有关的法律和规章制度，政府审计是高层次的经济监督。

（3）政府审计的鉴证职能

在于确定被审计单位的财务报表是否公允地表达了财务状况与经营成果，所有会计处理是否符合公认会计原则。

(4) 政府审计的司法职能

这是政府审计所独有的职能，其他审计不可能具有这种职能。由于国家审计监督的特殊性，它既是权力机关又是法律执行机关，逻辑地导出了具有某些司法职能。实践表明，若只有监督权而无处理权，审计的权威性则大打折扣，而不能有效地实现对权力的制约和监督。提出司法职能，正是促进国家审计规范化发展的客观需要。

2. 政府审计的作用

政府审计的作用是指政府审计根据自身的功能去完成审计任务所产生的客观效果。政府审计具有以下作用。

(1) 政府审计具有制约作用

政府审计是对权力的一种制约机制。政府审计通过揭露、制止和处罚等手段，来制约经济活动中的各种消极因素。如揭露背离社会主义方向的经营行为，揭露经济资料中的错误和舞弊行为，揭露经济生活中的各种不正之风。

(2) 有利于提高政府运行效率

政府的工作目标在于国家经济的持续发展和社会的稳定进步，经济的发展有时更注重效率，而社会的稳定和进步有时更需要兼顾公平。政府审计机关应密切关注各级政府及其有关部门的各种行政举措是否围绕经济持续发展和社会稳定进步两大目标。

(3) 有利于维护国家的经济利益

社会的向前发展必须依靠国家的强大财力，从国家经济利益出发，必须由政府审计机关代表国家对与国计民生有重大关系的国企、接受财政补贴较多或亏损数额较大的国企，以及国务院和本级人民政府指定的国企的资产、负债、损益进行审计监督。

(4) 有利于加强宏观经济调控

为充分发挥市场在资源配置中的作用，国家减少了对经济的直接干预，而更强调了其宏观调控的作用。政府审计有利于完善经济管理的间接控制体系，有利于为国家宏观调控服务，为经济管理服务。

(5) 有利于推进民主法制建设

审计机关通过实行审计结果公告制度，可促进政府预算执行情况公开透明，有利于加强广大社会公众对政府行为的监督。

10.3.2 政府审计的内容和一般原则

1. 政府审计的内容

根据《审计法》的规定，现行的政府审计体系可分为财政收支审计和财务收支审计。

(1) 财政收支审计

财政收支审计是指对国务院各部门和地方各级人民政府及其各部门财政收支情况的真实、合法和效益进行的审计监督。其主要内容有：

① 财政部门按照人大审查批准的预算向各部门、各单位批复预算的情况；
② 财政部门拨付本级预算支出资金的管理和使用情况；
③ 各部门、各单位来自财政部门和各级拨款的管理和使用情况；
④ 财税部门征税和收缴其他收入情况；

⑤ 有上缴预算收入的部门、单位应缴预算收入的解缴情况；
⑥ 预算外资金管理使用情况；
⑦ 财政部门管理使用的各种专项基金、主管部门管理使用的各种专项基金等收支情况。

(2) 财务收支审计

财务收支审计是指对国家事业组织、国有金融机构、国有企业、国家建设项目和社会保障基金等的财务收支情况的真实、合法和效益进行的审计监督。

① 国家事业组织的财务收支审计。国家事业单位包括人民团体和文化、教育、科研、卫生等单位，其经费全部或部分来自国家预算拨款。国家事业单位组织财务收支审计的主要内容包括：预算资金领拨的财务处理、管理和使用情况；服务收入的收取项目是否合规、合法、合理，收费标准是否合理，有无收入的缓、减、免的制度及其执行情况；经费支出的真实性和正确性，经费是否严格按预算开支；预算外资金的内部控制是否健全，收费项目和标准及其收入数额是否真实、正确、合规、合法，支出是否符合规定的用途，是否私设"小金库"。

② 国有企业的财务收支审计。在我国，对国有企业及国有资本占相当比重的企业进行审计一直是国家审计机关的工作重心之一，但随着注册会计师事业的迅速发展和我国国家审计机关工作重心的转移，这部分工作逐步转移为由注册会计师实施。但是，对重点国有企业进行审计仍然是国家审计机关的重要工作。

③ 建设项目的财务审计。建设项目通常具有投资大、周期长、单件性的特点，因此在会计处理和审计上都与一般企业不同，具有自身的一些特点。建设项目财务收支审计的内容主要包括建设项目投资资金来源的审计和建设项目结算审计。

2. 政府审计的一般原则

政府审计监督活动的原则如下。

(1) 独立性原则

无论国家政体如何，在审计中保持独立性是非常重要的。相对于立法机关和行政机关的充分独立性对实施审计和审计成果的可靠性是绝对必要的。

(2) 合法性原则

审计工作从开始到送交审计报告，整个过程应按照审计法规的规定进行；审计机关在审计时应按照法律规定的权限，依法取证，保证所取得审计证据的合法性。

(3) 强制性原则

审计机关的审计活动是具有强制性的国家经济监督活动，被审计单位和有关人员必须积极配合审计机关的工作；审计机关作出的审计结论和决定，被审计单位和有关人员必须执行；审计结论和决定涉及其他有关单位的，相关单位应当协助执行。

10.3.3 政府审计的权限和基本方法

1. 政府审计的权限

政府审计机关是依照宪法和审计条例规定建立的，实行的是法定审计，承担着繁重的审计任务。为此，在《中华人民共和国审计法》中，明确规定了其权限。其一，审计机关有权要求被审计单位按照规定报送预算或财务收支计划、预算执行情况、决算、财务报告、社会审计机构出具的审计报告，以及其他与财政收支或财务收支有关的资料，被审计单位不得拒绝、拖延、谎报。其二，审计机关在进行审计时，有权就审计事项的有关问题向有关单位和个人进行调查，并取得有关证明材料。有关单位和个人应当支持、协助审计机关工作，如实向审计机关反映情况，提供有关证明材料。其三，审计机关进行审计时，有权检查被审计单位的会计凭证、会计账簿、会计报表及其他与财政收支有关的资料和资产，被审计单位不得拒绝。其四，审计机关进行审计时，被审计单位不得转移、隐匿、篡改、毁弃会计凭证、会计账簿、会计报表及其他与财政收支或者财务收支有关的资料，不得转移、隐匿所持有的违反国家规定取得的资产。审计机关对被审计单位正在进行的违反国家规定的财政收支、财务收支行为，有权予以制止；制止无效的，经县级以上审计机关负责人批准，通知财政部门和有关主管部门暂停拨付与违反国家规定的财政收支、财务收支行为直接有关的款项，已经拨付的，暂停使用。采取该项措施不得影响被审计单位合法的业务活动和生产经营活动。其五，审计机关认为被审计单位所执行的上级主管部门有关财政收支、财务收支的规定与法律、行政法规相抵触的，应当建议有关主管部门纠正；有关主管部门不予纠正的，审计机关应该提请有权处理的机关依法处理。其六，审计机关可以向政府有关部门通报或者向社会公布审计结果。审计机关公布或者通报审计结果，应当依法保守国家秘密和被审计单位的商业秘密，遵守国务院的有关规定。

2. 政府审计的基本方法

政府审计的基本方法可分为程序检查法和范围检查法。程序检查法是指按照什么样的顺序依次进行检查的方法，如顺查法、逆查法等；范围检查法是指采用什么样的审计手续在什么样的范围之内进行检查取证的方法，如详查法、抽查法等。

1）程序检查法

（1）顺查法

顺查法是指按照会计业务处理的先后顺序依次进行检查的方法。即审计工作从审查原始凭证开始，依次审查记账凭证、总账及明细账，最后审查会计报表。其优点是，方法简单，审查结果一般较为可靠。但由于其侧重账表核对，因此费时、费力、成本高、效率低。它主要适用于单位规模小，业务量不大或者内部控制制度比较薄弱的单位，现如今已经很少使用顺查法。

（2）逆查法

逆查法也称倒查法、溯源法，是按照会计核算相反的处理顺序，依次进行审查报表、账簿和凭证资料的检查方法。其优点是，从被审计对象的总体着眼，审计目的和重点较为明确，能够节约审计的时间和精力。但是，同时也暴露出它的一些缺点，如审查不够全面、系统，难以查出种种错弊。因此，逆查法一般适用于规模较大、业务量繁多和凭证较多的企业单位进行常规审计。

2）范围检查法

（1）详查法

又称精查法或细审计法，是指对被审计单位被查期内的所有活动、工作部门及其经济信息资料，采取精细的审计程序，进行细密周详的审核检查。其具体做法通常是采取逐笔检查核对的办法。其最大的优点是能全面查清会计账目中所存在的错弊，以保证审计质量。但应用费时、费力，工作量大，审计工作成本高。因此，详查法适用于业务量少的小单位或内部控制制度较薄弱的单位。对于发生严重违反财经法纪的单位也应根据需要采取详查法进行审计。

(2) 抽查法

抽查法也称抽样法，指从全部会计资料中抽取一部分进行审查，并根据审查结果推断总体可信赖程度的一种方法。其最大的优点是，审计重点明确，成本低且效率高。但承担的风险大，如果选择的样本不适当或缺乏代表性，则据以作出的审计结论的正确性、可靠性就差，从而直接影响审计工作的质量。因此，抽查法只适用于内部控制制度比较健全、会计基础比较好的单位，否则一般不宜采用。

可以看出，几种审计方法各有优劣。这就要求在审计工作中，一切从实际出发，根据需要变换或结合审计方法，尽可能做到取长补短，保证审计质量，节约审计资源，提高审计效率。

重要概念

财务行政　公共财政　国家预算　国家税收　政府审计　公共财政收入

课堂讨论

在现实生活中，行政事业单位财务管理存在哪些问题？产生问题的原因是什么及如何解决这些问题，谈谈你的看法。

思考题

1. 简述财务行政的作用。
2. 国家预算有哪些基本分类？
3. 什么是均衡性财政政策？从 2005 年开始，我国财政政策为何要从积极转向稳健？谈谈你的看法。
4. 简述财政政策与货币政策相结合的几种模型。
5. 试述政府审计的作用及政府审计的方法。

微型案例

江西建立三公经费季报制度

《江西省省级"三公"经费预算管理和公开办法》日前出台,这是该省首次专门针对省级"三公"经费出台的管理办法,旨在降低公务活动成本,推进"三公"经费公开。

今年起,该省将建立"三公"经费季报制度,各部门必须在每季度结束后10日内向江西省纪委、省财政厅、省监察厅、省审计厅分别报送"三公"经费执行情况。同时,各部门还必须加强"三公"经费财务核算,全面实行公务卡制度,建立健全"三公"经费预算执行全过程动态监控机制。

该办法规定,各部门要严禁无审批计划、无编制或超标准购置公务用车;公务用车购置实行政府集中采购,应当选用国产汽车,优先选用新能源汽车;公务用车保险、维修和加油实行政府采购,推行定点保险、维修、加油制度,降低运行成本。

江西省级"三公"经费预算管理和公开应当遵循厉行节约、真实准确、公开透明、责任明确、程序规范的原则,严禁各部门超预算或无预算开支"三公"经费。除涉及国家秘密的部门外,各部门都应通过部门门户网站、报刊媒体、政府公报等方式,向社会公开本部门"三公"经费预算和决算信息。

(资料来源:政府采购信息报,2014-3-24(2))

案例思考题

1. 请结合材料谈谈为什么要加强对"三公"经费的管理。
2. 如何进一步科学推进"三公"经费的公开?

第 11 章

机 关 行 政

机关行政是事务性、综合性和时效性很强的管理活动,其主要职责是参与政务、处理事务和做好服务。

11.1 机关行政概述

11.1.1 机关行政的含义

机关,就词的本义上来讲,一般是指机械上关于发动和控制全机的部分,即机械中的关键部分。[①] 在近代,"机关"通常指国家政府或团体为实现其职能而设置的在该组织内部起中心枢纽作用的、负责指挥和控制该组织活动的固定机构。在公共行政管理中,机关则泛指政府为实现其职能而组织的固定机构,即行政组织。这些机构承担法定职责,负责指挥和控制一个方面的活动。

机关有广义和狭义之分,广义的机关既包括党和政府的综合办事机构,也包括各种专业部门和直属单位(如各种权力机关、检察机关、司法机关等);狭义的机关主要是指一个组织为处理其综合性事务而设置的办事机构(如办公厅、办公室等)。行政机关,从广义上来讲,是指国家为实现其职能,按照法定的程序而建立的,具有法定的权威和独立活动能力的公共组织的工作机构;从狭义上来讲,是指各级人民政府和其职能部门的内部的综合办事机构。

机关行政,也就是通常所说的机关管理,是指一个机关为完成其自身的组织职能而进行的内部综合性行政管理活动。本章所讲的机关行政是指狭义的机关行政,就是指综合办事机构对机关的日常事务、规章制度和工作秩序等所进行的自身事务管理。一般来说

---

① 张国庆. 行政管理理论. 2版. 北京:北京大学出版社,2000:376.

它的内容包括有：机关日常工作程序的管理、会议管理、文书和档案管理、后勤管理和信访管理等。

11.1.2 机关行政的任务与作用

1. 机关行政的特征

机关行政是政府的管理活动，跟其他的管理活动相比，除了与一般管理活动共有的特征之外，还有其独有的特征。

（1）机关行政的事务性

机关事务是相对于机关职能而言，是指机关在其职能之外但却为实现其职能所必须的例行的、程序性的、辅助性的若干事情的总体。机关事务活动则是指那些为职能活动的实现而有效展开的奠定基础、提供服务、创造条件的条件性、辅助性和技术性的活动。任何办公室管理活动涉及的面都很广，既有领导要办的事要解决，也有群众的事情要处理；既有工作、学习的问题，也有生活福利的事情；还有日常工作，如传递信息，文件收发、登记，各种会议召开，甚至公务员生活的管理等。事务繁杂，头绪繁多，因此机关管理要求有认真细致、实事求是的工作作风。

（2）机关行政的综合性

机关行政的综合性是指其管理对象广泛，管理活动内容庞杂。既要负责处理日常行政事务方面的工作，也要协助行政领导者处理政务方面的事情。办公室不是行政机关的一个具体职能部门，而是一个综合性部门，所以主要为领导者提供决策咨询、建议，并发挥传达、督促、检查作用。机关行政的综合性特点，要求工作人员在管理实践中务必注意从机关的整体角度出发来考虑和处理各种问题。

（3）机关行政的时效性

时效就是事物有效的时间限度，人类社会生活中的事物都只能在特定的时间范围内具备有效性。这一点在机关事务方面表现得更加突出。机关行政的时效性特点要求机关工作人员在管理工作中有时间观念，及时迅速地解决问题；要有雷厉风行的作风，办事要准确及时。紧急公文稍有拖延，就会贻误大事，对于会议管理、工作制度和生活制度都要有明确的时间规定，并要严格要求，认真执行，才能保证机关工作有条不紊地进行，保证机关工作效率的提高。

（4）机关行政的服务性

这是行政机关管理工作的最基本特点，也是行政机关事务管理工作的根本宗旨。办公厅的服务主要体现在为上级领导服务，为本机关各部门服务，为下属甚至基层单位服务，其核心是为进行科学决策和决策的落实提供服务。行政机关管理工作实质上是一种基础性工作，它的首要职责就是服务。服务质量的高低是衡量其工作成效的一个最基本、最主要的标志。所以，要做好行政机关管理工作，就必须树立全心全意为人民服务的观念，克服重政务、轻事务的思想倾向。

2. 机关行政的任务

作为组织活动的枢纽，机关既要推动各职能部门的正常运转，又要起到沟通、协调的作用。机关行政是行政管理的基础，它是行政管理的关键所在，是各行政要素作用得以发挥的重要枢纽。机关行政的中心任务就是要为更有效地推行组织内的各项行政工作及完成行政工作的各项任务提供一系列必要的服务和保障。机关行政的具体任务可以概括为：参与政务、处理事务及提供服务。

(1) 参与政务

政务是指政策方面的事务和全机关的大事。办公室作为领导机关的办事机构，要当好领导者的参谋和助手。领导者负有进行科学决策的责任，但是任何一个科学的决策，都需要经过多个环节才能完成。领导者的主要职责是总揽全局，把握方向，在领导者进行决策之前，办公室的重要职责就是帮助领导了解和掌握相关的情况，及时收集、整理、传递各种相关信息，同时还要帮助领导者对有关信息进行分析和研究，并提出可供领导者参考的方案。

在决策执行过程中，办公室工作人员应当注重监督政策执行，进行沟通协调，并注意搜集反馈信息，及时提出调整或补充性的意见。决策贯彻执行完毕，机关工作人员还要负责做好工作总结。

另外，行政机关工作人员在参与政务时必须注意以下两个问题：第一，机关工作人员参与决策是为了辅助领导进行科学的决策，不能取代领导者进行决策，也不能直接决定本机关的大政方针。机关人员在政策性的问题上，无权对下级随便表态；第二，机关工作人员的思想政治素质和业务水平直接决定着办公室工作的质量和效率，因此机关工作人员必须注重自身修养，提高自身的思想和业务水平，以增强机关参与政务的能力。

(2) 处理事务

搞好行政机关管理是完成任务的基础保障。机关工作是一项综合性的工作，需要处理大量例行性的日常事务及临时的、突发性的事务。这些事务中，有的是领导交代办理的，有的是中间周转的，有的是机关自身主动性的工作（如协调工作等）。在机关行政的实践中，需要处理的事务具体包括文稿的起草和印发、来往公文处理、公务接待、会议组织、督促检查、后勤事务处理及外事活动等。机关有时还要根据领导人的授权，推动本单位全面工作的正常进行，协调好各方面的关系，处理各种矛盾及做好上传下达的工作等。这些都从客观上要求行政机关必须建立良好的机关工作制度，在信息沟通畅通的基础上，机关工作人员要高效率地处理各种各样的机关事务。

(3) 提供服务

提供服务是政府行政体系的职责之一，也是机关行政工作的根本宗旨。这里所讲的服务，不仅仅是指为机关行政领导服务，而且是为本单位各项工作提供条件与服务。机关行政服务的对象主要是本单位的领导、本单位的各专业职能部门和本单位全体工作人员的生活福利。要做好机关的服务工作，首先要求机关工作人员牢固树立服务观念，脚踏实地，勤勤恳恳，任劳任怨，廉洁奉公。同时，要提高机关工作人员的素质，掌握工作方法和技巧，以高质量的服务做好机关行政的各项工作。

具体来说，机关行政提供服务应该做到如下几点：一是要做到"人尽其才"，即为机关各种活动的有效运行提供人力资源保证；二是要做到"物尽其力"，即为机关职能活动提供必需的物质条件；三是要做到"财尽其用"，即为机关职能活动提供基本的财力保证，要量入为出，量力而行，讲成本效益，讲核算，使有限的资金得到合理利用；四是要做到"时尽其能"，即为机关职能活动的有效性提供必要的时间资源，要维护事务的时效，以有力措施充分发掘时间的利用价值，合理配置时间，充分利用时间；五是必须做到"文畅其流"，即为机关职能活动提供包括文件信息在内的各种信息资源，要创造条件，充分利用、有效维护信息资源，使信息流通过程有序、顺畅、有效。

3. 机关行政的作用

机关行政所担负的任务，决定了它在行政工作中的作用。机关行政提供基础性工作条件，保证职能活动的进行，使行政机关和公务员能充分利用和节约时间，提高工作效率；体现了党和国家对职工群众的关怀，是联系群众的纽带；是机关精神文明建设的窗口，能直接影响本单位的声誉，并且关系到兄弟单位的合作关系；是发扬党的优良传统，抵制各种错误思想侵蚀的重要阵地。机关行政在国家行政管理活动中发挥着沟通上下、协调左右、连接内外和联系群众的重要作用。具体来说表现在如下几个方面。

（1）辅助作用，提高领导的决策水平

办公厅处于整个机关的核心位置，是行政领导的辅助机构，这就决定了它应该是行政领导进行决策的参谋和助手。现代领导者要搞好科学决策，就必须对各种客观情况作详细调查，获取必要数量的信息资料，必须具备多方面的知识，具有许多优秀人才的协助和支持才能完成，如果单凭领导者的个人才智，缺少办公室的协助，领导的决策水平必将下降，或导致决策失误增多。从一定意义上讲，咨询部门取代不了办公室的位置，办公室是领导决策得力的助手和参谋。提高机关管理水平，关键在于提高办公室工作人员的政治素养和业务素质。

（2）枢纽作用，提高行政工作效率

办公室是行政工作的枢纽，是一个单位的总部，既是行政领导者的指挥中心，也是机关中一个承上启下的信息交换中心。一个强有力的办公室能对本单位各个部门起到很好的协调、组织和监督作用，使它们能够正确实现领导的科学决策，而且领导者的工作效率在很大程度上是通过办公室来实现的。例如会议的管理，很多会议的数量和质量是由办公室参与决定的，办公室要起草会议文件并做大量的会议主持工作。文书处理也是提高行政效率的重要环节，同样也离不开办公室的高效率工作。

（3）保障作用，提高行政后勤服务质量

搞好行政机关管理是完成任务的基础保障。行政机关管理工作所从事的是整个机关内部的基础性工作，为整个机关开展职能活动提供重要的保障。这主要体现在工作保障和后勤保障两个方面。从工作保障方面来说，行政领导要依靠行政机关管理进行正确的决策和有效的指挥，以实现其领导职能；机关内部各职能部门要依靠行政机关管理传递、收集信息和安排工作，以完成行政任务。从后勤保障方面来说，完成行政工作，必须要有后勤保证。所谓后勤保证，包括有一定的办公处所、有足够的办公用品，有适用的设备、器具，有适当的环境，以及有必要的生活条件。这些工作是整个行政管理工作的重要组成部分，也是办公室工作的重要任务。办公室的工作只有搞好后勤管理，为本机关各个部门、各个层级的行政领导者和工作人员提供必要的工作条件和各种各样的服务，为行政工作提供良好的物质条件，才能提高行政服务的质量和水平。

（4）联系作用，促进安定团结

搞好行政机关管理，可以增强政府与人民群众之间的密切联系，促进安定团结。办公厅除了完成本机关内部的有关事务以外，还是与其他机构或外界认识或接洽公务、交换意见的场所，是领导机关联系人民群众的桥梁。社会主义行政机关的根本宗旨是全心全意为人民服务。认真做好行政机关的思想政治工作和其他各项工作，虚心倾听群众的呼声，全心全意为群众排忧解难，就会增强政府与广大人民群众的联系，不断增强人民群众对政府的认同感，为机关树立良好的形象，促进社会主义精神文明建设和民主法制建设。

11.2 行政机关管理的主要内容

现代意义上的行政机关是一个有序的系统，机关行政管理事务属于日常性、技术性的管理事务，是一个复杂的管理系统工程，它涉及的内容非常广泛，既包括会议管理、机关文件工作、档案工作等，又包括政务信息工作管理、保密工作管理、信访工作管理等工作。这里仅从这几个主要方面加以介绍。

11.2.1 机关日常工作程序的管理

机关的工作头绪多、事务杂，但在处理每一类具体事务时都有个程序问题。程序合理化有利于化繁杂为简明，化凌乱为有条理，做到井然有序。只有做到有条有理，井然有序，才能达到事半功倍的效果。科学合理的工作程序要把握以下几个环节：计划安排、组织实施、协调控制、检查总结、奖惩教育等。

1. 计划安排工作

计划是人们为了要实现某个预定的目标，对自己未来行动的一种预先设计。而计划工作，简单地说，就是要事先决定做什么，在什么条件下做，由谁去做及怎样做的过程。

计划工作在机关管理活动中是至关重要的首要环节。这是行政管理工作的首步，是对未来工作的整体安排。任何机关管理活动的开展和管理目标的实施，都需要通过制定和执行相应的计划才能推行和落实。计划工作进行的好坏，都会对机关管理活动能否顺利开展、管理目标能否顺利实现产生重要影响。计划必须明确、具体、切实可行，并留有余地。计划的内容应建立在科学预测的基础上，并广泛征求意见，尽可能在付诸执行前使执行者人人明白，得到大多数人认可。

2. 组织实施工作

组织实施工作是实现机关行政工作计划的重要步骤。正因为计划是由纵横交错的多种因素构成的，这些因素的作用又是千差万别的，要保证计划的实现，就必须通过组织实施这一环节。

组织实施中只有考虑多种因素的不同作用，趋利避害，才能使整个活动协调进行。机关行政目标要通过分解落实到各个具体的组织机构，落实到具体的工作人员才能顺利实施完成。要做好各项调动、协调工作，要严格规章制度，明确职、责、权、利，还要注意处理好目的和手段的关系。方法可以灵活多样，但要防止为了实现目的而不择手段。

3. 协调控制工作

协调就是通过信息沟通、协商、说服动员等手段，把不同的认识统一起来，把各种矛盾化解开来，把解决问题的办法梳理出来，变分力为合力，变消极因素为积极因素，使问题得到有效解决。管理本身是多变量的复杂的社会工程，各类情况的变化有些是可以预料的，有些则是难以预测的。在实现计划目标的过程中，要经受实践的考验，因而要及时调整和解决计划中与现实进展中不符的部分或问题。在机关管理活动的开展和管理目标的实施过程中，要做到及时反馈信息，全面掌握各种情况，迅速进行协调和沟通。这就要求在机关日常管理活动中，必须做好协调控制工作。

4. 检查总结工作

在机关管理目标达成之后，要认真进行检查总结，及时发现在机关管理活动的开展和管理目标的实施过程中存在的一些问题，积极总结经验教训，以便提高机关行政的工作效率。检查总结工作往往被人们认为是例行公事，事实上抓得好则效果显著，抓不好就会"走过场"，关键是态度和认识问题。认识不够，办事不认真，这种做法是一种不负责任的表现，严格来说也是一种渎职行为。

5. 奖惩教育工作

行政管理活动中，人是重要的因素。一项工作的全过程，不仅表现出了工作人员的能力、绩效，而且也展示了工作人员的思想精神面貌。通过检查总结，评出机关工作人员工作的优劣好坏，要奖励先进，批评后进，奖惩得当。通过奖惩教育工作，可以对机关工作人员起到教育和激励的作用，使其在以后的工作活动中发挥自己更高的工作积极性，调动他们的工作热情，进而提高机关的工作效率。

11.2.2　会议管理

1. 会议的含义

在《辞海》里面，会是聚集、会合的意思；议是商议、议事的意思。会议就是召集大家讨论、商议问题。会议作为一种社会历史现象，人类很早就运用它来解决各种重大问题。在机关行政里面，会议一般是指有组织、有领导地协商和决定某些事项的集会，是人们议事决策的一种社会活动方式，它是一种有组织、有目的的活动，是人类群体有组织的会晤、议事行为或过程。

会议最本质的功能在于：它能以多向即时传递信息的方式，有效聚合组织中分散的意志和智慧，深化或统一认识，沟通感情，协调关系，处理事务。更为重要的是，会议可以有效地聚集集体的智慧和力量，而集体的智慧和力量要远远高于或大于个体智慧和力量的总和。会议是我国社会主义民主原则和群众路线的充分体现，是人民群众当家作主、管理国家的生动形式，也是贯彻领导意图和组织决策、执行任务、部署工作的重要行政手段。

2. 会议的种类

机关会议的种类很多，按照不同的标准，可以将其分为不同的种类。

根据会议规模，可分为大型会议、中型会议和小型会议。大型会议一般指500人以上到上万人参加的会议；中型会议是指100到500人参加的会议；小型会议一般是指几个人到几十个人参加的会议，但最少不能少于3人。

根据会议的作用不同，可把会议分为立法作用的会议、行政手段的会议、上传下达、部署任务作用的会议、宣传教育作用的会议和理论研究作用的会议。

根据会议的目的和性质，可分为办公会议（例行工作会议）、联席会、座谈会、协商会、研讨会、论证会、各级代表会议或代表会、群众大会等；按照功能性质，可分为决策性会议、讨论性会议、执行性会议、告知性会议、学术性会议、协调性会议、动员性会议、纪念性会议等；按照议题性质，可分为专业性会议、专题性会议、综合性会议等；按照会议采用的方式手段，可分为常规会、广播会、电话会、电视会等；按照时间方面的规定性，可分为定期和不定期两类；按照出席对象，可分为联席会、内部会、代表会、群众会等；按照与会者的国籍及议题的范围，可分为国内会议和国际会议等。

在机关行政管理工作中，经常召开的会议主要有：例行会议、联席会议、布置总结会议、经验交流会、座谈会、电话会议和紧急会议等。

3. 会议的功能

（1）传达讯息的功能

通过召集会议，可以将信息传达给与会的每个成员，起到上传下达、部署任务的作用。

（2）形成决策的功能

通过召集会议，召集相关专家和人员，研究各种决策方案，通过与会成员发表意见，综合与会人员的意见，最后形成某项决定。

（3）组织协调的功能

通过会议，可以交流信息，互通情况，让与会人员迅速在思想上取得共识，以便在行动中保持一致。

（4）交流沟通的功能

通过召集会议，可以起到互通情况，调节矛盾，交流工作经验的作用。

（5）监督控制的功能

通过会议，可以使与会人员了解到决策、计划的具体执行情况，对存在的问题及时进行分析和处理，以达到较好的效果。

此外，会议还有宣传教育、协调咨询、理论研究和纪念等功能。

4. 会议的管理与控制

1）会议的管理

会议管理，是指召开会议的准备工作和组织活动。会议管理的核心问题是会议效率问题。要提高会议的效率，就要对会议进行科学的管理，即做好会前、会中和会后各环节的科学管理。

（1）会前管理

为了开好会议，达到会议预期的目的，会前必须做好充分的准备工作。诸如，事先确定好会议的主题和名称，确定范围及与会对象，准备好会议的文件，确定与会人员并发出会议通知，拟定会议日程，成立筹备机构，抽调工作人员，作好会议经费预算，落实住宿地点并做好接待准备工作等。

（2）会中管理

会议期间的组织服务工作是保证会议质量和效率的关键。机关工作人员要协助领导做好会场秩序的控制，做好与会人员资格审查工作，做好会议记录和整理，必要时编好会议情况通报，散发给与会代表。会议期间，还要注意听取代表的意见并及时进行处理。

(3) 会后管理

会议结束以后，首先要做好会议的善后工作，如清理会场、归还借用物品、结算财务等工作；其次，要将有关文件整理归档，形成会议纪要，该立卷归档的要及时立卷归档；再次，还要注意检查落实会议精神，协调执行各方面的活动。对会议管理经验教训进行总结也是会后工作的一个重要内容。

2）会议的控制

在做好会议管理的同时，必须对会议的数量加以控制，改变或多或少现象，只有这样行政机关的管理工作才能真正做到有效率、有质量。鉴于在实际工作中滥用会议方式造成会议泛滥成为会议数量失控的主要表现，对会议数量控制就常常表现为努力减少会议。

可以采用以下措施提高会议质量。

① 领导重视，严格把关。严格执行会议审批制度，不合乎条件标准的会议一律不准举行。

② 建立健全并严格实施包括会议规则在内的一整套会议制度，以这些严格的会议制度约束与会议有关的行为。

③ 科学、有效、充分地做好会议准备工作，会前应使得每一位与会者明确会议的目的、宗旨、议题，掌握有关文件材料并做好发言准备。

④ 严格控制会议数量，简化会议程序；严格控制会议人数，不允许无关人员与会，尽量将人数控制在能有效交流信息、形成法定有效决议所允许的最低限度内。

⑤ 保证良好的会场秩序，尽最大可能为会议创造各种有利的物质条件、环境条件和卫生条件。

⑥ 充分运用现代化技术手段，灵活运用图板、实物、模型、照片、广播、电话、录音、录像等用具和设备，提高信息传递的效率与质量，缩短会议时间，提高会议效果。

⑦ 努力改进会风，提高会议效率。改进会风就是要破除封建主义的官场习气和攀比的心理；提高效率，最重要的是必须提高会议发言的效率。会议要做好充分准备，讲求效率、注重效果、突出主题，反对形式主义和拖拉松散会风。

11.2.3 文书与档案管理

文书与档案管理工作是机关行政工作的一项重要内容。文书与档案是传递和储存行政信息的主要手段，是机关管理工作的重要组成部分。文书与档案二者具有紧密的关系，档案是文书在一定条件下的转化，文书是档案形成的基础。

1. 文书管理

1）机关文书的含义与作用

一般来说，文书是指人们利用文字表达意图，进行联系，表述情况和作为依据的一种书面形式。它可以分为公务文书和私人文书。机关文书也称为公务文书，简称公文，属于应用文种，常采用议论、说明和记叙文体。在内容上一般分为标题、发文机关、正文、附件、机关印章与签署、发文日期、收文机关和公文编号等。特种公文还有不同的标记，如密级标记中的绝密、机密、秘密，缓急程度标记中的急件、特急件等。此外，还有阅读范围、对象和公文份数等标记。①文书是各级行政机关推行政务不可缺少的工具。

公文的种类简称文种。文种是指各级各类机关与组织普遍使用的文件名称，它概括地表明文件的性质、制发文件的目的和要求，以便收文机关阅读文件和进行公文处理。各种文种的确定和使用方法都是由国家统一规定的，任何机关和单位不得随意更改混用。

2012年4月，中共中央办公厅、国务院办公厅发布的《党政机关公文处理工作条例》把公文分为15种，分别是决议、决定、命令（令）、公报、公告、通告、意见、通知、通报、报告、请示、批复、议案、函和纪要。当然，在实际工作中使用的通用文种要比以上更多一些。

行文关系是文书处理工作的原则之一。我国对各种公文的行文关系有明确而严格的规定。遵循一定的行文关系可以使公文运转自如，达到指挥灵敏、管理协调的目的，防止行文的混乱。文书的行文关系，是根据机关之间不同的隶属关系来确定的。目前机关之间的行文主要分为以下三类。

（1）上行文

上行文是指下级机关、一般工作人员或人民发给上属的建议书、意见书、申请书和请愿书。这类公文包括报告、请示、报表、建议书、意见书、申请书、请愿书等。各级国家行政机关一般不得越级行文请求问题，如因特殊情况必须越级行文时，应当抄报所越过的机关。

（2）下行文

下行文是上级领导机关对所属下级机关的行文，即与上行文反向的布告、公告、通告、批复、传票等。这类公文主要有命令、指示、决定、决议、规定、条例、布告、通告、批复、传票等。根据发文的不同目的和要求可以采取逐级行文、多级行文和直达基层与人民群众等方式。

（3）平行文

平行文适用于同级或不相隶属的部门、人员之间的公文，这类公文主要有函、通报和笺函等。

公文划分出这些种类，有助于顺畅机关间上下左右的联系，避免行文混乱，破坏行政工作效率。

公务文书，作为传达和贯彻政府方针和政策、发布法规、请示和答复问题、批示和商洽工作、报告情况与交流经验的一种重要工具，在行政管理中起着重要的作用。

① 规范和约束作用。公文中，特别是下行文种类有很多，是法规性公文（如命令、规定、条例等），在有效时间内它们受到国家权力的保证，有关机关和人员必须严格遵守和执行，这些公文起到了肯定行政法规的作用。

② 领导和指导作用。机关的下行公文代表了政府的政策和法律，以及上级机关和领导的意图，对下属机关和工作人员起到了领导和指导的作用。

③ 联系和沟通的作用。各类机关在处理日常工作和业务活动中，主要是用平行文种及介绍信和证明材料与上下左右机关进行联系，以便具体地处理和解决各种问题，使机关管理工作正常而有秩序地开展。

④ 公文在机关工作中普遍具有依据和凭证的作用。上行的报告和请示是上级机关的工作依据；下行的批复和通知是下级机关的工作准绳；协议和合同是签字双方曾经许诺承担责

---

① 周庆行. 公共行政导论. 重庆：重庆大学出版社，2004：460.

任和义务的凭证，如有违反，则要追究责任。公文在失去它的现实效用而归档保存起来以后，就成为机关工作和活动的历史见证，作为总结历史经验、研究机关工作历史等各类问题的依据。

⑤ 具有宣传教育的作用。这主要体现在下行文中，机关的下行文通过阐明某一方面的方针政策，认清有关事项的内容和意义或教训，由此发挥宣传教育的作用。

2）机关文书的管理与要求

机关文书管理是机关文书工作的统称，通常是指一个组织办公文件的处理工作，就是机关内部文件运转的一系列过程，也就是对文书的创制、处置和管理，即在文书从形成、运转、办理、传递、存储到转换为档案或销毁的一个完整周期中，以特定的方法和原则对文书进行创制加工、保管整理，使其完善并获得功效的行为或过程。正确地掌握文书管理程序，对于避免行文混乱，加速公文流转，从而提高机关管理职能和办事效率有着非常重要的意义。文书管理的基本任务就是要做到及时、准确、有效地创制、加工、传递、保管、处置文书，为文书活动提供适用的信息。

任何机关单位的文件，不外乎 3 个组成部分，即外发文件、收进文件和机关内部拟制、流转的文件。机关中的文书管理工作可以分为公文拟制、公文办理和公文管理 3 个部分。

（1）公文拟制

公文拟制包括公文的起草、审核、签发等程序。公文拟制是指起草文稿，这是一项政策性、思想性、业务性、时效性很强的工作。公文代表着机关拟制者的意图，要求慎重制定，选择恰当的文种，符合特定的体式，在遣词用句上要求准确、恰当。公文拟制是发文处理的中心环节，因而拟制文稿有很多要求：形式上它要符合特定的格式；内容上要做到准确，要符合国家的方针、政策、法律和法令，提出明确具体的要求和措施；要注意协调好涉及其他部门或地区的问题，从而保证公文质量；数量上要尽可能精简，一事当前，首先判断是否有形成公文的必要，可否用电话或口头形式来取代公文解决问题，以免滥用公文，这有助于克服文牍主义，治愈"文山"的弊病，进一步提高行政效率。

（2）公文办理

公文办理是一个机关内部对于文件运转处理所安排的一系列工作程序，包括收文办理、发文办理和整理归档。

收文办理的程序主要包括签收、登记、初审、承办、传阅、催办和答复。签收，是指对收到的公文应当逐件清点，核对无误后签字或者盖章，并注明签收时间。登记，是指对公文的主要信息和办理情况应当详细记载。初审，是指对收到的公文应当进行初审。初审的重点是：是否应当由本机关办理，是否符合行文规则，文种、格式是否符合要求，涉及其他地区或者部门职权范围的事项是否已经协商、会签；是否符合公文起草的其他要求。经初审不符合规定的公文，应当及时退回来文单位并说明理由。承办，是指阅知性公文应当根据公文内容、要求和工作需要确定范围后分送。批办性公文应当提出拟办意见报本机关负责人批示或者转有关部门办理；需要两个以上部门办理的，应当明确主办部门。紧急公文应当明确办理时限。承办部门对交办的公文应当及时办理，有明确办理时限要求的应当在规定时限内办理完毕。传阅，是指根据领导批示和工作需要将公文及时送传阅对象阅知或者批示。办理公文传阅应当随时掌握公文去向，不得漏传、误传、延误。催办，是指及时了解掌握公文的办理进展情况，督促承办部门按期办结。紧急公文或者重要公文应当由专人负责催办。答复，是指公文的办理结果应当及时答复来文单位，并根据需要告知相关单位。

发文办理的主要程序包括复核、登记、印制和核发。复核，是指已经发文机关负责人签批的公文，印发前应当对公文的审批手续、内容、文种、格式等进行复核；需作实质性修改的，应当报原签批人复审。登记，是指对复核后的公文，应当确定发文字号、分送范围和印制份数并详细记载。印制，是指公文印制必须确保质量和时效。涉密公文应当在符合保密要求的场所印制。核发，是指公文印制完毕，应当对公文的文字、格式和印刷质量进行检查后分发。对于涉密公文，应当通过机要交通、邮政机要通信、城市机要文件交换站或者收发件机关机要收发人员进行传递，通过密码电报或者符合国家保密规定的计算机信息系统进行传输。

需要归档的公文及有关材料，应当根据有关档案法律法规及机关档案管理规定，及时收集齐全、整理归档。两个以上机关联合办理的公文，原件由主办机关归档，相关机关保存复制件。机关负责人兼任其他机关职务的，在履行所兼职务过程中形成的公文，由其兼职机关归档。

（3）公文管理

各级党政机关应当建立健全本机关公文管理制度，确保管理严格规范，充分发挥公文效用。《党政机关公文处理工作条例》第二十八到三十七条对公文管理的组织机构、人员、传达范围、公文的废止等都有明确的规定。

2. 档案管理

档案是国家机关、社会组织和某些个人在社会活动中直接形成并作为历史记录保存起来，以备以后查考、利用的各种文字、图表、音像等材料。从广义上来看，档案属于公文的范畴，是由公文转化而来的。机关档案一般是由公文转化而来，但并非所有的公文都自然是档案，只有当公文处理完毕，按照一定的标准经过筛选，具有一定查考和利用价值的公文和资料才成为机关档案。机关档案不仅记录着本机关工作的历史活动情况，而且对于了解历史和对实际工作的开展都具有重要的研究价值和参考价值。

行政机关档案是行政机关在公共行政管理活动中直接形成的，保存备查的文字、图表、音像等各种形式的历史记录。行政机关档案的形式多种多样，它包括文件资料、电文、会议记录、人事资料、印模图表、手稿、传真、照片、画片、音像制品、技术图纸等，其中文字档案是其主要形式。

按照国家档案工作管理体制的要求，行政机关所有的档案应当由专门的档案机构集中管理。

1）机关档案管理的内容

档案管理，是指档案室或档案馆所从事的档案业务工作，即用科学的原则和方法管理档案的工作。它的基本内容包括档案的收集、整理、鉴定、保管、统计、编目、检索及利用等几个方面。

（1）档案收集

档案收集是指把数量众多、分散在各个部门的立卷文书聚集起来，进行点收和登记，以便统一归档。档案收集主要是做好机关内公文的归档工作。要求应当归档的文件材料要完整、齐全，要注意筛选，使处理完毕、具有保存价值的文件材料统一归档。收集的范围除了收发文书外，还包括会议文件、调查报告、访问记录、规章制度、统计报表和重要活动照片、电话记录、电报、录音、录像等，这些文件和材料要及时归档。根据《机关档案工作条例》第 13 条的规定："机关文书部门或业务部门一般应在第二年上半年向档案部门移交档案，交接双方根据移交目录，清点核对并履行签字手续。"

(2) 档案整理

档案整理是指把收集来的文书分门别类加以整理，使之系统化，从而方便保存和使用。它是指对档案进行科学整理，将原始档案加以组合、排列、编目，即按照全宗（一个机关单位在社会活动中形成的全部档案）分类、编立和排列、编制案宗目录等环节，对档案进行系统整理。

(3) 档案鉴定

档案鉴定是指甄别档案材料的科学价值和实践价值，确定保管期限。随着时间的推移，不断有新的档案产生，档案总量与日俱增，而库存容量有限。为了解决这一矛盾，需要对以往档案进行甄别，剔除其中已失去保存价值的档案，并经一定手续予以销毁，以容纳更多新的有价值的档案，也可采取移存、删除、提要等方法，简化档案，增加库存量。

(4) 档案保管

也称典藏，是档案管理中最基本、最经常的任务。它是指档案库和档案柜的日常保管工作及档案流通过程中的保护。由于自然和社会的原因，档案管理总是处于不断的被破坏与被希望能长久保持完好的矛盾过程之中，保管工作就是要运用科学技术手段，采取保护措施，防火避湿，去虫灭鼠，延长使用寿命，克服档案必然损坏的现实与档案保持完好的愿望的矛盾。其总的要求是妥善、完整而安全地保管档案，延长档案的使用寿命。要采取有效的措施，防止自然因素和人为因素对档案的损毁。

(5) 档案统计

档案统计是指机关为全面掌握档案工作的发展和变化情况，经常性地对档案的收进、移出、保管、利用等情况进行统计和调查的工作。档案数量繁多，内容复杂，在管理中要做到胸中有数，从而方便利用，就必须对档案的收进、移出、整理、鉴定、保管和利用中表现出来的数量现象进行调查分析，借以了解档案管理工作的规模、水平等情况，为改进档案管理工作提供依据。

(6) 档案编目和检索

档案编目和检索是为了便于使用者了解和查找。要编制必要的目录卡片、索引等检索工具，要按档案的内容，编出专题和历史的两套目录，以便查找。档案编目时应考虑 4 种因素：文件的产生机构；文件类型，如报告、指示或一览表等；编目单元名称，要求指出有关职能、活动或主题；卷册数量。

(7) 档案利用

档案利用是档案管理的目的所在，是在档案管理上述工作的基础上，为满足机关利用档案的需要，更好地开发档案信息资源，充分利用所提供的各种方便。党和国家的各项工作如城市建设、科学研究、经验总结等，在长时期内都要利用档案，要以一定时期的历史档案为依据。因此，档案管理要牢固树立为领导决策服务、为基层服务、为科学研究服务的思想，提高和改进服务水平。

机关档案管理的上述工作，按照时间先后顺序组成档案管理的完整程序，同时从横向内容关系上讲，它们都是档案管理工作相互联系的有机整体，缺一不可。但是，其中提供利用一环是其他档案管理工作的出发点和归宿，后者要围绕前者来开展。社会的进步为档案管理的现代化提供了极大的可能，同时机关对档案管理也提出了新的要求，这又使档案管理的现代化由可能变为现实。利用计算机检索档案，不仅提高了查找速度，也提高了查全率和查准率；微缩技术与复印机的使用，不仅提高了快速复制服务，而且保护了档案原件，便于进行保管。

2）机关档案管理的作用

档案管理在机关行政管理中具有重要作用。首先，档案所记录的机关历史可以作为机关工作时研究处理问题的依据，有真凭实据的考证作用。其次，它作为第一手资料，对于人们了解行政历史，总结经验教训，进行历史和现状研究具有宝贵的参考价值。第三，它可以保持行政的连续性和稳定性，从而提高机关工作效率和质量。

3）机关档案管理的原则

机关档案管理，就是按照科学的原则和方法使机关档案保持完好无缺，为机关工作提供服务，为国家积累档案史料。这是机关工作的一部分，也是档案工作的基础，它必须遵循一定的原则。

首先，档案管理形式要集中统一。档案是国家机密和宝贵财富，为了保守国家机密，节约人力和物力，档案必须集中统一管理。在我国，国家全部档案要分别集中在各机关档案室、档案科和各级档案馆，不得分散保存或任意转移销毁。因此，机关档案部门有必要指导监督本机关文书材料的归档工作，国家档案机关有必要指导检查所属系统机关的档案工作。有关机构或人员如果要调阅，必须填写调卷单，并经过一定严格的批准手续，再向档案室或档案馆调阅。

其次，档案必须完整安全，这是对档案管理工作的最基本要求。完整体现在数量上，就是既要随时清理、有所存毁，又要保证档案齐全；体现在质量上，就要维护档案完好无损，保持其有机联系和历史真迹。安全体现在防止档案损坏，延长使用寿命和保证档案不丢失、不失密、不泄露，这也反映了档案管理的机要性特点。

最后，档案要方便利用，这是它的根本目的所在，也是档案工作的立足点，是检查档案管理优劣的主要标志。档案不能一直堆在库房，应尽量早日与利用者见面，以便发挥档案应有的功能，以达到检查迅速，调阅方便，为机关领导、基层单位或教学、科研搞好服务的目的。

4）机关档案管理制度

在我国，现行的机关档案管理制度是"统一领导，分级管理"。这种管理制度的特征是：从中央到地方都设立了相应的档案行政管理部门（档案局）统一领导，分级管理档案工作；全国各级各类机关工作均受各级档案行政管理部门的统一指导、监督和检查；在统一领导、统一制度的前提下，对具体的档案工作管理分级、分类、分专业进行，实行条块结合，形成国家－地方－专业系统；集体和个人所有的对国家和社会具有保存价值的或应当保密的档案。

11.2.4 后勤管理

1. 后勤管理的含义

后勤管理原意是指军队后方供给战勤服务的管理。在机关行政管理中,后勤管理是指机关内部为保证本机关工作顺利进行,对包括物资、财务、环境、生活及各项服务在内的事务工作的管理。其基本任务就是合理组织安排财力、物力资源,为机关工作提供必要和充分的物质保障和生活服务。

后勤管理是行政管理的重要环节之一,是为机关内各部门及领导与公务人员提供工作生活条件,并保障各项行政工作正常进行的物质基础。

2. 后勤管理的意义

(1) 后勤工作是其他部门工作的基本条件

人们的工作和生活离不开衣、食、住、行;机关的一切工作,离不开人、财、物,也就是说,没有各式各样的后勤服务,任何部门任何工作人员都难以进行正常的工作和生活。由于多方面的原因,目前我国各级行政机关和各企业事业单位的后勤工作社会化的问题还没有得到解决,而要解决这个问题,要经过一段相当长的时间才能逐步实现。每个单位实际上是个"小社会"。在这个"小社会"中,每一项工作的开展,每一个任务的完成,甚至每个人的生活起居,都同后勤总务工作有着密切的联系。即使是将来,各级机关逐步实现后勤工作的社会化,到那个时候,也还要有专人或专门机构来管理此项工作。从这个意义上说,后勤管理工作仍是行政机关各项工作的基本条件。当前,不少行政机关、单位为了适应形势发展的需要,为了各项管理工作的顺利进行,花大力气抓后勤总务管理,采取各种措施加强这方面工作,其原因也在于此。

(2) 后勤管理是组织和领导关心群众的纽带

后勤服务工作,直接关系到每个职工的切身利益,因而最能直接体现组织和领导对群众的关怀。后勤总务工作做好了,就可以妥善地解决群众生活、工作上的实际困难,为他们提供良好的环境和条件,使他们亲身感受到党和国家的关怀爱护,体会到组织的温暖。

(3) 后勤管理改革具有重大的现实意义

后勤工作的出路在于社会化,实现后勤工作社会化是当前后勤工作改革的方向。当前以实现后勤工作社会化为目标,以提高管理水平、服务质量和经济效益为宗旨的后勤管理体制改革,坚持思想教育与物质奖励相结合,以思想教育为主的原则,坚持物质文明建设和精神文明建设一起抓的方针,通过采用经济和立法等手段、途径,围绕后勤工作如何关心干部群众的生活,如何提高机关工作效率等问题,深入理顺各种关系,使后勤管理与其他管理工作同步前进,跟上形势发展的需要。这些尝试与改革,不仅对改进与提高后勤工作管理水平,而且对提高机关的整个管理水平,都有着重大的现实意义。

3. 后勤管理的内容

(1) 物资管理

物资设备种类很多,为便于管理,通常分为固定资产、材料和低值易耗品三大类。固定资产是指价值较大,使用时间较长,能反复使用并能保持其原有实物形态的物品,如房舍、交通运输工具、电信设备、仪器、仪表、家具等。材料是指一次使用后被消耗掉而不能复原的物质材料，如各种原材料、燃料、各种零配件、元件、药品、试剂等。低值易耗品是指固定资产和材料以外的、价钱较低、经使用后容易消耗的物品，如办公文具、一般器皿和用具、维修设备用的工具、低值仪器、仪表和低值劳保用品等。

物资类的管理，主要包括4个方面：物资的日常管理、物资的使用与维护保养、物资的检查维修和物资设备的改造与更新。

（2）财务管理

机关的财务管理，是国家财务行政工作的具体组成部分，它既要遵循国家财务管理的制度、规定，又要从自身工作的特点出发。国家的财务行政是从宏观上处理国家的财务收支问题，而机关财务则是从微观上解决一个单位的资金管理问题。国家财政有收有支，其管理目的在于开源节流，而机关行政经费全部由国家预算供给，它一般不存在复杂的收入问题，其工作重点是在于管好经费的使用。

机关经费的开支，除工资等固定性支出外，主要是会议费、差旅费、办公费、水电费和外事经费等。做好这些经费的合理使用，要注意以下几点。

① 应该开支的经费要积极支持。财务管理要严格控制经费开支，不应开支的经费要坚决卡住，而对于应该开支的经费要给予积极支持，二者不可偏废。对于必要的开支应该本着厉行节约的精神，精打细算。

② 对于不急于开支和不应开支的经费，要坚决做到缓开支和不开支。这里有3种情况：一是可办可不办的事情；二是虽然应开支但并不是当下必须开支的经费；三是违反财务制度开支的经费。对此，财务管理人员要通过耐心的工作，该解释的解释，该批评的批评，认真坚持财务制度。

③ 健全财务管理制度。机关财务管理，除认真执行国家规定的方针、政策和法律、法令外，还应根据本单位的情况制定具体的规章制度，如预算制度、财务开支审批制度、外事经费使用制度等。制定制度要采取自上而下和自下而上相结合的办法，使每个职工了解制度、执行制度和监督制度的贯彻情况，形成由一个领导、专业人员和群众共同理财的局面。

（3）生活后勤管理

生活后勤管理，主要有住房管理、食堂管理和环境管理。

① 住房管理。包括住房的建筑、调配、管理和维修等，特别要帮助住房拥挤、离办公地点偏远的工作人员克服困难，通过设置班车等方式解决工作人员上下班的交通问题。

② 食堂管理。包括食堂采购管理、食堂财务与价格管理、食品质量与卫生管理、食堂人员与技术管理、就餐场所与就餐方式管理等。

③ 环境管理。其管理范围包括机关办公与生活场所内的各种场地、道路、建筑设施、公共卫生设施、环境绿化和各类标识。其目的在于为机关行政创造一个有序、整洁和优美的环境。

除了上述工作之外，后勤工作还要注意完善工作人员的卫生保健、水电、托幼、澡堂和理发等生活条件，解除机关人员工作的后顾之忧。

（4）接待工作管理

机关事务的接待工作通常作狭义理解，即指行政机关后勤部门对来机关办事的人员提供生活方面的接待服务，包括对内、外宾的接待服务，机关招待所的接待服务和会议接待服务等内容。接待服务工作是机关之间相互联系的纽带,是社会主义精神文明的窗口。认真做好接待服务工作,不仅关系到机关的声誉及各部门的联系与协作,而且关系到机关工作的效率与成果,意义非常重大,因而要求管理人员做到接待热情有礼,服务细致,及时、妥善地解决来宾遇到的问题或困难。

11.2.5 信访管理

信访,是人民群众来信来访的简称,是社会组织管理者与管理相对人之间的一种社会活动。信访作为一种社会活动,早在我国古代即已产生、存在并发展。但"信访"一词是经历了长期历史发展才被确定下来的。1966年7月,中央办公厅"信访处"的成立,标志着"信访"一词首先在党内被正式使用。1995年10月28日,国务院发布了《信访条例》。2005年5月1日国务院又公布了新的《信访条例》,该条例规定:信访,是指公民、法人或者其他组织采用书信、电子邮件、传真、电话、走访等形式,向各级人民政府、县级以上人民政府工作部门反映情况,提出建议、意见或者投诉请求,依法由有关行政机关处理的活动。信访由五个基本要素构成:信访人、信访工作者、信访形式、信访内容和信访结果。

人民群众来信来访,是人民群众享有的民主权利,也是人民群众参与国家管理,监督国家机关工作人员的一种重要形式,做好人民群众的信访管理工作,是发扬社会主义民主的一个重要方面,也是国家机关应尽的职责之一。

1. 信访部门的职责

信访部门的职责主要包括:为党和政府的中心工作服务;按照党和政府的有关政策规定,实事求是地处理人民群众的信访问题;向党和政府及领导人反映信访情况,提供有价值的信访信息;正确处理人民内部矛盾,调整信访关系,促进信访矛盾的消化,维护社会安定团结;发扬社会主义民主,维护人民群众的合法权益;根据信访工作机构的权限来决定办理事项的方式。

2. 信访工作的原则

信访工作是一项政治性、政策性、法律性很强的工作。《信访条例》的颁布,解决了处理信访问题中程序性问题和法律依据问题,但解决实质性的具体问题仍需要遵循信访工作的基本原则。信访工作的基本原则就是处理信访问题的基准,包括:坚持按照有关法律、法规、政策规定的原则;坚持实事求是,以事实为依据的原则;坚持政策的原则性与灵活性相统一的原则;坚持思想疏导与解决实际问题相结合的原则;坚持分级负责、归口办理与就地解决问题的原则;有组织有领导原则;就地处理原则。

3. 信访工作的任务

信访工作的基本任务是:以全心全意为人民服务为宗旨、以实事求是为原则,依照党和国家的方针、政策、法律和政令,及时恰当地处理好人民群众来信来访提出的问题,满足信访群众的正当要求,真实准确地反映群众的呼声,为实现党的总路线、总目标服务。

信访工作的具体任务包括以下几个方面。

(1) 为信访群众排忧解难,满足群众的正当要求

我们处在社会主义初级阶段,精神文明和物质文明还不发达,群众生产、生活中的许多

实际困难往往通过信访渠道反映出来。因此，信访工作的一个首要职责，就是从来信来访中了解群众的疾苦，研究群众的需要，认真恰当地解决群众提出的各种实际问题，真诚热情地为群众排忧解难。

(2) 发扬社会主义民主，以利于群众实施民主监督

我国是人民民主专政的社会主义国家。社会主义民主的一个重要形式就是人民群众对党和国家的政治生活的监督。而在社会主义初级阶段，领导机关和领导干部中，的确存在着一些官僚主义和违法乱纪的行为。人民群众往往直接通过信访形式来揭露这些落后的、消极的，甚至是腐败的东西。信访工作的任务之一就是要从群众的来信来访中发现并及时处理这些问题，帮助信访群众实施民主监督。

(3) 调解社会矛盾，维护社会的安定团结和良好的秩序

在社会主义初级阶段，不安定的因素甚多，许多社会矛盾可能通过信访渠道反映出来，如果处理不及时，就会激化矛盾，影响社会安定团结。认真及时地就地消化、缓解各种社会矛盾，促进人民内部的团结，为社会主义现代化建设创造一个良好的社会环境和秩序，是信访工作的任务之一。

(4) 筛选民间信息，为科学决策服务

群众来信来访反映的问题涉及面十分广泛，现实性很强。信访工作的一个重要任务就是通过处理来信来访，听取群众的呼声，了解群众的意愿，掌握群众的情绪，汲取群众的智慧，及时把有价值的民间信息输送给决策机关，为领导机关制定政策、部署和改进工作提供参考依据。

4. 信访工作的作用

我国现阶段，信访工作的作用有以下方面。

(1) 密切联系群众的作用

密切联系群众是党的传统。尽管党和联系群众的渠道多种多样，但信访工作有其他渠道不可替代的特殊作用。通过信访工作，使行政机关及领导广泛接触群众，经常听到群众声音，了解群众的疾苦、愿望和要求，为群众做好事办实事，排忧解难，满足群众的合理要求，增强群众对党和政府的向心力，充分调动群众的社会主义积极性，使党和政府同人民群众鱼水相依的关系不断加深。

(2) 民主监督的作用

在我国，人民群众享有广泛的民主权利。群众性的信访活动是人民群众对执政党和政府、企事业单位及其工作人员实行自发的、直接的、公开的、有效的民主监督的重要形式之一，人民群众通过信访，对国家机关及其工作人员提出批评和意见，检举揭发违法违纪人员，及时发现领导机关及其工作人员存在的各种问题，查处违法乱纪，纠正不正之风，克服官僚主义，做到为政清廉。

(3) 反馈民意的作用

信访是一种简便、直接、迅速地反映群众意愿的形式。来自来信来访中的社情民意是一种宝贵的社会资源，是各级领导机关及领导人从各种会议、资料和调查中难以得到的重要信息。通过这条渠道，可以广泛地了解社情民意，掌握群众的情绪及群众对各项政策的态度，以便有的放矢地调整有关政策，进行合理决策。信访部门应该成为开发、收集、研究、处理民间信息的中心，多渠道、多形式、多层次、多流向地为领导决策提供有价

值的民意信息。

(4) 决策参谋的作用

来自信访的信息比较直接真实,因此通过做信访工作,可以及时对涉及中心工作的有关热点、疑点进行分类分析,综合研究,提出决策意向,以便决策层参考采纳。

(5) 调节矛盾的作用

从总体上来讲,信访活动是社会各种矛盾直接或间接的体现。通过做信访工作,可以及时有效地调整人与人、人与组织、人与社会之间的关系,减少和消除不安定因素,促进社会的安定团结,促进生产力的发展,促进生产关系和上层建筑的协调和改善。信访部门根据群众来访,要认真做好调查处理工作,进行协调、说服、教育、疏导,化解矛盾,维持社会的稳定和发展。具体来讲,一是通过受理信访者的申诉和求决,落实党的政策,满足其合理要求;二是及时调解处理有关方面的纠纷,把矛盾解决在初发阶段,防止事态的扩大;三是通过受理检举揭发,扶正除邪,惩治不法。

(6) 综合协调的作用

对于一个地方来说,涉及各有关部门的一些疑难问题往往通过信访渠道流向该地的党委和政府,通过处理这些因职责不清、政策规定不明等原因形成的疑难信访问题,可以起到综合协调作用。

5. 逐级信访

为进一步强化属地责任、提高信访工作效能,引导来访人依法逐级走访,推动信访事项及时就地解决,根据《信访条例》和《关于创新群众工作方法解决信访突出问题的意见》等法规文件,结合工作实际,《国家信访局关于进一步规范信访事项受理办理程序引导来访人依法逐级走访的办法》于 2014 年 4 月 24 日颁布,5 月 1 日正式实施。

(1) 实行属地管理原则

各级人民政府信访工作机构和其他行政机关要按照《信访条例》"属地管理、分级负责,谁主管、谁负责,依法、及时、就地解决问题与疏导教育相结合"的原则和有关规定,分级受理职责范围内的信访事项,并按规定的程序和期限办理。

(2) 信访形式

信访人提出信访事项,一般应当采用书信、电子邮件、网上投诉等书面形式。信访人采用走访形式提出信访事项,应当根据信访事项的性质和管辖层级,到依法有权处理的本级或上一级机关设立或者指定的接待场所提出。首先接谈的机关先行受理,不得推诿。

(3) 信访受理

各级人民政府信访工作机构和其他行政机关对来访人反映的信访事项要逐一登记,在规定期限内决定是否受理,并告知来访人。有权处理机关必须向来访人出具是否受理告知书。不属于本机关受理范围的,要指明受理机关。"三跨三分离"信访事项,按照《信访条例》第二十四条和《国家信访局协调"三跨三分离"信访事项工作规范》明确的原则和程序划分责任,受理办理。中央和国家机关来访接待部门对应到而未到省级人民政府信访工作机构和其他行政机关提出信访事项,或者省级相关部门正在处理且未超出法定处理期限的,不予受理;信访事项已经复核终结的,不再受理。

（4）信访处理

有权处理机关要在规定期限内办理信访事项，向来访人出具处理意见书，并告知请求复查（复核）的期限和机关。如需延期办理，应当出具延期告知书。来访人请求复查（复核）的，复查（复核）机关应当书面告知是否受理，并在规定期限内出具复查（复核）意见书。处理意见书、延期告知书、复查（复核）意见书应当及时送达来访人，并严格履行签收手续。

（5）责任追究

各级人民政府信访工作机构和其他行政机关要及时将信访事项信息及受理、办理环节各项书面文书统一录入全国信访信息系统，确保程序规范、数据完整、信息共享。县级以上人民政府信访工作机构负责督办本级和下级有关行政机关的信访事项受理、办理情况。对于不按要求登记录入、应受理而未受理、未按规定期限和程序受理办理信访事项、不执行信访事项处理意见，造成群众越级走访的，按照《信访条例》第三十六条的规定予以督办，提出改进建议，并视情通报；情节严重或造成严重后果的，依据《信访条例》和《关于违反信访工作纪律处分暂行规定》等法规文件，向有关地方和部门提出责任追究建议。

11.3 机关管理的科学化

为了提高国家行政机关的工作效率，必须加强机关内部管理的科学化，实行机关岗位责任制，逐步实现办公手段自动化。现代信息传递手段和交通手段的飞速发展，不仅方便了人类的生活，也使世界瞬息万变，因此行政环境的内涵及其变化的速度也与过去不同。如何快速、准确地适应不断变化的社会经济环境，加强政府有效管理和驾驭变化的能力，已成为世界各国政府不断追求的目标和变革其自身的原则。同时，现代行政的专业化和规模化也成为深化行政管理机械化、自动化的前提。就机关管理而言，如何有效、合理地处理不断出现的大量的、超专业化的行政事务，将机关管理推向现代化已成为当前的重要课题。

11.3.1 机关管理科学化的意义

机关管理的科学化是当代科学技术发展和社会进步的客观要求，是行政管理科学化的重要组成部分，是发展计划商品经济及深化改革的需要，是改变现行机关管理落后状况、适应行政改革的需要。随着科学技术的发展和公共行政管理对机关管理的客观要求，机关管理必须更加科学化，这是一个呼声越来越强烈的话题。

11.3.2 机关管理科学化的内容

机关管理科学化的内容很多，概括起来有以下几个主要方面。

1. 机关人员素质的现代化

机关人员素质是机关人员具有的内在的因素、基本条件，包括精神的、心理的、思想品质的、智能的和体质的各方面因素的总和。① 机关人员的素质是一个具有广泛内容的概念，它与人的生理特征有关，同时还包括在此基础上后天学习得到的个性能力、知识能力和作风态度等。机关人员的素质情况在很大程度上决定了该机关工作的成效。

现代机关管理对人员素质提出了更高要求，为此机关人员要从政治素质、观念素质、知识素质、能力素质、身体素质及心理素质等多方面进行综合素质的提高。

在政治上，机关人员必须立场坚定，自觉贯彻执行党和国家的各项路线、方针、政策；必须牢固地树立为人民服务的思想，做人民忠实的勤务员；必须有强烈的事业心和高度的责任感，追求效率，敢于负责。就作风素质来讲，必须坚持一切从实际出发、实事求是的思想路线，理论联系实际，密切联系群众，勇于批评和自我批评。

在观念上，机关人员要根据社会主义市场经济发展对公共行政管理的要求，特别要注意树立服务观念、法治观念、效率观念、竞争观念、公平观念、创新观念等。

在知识素质上，机关人员不仅应具备现代社会科学和自然科学的基本知识，还应具备有关机关管理工作的专业知识；在办公自动化条件下，没有相关的专业知识，机关管理工作根本无法开展，机关人员就要通过各种途径，不断学习，通过系统的学习，提高学历层次，扩大自己的知识面，不断更新自己的知识结构。

在能力素质上，机关人员不仅需要一般的管理能力，更需要与机关管理工作直接相关的技术能力，机关人员要在信息处理、协助决策、组织协调、服务监督等方面，注重培养和提高自己的能力。身体是工作的基础，健康的身体是心理健康的重要物质保证，机关人员要保持稳定、健康、积极向上的良好心态。

2. 机关机构设置的现代化

机关管理工作头绪繁杂，涉及面广，若简单强调专业化原则，各项工作都需建立专门机构或配备专职人员来承担，这必然导致机构臃肿、人浮于事、效率低下。现代化管理要求机关建设必须坚持精干、高效原则，严格控制编制数额。办公室的工作要实现规范化、科学化、制度化，机构的设置必须遵循以下原则：目标一致原则；效率、竞争原则；精简原则；职、责、权一致原则；分层管理原则。

首先，必须以工作数量多少和工作难易程度设置机构，配备人员。数量较多、难度较大的工作可设置专门机构或配备专门人员承担；数量较少、相对比较容易开展的工作可根据工作性质和工作内容进行合并，由综合性机构承担或由负责相近工作的人员兼职管理。其次，要明确权责关系，使各机构与人员明确自身的权限范围及行使方式，明确应承担的具体责任并加强相关方面的监督。再次，根据各项工作的内在联系，采取措施，密切各机构与人员间的协作关系，如制定相互协作制度。最后，适应市场经济发展的要求，快速推进机关后勤服务工作的社会化，这是实现机关管理现代化、机关工作高效化的根本出路。

要实现机构设置的现代化，仅仅只关注机构设置本身的问题还不够，还必须努力实现机关管理的制度化和规范化，做到有章可循，有法可依。这些规章制度既要有稳定性和延续性，又要根据形势和环境变化不断加以充实和修订，使其更能满足机构设置现代化的需要。

---

① 周庆行. 公共行政导论. 重庆：重庆大学出版社，2004：456.

3. 机关制度的科学化

机关制度科学化是机关管理科学化的重要条件。机关的各项工作都应当有统一的规范，以便统一领导、统一记挂、协调实施，使复杂的事务有章可循。机关必须建立起办公时间制度、办公秩序制度、考勤制度及各项具体的机关管理活动制度，如公文管理制度、档案管理制度、后勤管理制度等。这些制度的建立，必须着眼于具体环境，提高制度的科学性和可操作性，随着时间的推移，要注意及时修改和完善机关管理制度。同时，要有切实有效的措施，保证机关一系列制度的严格执行。为此，要增强机关人员的法制观念和自觉遵章守纪的意识，减少机关管理中的主观随意性，就需要通过强有力的监督约束措施，保证机关科学规范的工作制度的严格实施。制度既要有稳定性、延续性，又要根据形势、环境的变化不断进行充实和修订。

4. 机关管理方法和技术手段的科学化

行政机关管理科学化是当代科学技术发展和社会进步的客观要求。现代公共行政管理，面临着越来越复杂多样的社会公共事务，传统的机关管理办法已经远远不能适应现代机关管理发展的需要。机关管理要获得高效率，必须要求机关人员在继承、发展传统的机关管理方法的同时，学习和掌握现代管理的科学方法和先进的技术手段。传统的管理方法有的仍然有其积极的作用，如对典型案例进行分析的"解剖麻雀"的方法，围绕中心问题进行系统安排的"弹钢琴"的方法，组织专家、内行进行研讨的"开诸葛亮会"的方法等。不仅如此，机关人员还要学习和掌握诸如现代系统方法、信息方法、控制方法、德尔菲法、决策树法、网络规划法、滚动计划法及其他定量管理的方法，还要掌握以电子计算机为核心的无纸化办公等一系列先进的办公技术手段。只有这样，才能增强机关人员的适应能力，准确、高效地完成机关管理任务。

1）办公自动化的含义

随着经济建设的发展和科学技术的进步，以计算机应用为主要手段的办公自动化逐步成为机关管理现代化的重要标志。办公自动化近十多年来在发达国家已得到迅速发展，目前在文字处理、档案管理、通信、统计和计算、记录等方面都已有自动办公机械。微型电子计算机的应用大大改变了行政机关管理工作的面貌。

办公自动化是指在行政机关工作中，以计算机为中心，采用一系列现代化的办公设备和先进的通信技术，广泛、全面、迅速地收集、整理、加工、存储和使用信息，为科学管理和决策服务，从而达到提高行政效率的目的。办公自动化的基本功能包括：文字/文件处理功能、图形/图像处理功能、声音处理功能、信息查询功能、网络通信功能、决策支持功能和行政管理功能。目前，办公自动化已经经历了单机操作、数据处理、网络运行、知识管理等阶段。

办公自动化依据信息处理情况的不同，可分为四大类：基本办公室自动化（BOA）、公布式办公自动化系统（DOA）、办公自动化系统（OAS）、综合办公自动化系统（IOA）。

2）办公自动化系统

办公自动化系统是指为提高办公效率而建立的，面向特定工作部门，支持其综合办公业务的集成化信息系统。它将这一特定部门的人员、工作流程、信息、组织机构与办公自动化技术和设备集合成一个高效运转的有机系统。办公自动化系统由3个功能层次构成，从低到高，对应于组织机构的 3 个层级：事务处理层办公自动化系统、管理信息层办公自动化系统、决策支持层的办公自动化系统。

办公自动化系统对实现行政管理科学化、现代化具有重大意义：是机关行政不可或缺的工具，能明显地提高机关行政的工作效率，能有效降低机关行政的工作成本，能很好地解决行政管理业务信息量剧增的尖锐矛盾，能节约人力、物力、财力。

3）实现办公自动化的要求

在办公自动化条件下，技术性手段成为机关管理的基本手段，许多管理问题将以信息化形态出现，这些问题的解决和处理都有赖于机关管理人员对技术性手段的运用。离开了技术性手段，现代机关管理将不可能有效发挥其辅助作用、枢纽作用和保障作用。同时，办公自动化改变并增加了管理媒介，大量不同性能的现代化电子设备成为机关管理的新媒介。机关管理媒介的变化，要求机关工作人员充分认识媒介的作用，熟练操作，做好无人状态下（非工作时间）的机关管理工作。必须指出，办公自动化的核心是人机关系，若仅是在设备或硬件上更新、改造，而忽视人员素质的提高，根本不可能实现办公自动化。因此，必须克服这样的认识，即只看到先进设备对人的解放，而无视先进设备对人的要求。事实上，人们能否借助于先进设备达到自动化，关键是人的借助能力，而非设备的可借助性。借助先进设备的能力已成为现代机关对管理人员的基本素质要求。

我国行政管理的客观需要推动了各级政府办公自动化的开展。要从具体实际出发，根据财力分步建设，同时要认真培养专业技术人才。

11.3.3 电子政务

1. 电子政务对公共行政的影响和作用

关于电子政务的概念，目前有多种多样的相关提法，如电子政府、政府信息化、数字政府等。这些提法从不同的角度揭示了电子政务的概念与特征。由于电子政务的概念和内涵在不断深化和拓展，目前电子政务尚无统一的定义。从字面上来理解，政务是指与国家政权有关的所有公共事务，它除了包括政府行政机关的行政事务外，还可以包括立法、司法、政党、社会团体及其他各种公共组织的管理事务。

信息技术作为信息时代政府办公管理最基本和最普遍的技术手段，逐渐影响着人类社会生活的各个领域和方面，公共行政领域也不例外。电子政务重在政务，这里所指的政务就是公共行政。电子政务包括三个组成部分：一是政府部门内部的网络化办公；二是政府部门之间通过计算机网络而进行的信息共享和实时通信；三是政府部门通过网络与民众之间进行的双向信息交流。电子政务的兴起，不仅为政府部门的职能转变提供了一个物质及信息技术强有力的支持，更重要的是，电子政务还将促使政府开展对于行政权力结构、行政行为方式的巨大变革和发展。电子政务的发展对公共行政的影响和作用主要体现在行政方法、行政决策、行政管理模式及行政人员等方方面面，着重围绕提高公共行政的有效、公正和公共行政效率来展开的。

1）对行政模式和组织的影响

电子政务对公共行政的应用，首先是对行政模式和组织的影响。传统的行政组织形式是科层组织结构。在马克斯·韦伯所设计的科层制中，组织内部层层授权，下级对上级严格负责,"只有处在金字塔顶端的人才能掌握足够的信息而作出熟悉情况的决定。"科层组织结构的最大优点是效率很高,其弊端在于对外界环境变化的适应能力较差,而且压抑组织成员自身的全面发展。随着Internet的快速发展,信息技术深刻地改变着人类社会的生活方式,同时也给政府的管理模式带来了一场新的变革。随着社会经济环境的不断变化和发展,促使政府内部科层组织的不断革新,而信息技术的发展为之提供了强有力的支持。电子政务的应用对政府行政模式和组织的影响主要体现在以下3个方面。

(1) 提高政府在行政、服务和管理方面的效率

通过电子政务使政府机构各部门实行网络化和信息化,帮助提高政府在行政、服务和管理方面的效率。电子政务的应用,能有效推动精简组织和简化办公等工作,在行政组织方面有助于中间管理层的缩减甚至取消。

(2) 使政府能为公众社会提供优质的多元化服务

利用政府内建立的网络信息,为公众社会提供优质的多元化服务。政府的信息网络覆盖政府的各级部门,电子政府利用统一的信息资源,通过互联网等现代化手段,为公众提供简便的多元化服务。电子政务的发展可以推动和加速整个社会的信息化发展,让社会享受信息网络的快捷与便利,进而切实地推动全社会信息化的发展。

(3) 使政府行政组织更加精干、高效

电子政务的应用和发展极大地提高了政府的工作效率,使得一个行政组织要完成与过去同样的工作量所需行政人员大为减少,从而使行政组织更加精干、高效。行政组织中应用电子政务可保证行政组织成员间的全方位沟通和组织与组织之间的信息交流,有利于提高行政组织产出绩效和促进行政组织成员的自身发展。

2) 对行政方法的影响和作用

所谓行政方法,是指行政机关及其工作人员在行政管理过程中为有效实现行政目标而采取的各种方法、手段和技术的总称。电子政务为公共行政提供了一系列辅助工具和应用系统,如即时通信、电子邮件系统、决策支持系统(DSS)、视频会议系统、公文流转、信息交换系统、移动办公系统等,从而大大提高了行政管理效能。电子政务提供多种网络申报和行政审批服务。例如,银行网上支付、海关网上报关、工商、税务等许多公共行政业务都实行行政网络审批系统。通过电子政务窗口延伸到社会公众和企业用户,增强政府与公众的信息交互能力,扩大政务公开力度,提高办事效率和政务服务水平。

3) 对行政决策的影响和作用

高效率决策、低成本运作是现代政府的特色之一。行政决策是决策者为达到某一特定目标,对若干备选方案进行选择,以确定最终行动方案的过程。电子政务的一个重要功能是辅助决策。电子政务的发展对行政决策的有效性和效率等都产生了重要影响。

(1) 电子政务的应用可以削弱甚至取消决策者与执行者之间的严格分界

在马克斯·韦伯所设计的科层制中,组织内部层层授权,下一级对上级严格负责。而电子政务的发展,特别是无线通信技术的应用,使行政人员能及时获取所需要的信息,在工作现场就可以作出必要的决策。使得行政执行层与高决策层的直接沟通变得快捷,以致逐步缩减或最终取消中间管理层成为可能。

(2) 电子政务的应用有助于改善行政决策者的有限理性

管理决策的基石是由西蒙提出的"有限理性"学说,而信息的不完备是影响人们进行理

性判断和决策的直接原因之一。电子政务的发展可逐步实现在适当的时候、把适当的信息提供给适当的管理者,使得公共行政决策者可以在广泛了解决策所需信息的前提下进行决策,避免了靠经验决策和决策信息不完备而导致的决策的盲目性现象,从而提高了行政决策的科学性、合理性和有效性。

4) 对行政人员的影响和作用

人是事业之本,行政人员是公共行政管理的第一要素。为适应信息时代对政府的要求,必须加强对行政人员的信息技术的专业培训,使行政人员尽快改变管理和服务观念,掌握必要的技术,提高办公效率。电子政务的发展,使得行政人员能够发挥更大的能量和作用,借助电子政务,行政人员可延伸体能、开阔视野、提高分析和解决问题的能力。电子政务对行政人员的主要影响和作用可概括如下。

(1) 有助于行政人员体能的增强和知识的延伸

电子政务借助于互联网,应用远程视频会议系统、办公自动化(OA)系统等,打破了时空限制,行政人员可以看到、听到、触觉到以前无法感知的事物,实现高效信息沟通和海量信息处理,可以完成以前仅靠个人体能无法完成的工作。

(2) 有助于行政人员观念的更新和视野的拓宽

电子政务的应用能帮助行政人员及时获得大量信息,有助于他们逻辑地、辩证地和系统地思考问题,提高分析、判断和解决问题的能力。通过电子政务网络的应用,使得行政人员能够做到"运筹帷幄之中,决胜千里之外"。

(3) 有助于行政人员时间和精力的节约

电子政务节约了原来靠人脑和文件处理信息所消耗的大量时间和精力。行政人员通过电子邮件、虚拟办公等方式,可以降低信息传输的时间成本和人力成本。

(4) 有助于行政人员的全面发展

电子政务既对行政人员的知识和技能提出了更高的要求,成为公务员不断学习与培训的直接动力。同时,电子政务带来的教育方式的更新为行政人员学习现代化的管理知识,掌握与运用现代化的行政管理技术和工具提供了极大的便利。

2. **电子政府构建中政府应承担的责任**

政府在构建电子政府时所承担的责任实际上是政府责任的一个方面,二者本质上是一致的。现实政府承担的责任主要是回应和满足社会的意愿和要求,那么电子化政府的网上责任首先是指政府能够在网上积极地对社会民众的需求做出回应,并采取积极的措施,公正、有效地实现公正的需求和利益,即实质上承担网上"公仆的责任";其次是指政府组织及其公职人员履行在"网络社会"中的职能和义务,即法律和社会所要求的义务,即实质上承担网上"社会的责任"。这可以保证公共行政行为的规范化,克服随意性,减少行政失误。网络时代在构建电子政府时政府应该承担的网上责任至少应包括以下几个方面。

1) 加强网络基础设施建设,创新发展具有民族特色的信息产品

网络信息化正以其前所未有的渗透性和外部效应冲击着人类的生产和生活方式,对传统产业更新和我国的新型工业化道路产生了巨大推动作用。政府要想建设网络化政府,抓住信息网络化的发展机遇,占据信息优势,就必须摆脱我国信息技术落后的局面,创新发展新的信息技术及信息产品,研究开发出具有民族特色的有竞争力的高科技信息产品,建设强大的

民族信息产业，这是政府在建立电子化政府过程中必须承担的首要责任。因为在政府上网过程中，网络基础设施是基础，在网上应用具有民族特色的信息产品是关键。因为如果在网络时代里，与信息相关的核心技术一直掌握在别人手里，自己的市场被别人牵着鼻子走，一旦发生危急情况，电子政府的安全就很难保障，国家将处于被动、挨打的局面。这就要求政府必须竭力发展自己的信息产品。而且由于政府上网具有特殊性，即行政性，在选择信息产品和技术时需要站在战略的高度和保证国家安全的前提下，进行全面、审慎地考察和研究。如果采用别国的信息操作系统，电子政府的安全性将无法保障，对政府、企业和公民的信息安全将构成潜在威胁。所以，必须选择具有自主和民族特色的信息产品和技术。

2）开发利用互联网上的信息资源，为公众提供更好的信息服务

政府作为国家的职能机构，掌握着大量的有价值的信息资源，承担着大量的公共管理和服务职能，是国家信息化成败的关键和继续发展的基础，有责任有义务实时发布必要的政府信息，保证信息的实效性和权威性，使企业和公众最大限度地共享政府资源。据统计，我国政府部门掌握的社会信息资源占总信息资源的80%，数据库有3 000多个，但大部分都还是"死"库，急需采取行之有效的手段让这部分"死"库复活进入市场流动，产生增值。为此政府应承担起以下责任。

（1）充分发挥IT业的技术力量，开发完善的政府信息化平台

网上政府最重要的管理服务职能就是为社会和公众提供具有权威性、指导性和平等公平的信息资源。政府应协调IT业专家，加大政府信息化建设资金投入力度，加强互联网搜索引擎和信息过滤等技术研究和产品开发工作，提高信息的可利用性，实现信息应有的价值。

（2）组织各级政府和部门，整合政府资源

我国政府网站还处于创建阶段，除了要考虑多少信息能公开、什么信息能公开、如何制约该公开的信息必须公开等问题之外，政府还要对发布的有效信息进行选择、确认和审核，以保证发布的信息既是公众最关心的和有价值的，不能涉及国家秘密，又要保证其准确性、权威性和全面性，还要保证所提供的相关信息服务是最好的和最高效的，这就要求对政府资源实施整合，从而为公众提供更好的信息服务。

（3）充分利用先进的IT技术手段，采取有效的信息管理机制

政府要做网上信息资源的"清道夫"，从网上大量的过剩信息中筛选出有用信息，过滤无用信息和剔除有害信息，并使信息资源增值，得到最有效的利用。

（4）实行信息的免费服务和有偿服务相结合的策略

对于不同的信息服务对象提供不同的服务方式，如免费提供福利性服务，对公务事务性的服务实行有偿服务，以满足公众需求。

（5）实现信息政策的法律化，抓紧制定和完善相关信息法

中国要建设法治国家，政府要依法行政，网络政府建设也不例外。把电子化政府的建设和网上民主发展纳入法制轨道，这既是民主的必然要求，又是民主的体现和保障。通过相关的信息法，政府运用行政权力在法律秩序中进行调控和干预，对网上发生的各种社会关系进行调整，真正保证公民的民主权利。当然，政府也必须守法，其网上权力、职能和行为都要受到宪法和法律的严格限制，这是法治社会的必然要求。

3) 营造促进网络经济发展的社会环境，控制网上信息环境，占领网上政治和舆论阵地

互联网的普及和发展是不可逆转的，截至 2013 年年底，中国网民规模达 6.18 亿，居世界第一，互联网普及率为 45.8%。政府根本无法回避网络大环境，互联网作为政府日常的办公工具，国家机关在网上处理日常公务，利用互联网络为公众服务不能停顿和放弃。而且，随着技术的发展，电子政府的工作只能加强，不能削弱。这一切使得我国政府必须采取必要的管理措施对互联网实施必要的监督控制。实际上，很多国家政府已先行一步了。据报道，欧盟已在互联网上及互联网以外实施新的、彻底的隐私保护；美国联邦贸易委员会惩罚不守保护信息诺言的行为；法国最近开始实行互联网检查制度，法国的一个法庭要求雅虎网站阻止法国用户获得纳粹材料。为了在网络世界中尽早抢占有利位置，很多国家都在加紧营造有利于网络经济发展的适宜环境。中国也不能例外。这就要求我国政府在思想和政治上，要坚持马克思主义在互联网络的指导地位，并积极利用网络的宣传阵地宣传马克思主义；同时还要坚持思想文化多样化，因为文化多元是一个大趋势。这两个方面都是十分关键的营造良好网络环境的要素，是我国政府必须着重解决的迫切问题。为此政府可以在各级网站设立自己的公告牌，在网上公布政府的路线、方针、政策和政令等，政府工作人员要公布他们的电子信箱及适当的联系方式，以倾听网民的心声并接受广大网民和社会公众的监督；政府工作人员在网上要及时并公开解答网民关心的热点和难点问题。这样不仅可以帮助政府改进工作、提高政府形象，还可以及时解决实际问题，回应公众需求。

党的十八届三中全会指出，面对互联网技术和应用的飞速发展，现行管理体制存在明显弊端，多头管理、职能交叉、权责不一、效率不高。同时，随着互联网媒体属性越来越强，网上媒体管理和产业管理远远跟不上形势发展变化。要坚持积极利用、科学发展、依法管理、确保安全的方针，加大依法管理网络力度，完善互联网管理领导体制。2014 年 2 月 27 日，中央网络安全和信息化领导小组成立。该领导小组将着眼国家安全和长远发展，统筹协调涉及经济、政治、文化、社会及军事等各个领域的网络安全和信息化重大问题，研究制定网络安全和信息化发展战略、宏观规划和重大政策，推动国家网络安全和信息化法治建设，不断增强安全保障能力。

4) 重视和加强与互联网相关的法律、制度等软环境建设，推动电子商务的发展

政府在建设电子化政府、推动电子商务法制化过程中的责任主要体现在以下 4 个方面。

① 政府要提供一个可预见的、公平公正的、透明的和连续性的法律环境，法律法规应该遵循技术中立、保护竞争、公平公正的原则进行制定和实施。

② 政府要提供一个电子政务参加者能够相互信任并良性运转的网上环境，这就要加强信用制度的建设，以规范各级政府的各种行为。

③ 在发展国内电子商务的同时，政府要考虑与国际标准、国际惯例、国际法规相适应相协调，即努力做到与国际接轨。

④ 在推进电子商务的过程中，政府要起带头作用，建立电子政务系统，如电子税务、电子海关、电子银行等，引导并推进企业实现电子商务。

5) 采取有效措施保证网络安全，维护社会秩序安定，确保国家安全

由于电子政府本身是程序性的虚拟管理，而且系统越复杂，程序量越大，设计上的失误就越多，加之还涉及软件编制者和管理者品行的可靠性问题，所以软件本身是十分脆弱的。

这种脆弱性导致了电子政府难以完全避免计算机犯罪、黑客攻击和病毒侵袭等风险的必然结果。而且由于电子政府只认数据不认人，网络罪犯可以像从网上银行窃取金钱一样窃取到政府权力，破坏网上管理，引起社会秩序混乱。还有来自电子政府内部的网络程序员和管理员能够更容易地修改程序和规则，他们的犯罪更难以防范。另外，计算机黑客可能攻击交通指挥灯系统、电力系统、银行和股票市场，甚至还有可能渗入军方指挥和情报系统等。上述系统一旦受袭击，对其高度依赖的社会将会遭受重创，后果将不堪设想。为此政府必须制定有效的网络安全措施。

（1）采取技术措施来防范网络侵害

政府必须采取必要的技术措施予以防范，如加强用户访问控制、采用电子认证技术进行身份识别、为敏感重要信息设置多重保护等；采用信息恢复技术，当信息被篡改和毁掉时，可自动报警和快速恢复。

（2）预防与监控相结合

主要任务是使用自动化的网络风险评估工具，对现行网络进行预防性检查，及时发现问题，并予以解决；提高系统抗攻击能力，增加黑客攻击难度；加强监控、监测，尽早发现事故苗头，及时中止事故进程，最大限度地压缩安全事故运行时间，将事故损失降到最小。

（3）采用内外有别的上网模式，以防止信息被窃

政府应当采取内外有别的上网模式，其中内网是针对政府内部的，其目的是使政府组织内能跨越部门与部门间的距离，达到沟通协调的目的。各级领导可以在网上向部门做出各项指示，指导各部门机构的工作。而外网是面对公众，目前我国各省、市、自治区外网建设的共同内容有：省市概况、所属各级政府部门的名称、职能、机构组成、办事章程及各项文件、资料、档案等的简介、行政领导的信箱等。

（4）加强网上管理，提高网络管理水平

中国信息安全最大的隐患在于管理，管理是效率的保证，良好的网上管理能降低网上电子政务的行政成本，堵塞管理漏洞，提高管理效率。

（5）以法律和制度措施为技术的补充，构筑网络安全体系

法律和制度能保证政府快速有效地处理信息反馈和提供服务，以促进政府和公众在网上的双向互动。这需要尽快创建适合网络运行的法律法规，目前主要应包括：关于信息网络规划、建设、经营和管理方面的法律法规；维护网络用户权利的法律法规；网络金融商业领域中的法律法规；维护信息网络安全，惩治计算机网络犯罪的刑事法律法规；有关计算机诉讼和计算机证据的程序性规范等。

重 要 概 念

机关　　　机关行政　　　会议　　　文书　　　档案　　　文书管理
档案管理　　后勤管理　　　信访管理　　机关管理科学化　　办公自动化　　电子政务

课堂讨论

文书和档案管理在机关行政管理中的作用和内容包括哪些方面？

思 考 题

1. 简述机关行政的特征。
2. 简述机关行政的任务和作用。
3. 简述机关行政的主要内容。
4. 机关文书管理的作用表现在哪些方面？
5. 档案在机关管理中的作用和内容包括哪些方面？
6. 简述机关管理科学化的内容。
7. 什么是电子政务，怎样认识构建电子政府中的政府责任？

微型案例

电子政务为贵州黄平财政节约780余万元

"工作得更好、花费得更少"。近年来，贵州黄平县不断加强电子政务建设，全县基本实现了文件传输电子化、内部办公网络化、文档管理数字化、会议召开视频化的"四化"，提高了办公效率，为县财政节约资金780余万元。

黄平县专门负责电子政务系统的县委机要局局长杨毅告诉笔者，推行电子政务后，只要轻点鼠标，几分钟之内便可完成文件发送和签收的全过程，不仅方便快捷，还节省了领取文件和参会人员来往乘车、就餐等成本开支。

据悉，该县2009年5月1日正式开通电子政务系统以来，全县公文处理、行政事项审批、交办事务及工作反馈、信息发布、档案管理、工作事项提醒等将均在网上进行，县、乡（镇）两级实现了网络视频开会。目前，该系统开通了460余个工作终端，520余个普通用户，13个电视电话会议会场，还"颁发"了120余枚电子印章，覆盖了该县11个乡（镇）在内的110余个单位，基本实现了文件传输电子化、内部办公网络化、文档管理数字化、会议召开视频化的"四化"目标。

截至目前，该县电子政务系统已实现发送公文、信息等14万份（条），节约纸张45万张，节约费用520余万元。此外，通过该系统召开了电视电话会议230余万次，节约会议经费260余万元。近五年共为政府节约行政开支780余万元，大大降低了行政成本，提高了办事效率。

(资料来源：新华网贵州频道：http：//www.gz.xinhuanet.com/2014－03/24/c_119919784.htm。）

案例思考题
1. 结合案例谈谈电子政务的主要作用有哪些？
2. 我国基层政府发展电子政务面临哪些问题，如何解决？

第12章

行 政 效 率

行政效率是检验行政管理效果的重要指标，是行政管理学的核心课题。行政效率的研究主要解决两大问题。第一，何为行政效率；第二，如何提高行政效率。

12.1 行政效率的概述

12.1.1 行政效率的含义与特点

1. 行政效率的含义

20世纪40年代以来，行政效率问题一直是西方理论界讨论热点，但是至今仍然没有一致的解释。相关的研究在争论中得以不断发展。西方学界就行政活动的效率问题产生了几个学派，如传统学派、行为学派、决策学派、系统学派等。各个学派对行政效率持有不同观点。例如，传统学派主张以行政组织付出的代价与取得的成果之间的比率判断行政效率；行为学派主张以行政对公众影响程度和公众受益程度判断行政效率；决策学派主张以是否选择最佳决策方案判断行政效率；系统学派主张以行政进程是否符合系统方法判断行政效率；计量学派主张把各种行政工作的消耗和效果加以量化比较判断行政效率；法律学派提出以权利、责任实现的合法程度判断行政效率，等等。

这些观点大致上可以分为两类。一类强调行政活动的"量"的要求，认为"投入-产出"是衡量效率的核心尺度，支持者如传统学派和计量学派；另一类侧重于行政活动的"质"的要求，认为行政活动要符合一定的价值标准，强调要从外部来认识和评价行政活动，行为学派、决策学派、系统学派、法律学派等属于此类。两类观点都有其合理之处，但是前者较为强调行政活动的数量关系而忽略了行政活动的价值内涵；后者强调了行政活动的外部性，偏重于从主观上来分析问题，缺乏客观标准和可操作性，因而都是不全面的。

1）国内对行政效率含义的几种不同观点

20世纪80年代我国行政效率研究在起步时就强调行政效率是"质"和"量"的统一。

所谓"质",就是行政活动必须符合人们的道德观念标准和一定的价值观念,必须产生一定社会综合效益;所谓"量",就是行政活动的耗费和收益尽可能加以量化,并体现在"投入-收益"的比率关系上。行政活动不但要追求更高的单位产出,而且要追求更高的单位"价值"产出。具体来说,"量"要体现在时间、费用、人力、程序上,"质"要体现在质量、效益上。不能把效率"当成单纯的技术问题来处理,也要考虑不可忽视、与之有紧密联系的精神因素和智能条件"。[①] 这个思路贯穿在我国十多年来的行政效率性质研究之中,成为研究的共识。

但具体到使用何种概念来体现行政效率的"质"和"量"统一,不同学者、不同时期是有不同观点的,概括起来主要有以下几种观点。

(1) 效率观

这种观点认为"行政效率"一词即可表明行政"质"和"量"的统一。行政效率就是在一定时间、空间内行政活动付出的代价与取得的成果之间的比率。此观点把人力、经费、时间看作是决定行政效率的三大要素。产出与投入、收入与支出、成果与成本之间的比率成为检验和衡量行政效率高低的最高标准。用公式表示为

$$行政效率 = \frac{产出}{投入} \times 100\%$$

这说明凡是以一定的消耗取得最大的社会效果,或在取得一定社会效果下花费最小的消耗,效率就高;反之,效率低。效率观是一种基本的效率测验标准,此观点认为判断行政效率的高低是很复杂的,不限于计量人、财、物等的投入和产出的比率,还应包括对社会效益的评估。

(2) 效益观

此观点认为"行政效率"适宜做以下的理解:效率是一个只有数量概念而没有"质"的内涵。而只有在行政活动对社会产生了有益影响时,该活动本身才是有意义的,否则,效率越高,反而更是"南辕北辙",偏离了行政的基本价值取向。所以,应该以"行政效益"替代"行政效率"。"行政效益"就是行政活动在单位时间和空间内所造成的各种有形或无形的有益社会效果与在活动过程中所消耗的人、财、物和时间总量之比。通过提倡行政效益,可以将行政活动的"质"和"量"统一起来。也有学者认为,行政效益是高于行政效率和行政效能的概念,是行政效率和行政效能的有机统一。其中行政效能是行政效益的"质"的规定性,行政效率是行政效益的"量"的规定性。只有行政效益才能将两方面的诉求统一起来,所以效率公式应修正为

$$行政效益 = \frac{有益的社会效果}{耗费} \times 100\%$$

(3) 效能观

该观点认为无论是"行政效益",还是"行政效率"都没有衡量行政活动完成行政目标(符合社会需要)的程度,只有"行政效能"才能全面显示行政活动的成效。行政效能是指

---

① 夏书章. 行政效率研究. 广州:中山大学出版社, 1996: 12-13.

国家机关和行政人员从事行政管理活动发挥功能的程度及其产生效率、效果、效益的综合体现[1]，并且，效能是高出效率和效益的概念。行政管理效能包括行政效率和行政效益两个方面，体现了行政管理目标的正确性与行政管理高效率的统一。行政管理的效率或效益的任何一方都不能代表行政效能，行政效能是效率和效益的乘积，公式表示如下。

$$行政管理效能 = 效率 \times 效益$$

（4）系统观

有的学者从行政系统论出发，认为无论是"效率"、"效能"，还是"效益"，都只是部分地而不是全面地表明行政活动的效率要求，应该在行政管理动态系统中来认识效率问题。因为行政管理过程是一个循环往复的动态系统，所以结合行政管理过程，此观点认为：行政效能只能定位于行政管理主体子系统中；行政效率只能定位于行政管理运行过程子系统中；行政效益定位于行政管理动态系统之外的输出社会直接过程。另外，也有学者从政治系统论角度出发，认为行政效率就是行政工作的输入、输出之比，是"效率、效益、效果"的统一。

2）行政效率的基本概念

结合以上观点，可以将行政效率理解为：行政效率是指政府的行政管理投入与产出之间的比率，即是国家行政机关及其工作人员在处理社会公共事务，实现行政职能和行政目标活动中所得到的结果与所消耗的人力、物力、财力、时间、信息、空间等要素之间的比率关系。简而言之，行政效率是效果与消耗之比。效果是指有形的社会效果和无形的社会效果；消耗是指人力、物力、财力和时间等综合消耗。可从两方面来把握这一定义。

第一，行政效率的高低有一定的数量比例，可以作定量分析和对比。行政效率的数量比例表现在时效上，就是能否以最短的时间实现预定的目标，还表现在人力、财力和物力的消耗上。行政效率量的要求就是力求以最少的人力、财力、物力和时间的消耗，取得尽可能大的效果。

第二，行政效率有质的规定性，可以作定性分析，它通常表现在社会效益上。行政效率应把行政结果的质量即社会效益放在第一位，在保证质量的前提下，以最少的投入取得最大的成果。因此，行政效率是指在保证政府活动目标方向正确，并给社会带来有益成果的前提下，行政活动投入的工作量与获得的行政效果之间的比率。行政效率是行政学的核心问题，也是行政管理的出发点和归宿。

2. 行政效率的特点

（1）价值性

价值性在行政效率中指的是方向、目的，脱离大方向、大目标空谈行政效率是没有任何意义的。价值性主要集中在三个领域：一个是社会价值性，一个是合法性，一个是社会价值性与合法性之间的政治价值性。

在行政管理中，效率永远不能脱离社会价值因素，成为中性的东西。因为行政投入（人力、物力、财力）虽然可以在一定程度上用金钱或时间的耗费来度量，但行政产出的价值往往无法用同样的尺度来衡量。衡量行政管理活动的成果，只能通过确定这些成果与总体行政目标的联系来完成。在具体行政活动成果与总体行政目标之间往往没有直接的同质可比性，

---

[1] 常仲智等．公共行政管理学教程．兰州：兰州大学出版社，1994：248．

只有借助社会价值判断，才能确定它们之间的联系。所以，价值性对行政效率的评估和测定有重要影响。

(2) 关联性

这是指效率与效能、效益是密切相连的。行政效能是指行政组织实现预期目的的适应性能力，是对行政组织功能的评价。行政效能的高低取决于组织结构、领导才能、决策质量、人员素质、技术装备等因素。行政效益主要是看它对社会有益影响的大小，给社会带来福利的多少。而行政效率则是关于效果与消耗，即行政产出与行政投入的关系。效率的实现以一定效能为基础，评价效率又要以对效益的肯定为前提。

(3) 客观性

行政效率所涉及的资源消耗与社会效果、社会效能是客观存在的，不因人的意志而发生变化。因而行政效率的高低是客观存在的事实，现实中对具体行政活动的行政效率产生的不同认识，主要是与效率研究者的研究能力及受到的干扰有关。

3. 行政效率在行政学研究中的历史演变

从对行政效率的研究，以及提高行政效率的措施来看，这种发展大致可划分为相互交叠的三个阶段。

(1) 内部效率

内部效率由公共行政学的古典理论和行为主义理论所提倡。其核心是将行政管理视为对行政组织的内部管理；而管理效率的获取，取决于对行政组织内部各要素的高度利用。因而行政组织要素管理的效率，就成为行政效率的关键所在。由于行政组织是由诸多要素组成的，而对究竟哪个要素管理的效率最重要，以及如何提高要素的管理效率，各个理论学派又有不同的观点。简单地说，就古典理论而言，以泰勒（Frank I. Taylor）为代表的科学管理学派认为，行政管理如同企业管理一样，都是运用一定的方法手段，将有限的资源转化为特定产品的过程。在这个过程中，关键的要素是方法和技术。方法技术对头了，就能节省人力，减少浪费，增加和提高产品的数量和质量。因而，要通过试验，从实践中不断改进管理的方法和技术，以不断地提高行政效率。

官僚制理论是古典理论时期的又一重要理论学派。该学派认为，行政效率的关键在于从事行政工作的各部门、各成员之间的协助与合作。而处理好组织内部的协作问题，其关键又在于明确机构和成员之间的权责关系。要做到这一点，就必须从行政组织设计的科学合理性着眼。德国著名社会学家韦伯（Max Weber）是最早提出这样一种合理组织体系的人。他将自己的组织体系称为"官僚制"。官僚制组织建立在理性（主要是工具理性）的基础上，其核心特点是层级制、分工制、专业化、常任制、制度主义、规范化和职业精神。官僚制组织后来被称为是西方各国文官制度和行政组织设计的理论基础。

古典行政理论的第三个主要流派是功能学派，代表人物主要有法约尔、古立克等。该学派认为行政管理是由一系列相互衔接和联系的活动环节组成。每个环节都要承担特定的职责，实现相应的功能。对不同的学者来说，这些功能可能有不同的归纳结果，如法约尔（Henri Fayol）的五项功能、古立克（Luther Gulick）的七项职能等。但是，无论功能是几项，行政效率的获得必须以各项功能的高效及它们之间的合理搭配为前提和基础。这一点是不言而喻的。因而过程学派将行政效率的中心放在学者管理各项功能的效率之中。

古典行政理论将行政效率等同于行政组织中非人要素的管理效率，明显忽视了行政活动中的人员要素。行为主义理论对此进行了全力纠正。1924—1932 年，由美国哈佛大学教授梅奥（Mayor）领导的研究小组，在对西屋电气公司霍桑工厂进行的改进工作效率的断续试验中，发现了人员心理对于工作效率的主要意义，由此掀开了行为主义革命的新篇章。行政学中的行为主义理论将行政人员置于管理活动的重心，强调通过试验和观察的方式，研究行政人员的行为规律，并施加各种刺激手段，激发他们的积极性，以不断提高行政工作的效率。

（2）整体效率

内部效率将行政效率视为其内部因素的效率。之所以如此，是因为它将整体视为部分简单之和，认为只要各个要素的管理效率提高了，整体的行政效率也就会出现。虽然行政学界对这个问题有清楚的认识，但在问题的解决方面却较少拿出切实有效的办法，而仅仅停留在观念的层次。像往常一样，经济学和企业管理学又一次为行政学提供了启发。启示的源头来自两个方面：企业创新理论和 X 效率理论。其中，企业创新理论最早于 1912 年由美籍奥地利学者熊彼特（Joseph A. Schumpeter）提出。在其《经济发展理论》一书中，熊彼特指出，在生产过程中，如果生活要素和生产条件之间的组合只维持固定的模式，生产效率就不能真正提高，经济也不能真正得到发展。要想改变这种状况，就得实行管理上的创新。所谓"创新"（Innovation），就是"建立一种新的生产函数关系"，亦即将一种从来没有过的生产要素和生产条件的"新组合"引进生产关系。

X 效率理论最早由美国经济学家哈维·莱宾斯坦于（H. Leibenstein）1966 年提出。莱宾斯坦指出，传统的微观经济学者假设企业是根据它们的生产和成本函数进行生产的。而身边的事实和欠发达国家的经验表明，厂商并非按照利润极大化、成本极小化的目标来组织生产。与理想的模型相比，现实中的企业生产明显存在着超额的单位生产成本。也就是说，现实的生产中总是发生着一定的效率损失或低效率现象。由于这种低效率的性质和原因在当时尚不明了，所以被称为"X 效率"。后来的研究表明，X 效率与多种因素相关，其中一种因素就是企业内部员工的组合。

企业创新理论和 X 效率理论给公共行政的效率理论提供的最大启示在于它们指出了整体效率来自于系统要素的组合方式。要提高行政整体效率，就必须打破旧的行政结构，进行行政要素的系统重组。近 30 年来，在新公共管理和公共选择理论的指导下，西方各国为减少政府花费、提高政府绩效而进行的以"重组"为中心的行政改革（即所谓的reconstructing, re-engineering, reinventing），试图建立"企业精神的政府"（Entrepreneurial Government 或 Businesslike Government），就是从这个角度来理解行政效率的。

（3）外部效率

外部效率有时也被称为"宏观行政效率"。内部效率和整体效率虽然有很大不同，但从总体上看还是将行政效率定位于行政系统本身。而外部效率从行政系统与经济、社会的关系着眼，关注的是行政管理活动"对谁有效率"的问题。外部效率来源于这样一个事实：就社会总资源的利用方式而言，行政管理并不总是最有效的；在社会治理的众多领域，市场或第三部门（The Third Sector 或 NGOs）往往比政府管理更加有效。因而探讨行政效率，首先应将政府与市场、第三部门进行比较，看看在特定领域究竟哪种机制最有效。

行政外部效率的概念最早来源于经济学中的"放任自由派"与"政府干预派"对政府体制与市场体制之效率高低的争论。后来，以公共选择理论为代表的新政治经济学对二者的关系进行了系统的梳理和论证。公共选择理论提出，与市场失败（Market Failure）相应，政府也存在着失败之处（Government Failure），政府与市场并不是相互对立、相互替代的关系，而是各有所长、相互补充；在公共物品的提供与生产，以及具有自然垄断性质的行业，政府比市场更有效率。因而，行政外部效率的确立关键是重新划清政府与市场有效作用的范围。只有在自己效力所及的范围内，政府活动才真正有效率；否则，不论政府自身是多么高效，政府活动就是一种浪费。近年来，随着第三部门的成长及相关理论研究的发展，人们发现，在某些领域，第三部门比政府和市场拥有更高的效率。这又进一步深化了行政外部效率的概念。

可以看到，上述三类概念是随着行政理论的发展而分别出现的。从内部效率至整体效率直至外部效率，充分反映了人们认识的基本规律——由表及里、由具体到一般。显然，内部效率是最具体、最容易感知的，而认识到整体效率就需要一定的理论抽象；至于外部效率的认识，就非通过理论上的比较和鉴别不可。因而，"内部效率-整体效率-外部效率"的依次出现，是符合认识的逻辑要求的，它体现了知识的真正进步。

当然，认识到行政外部效率的存在，并不意味着内部效率和整体效率的观念就落后了，就没有再讨论的必要。前面的分析表明，三类行政效率的概念实际上是人们在不同层次上对行政效率的分析结果；或者说是"行政效率"在不同层次上的体现。它们之间并不存在着谁替代谁的问题，而是相互补充，共同形成全面的行政效率的概念。

具体地说，三类行政效率中，行政内部效率处于行政系统的因素层次，整体效率关心的是这些因素效率的搭配和组合；而外部效率则将行政系统置于整个社会大系统中，探讨行政系统对于整个社会的贡献，三者是"要素—子系统—母系统"的关系。按照系统的原理，母系统决定着子系统，子系统决定着要素；同时，要素对于子系统、子系统对于母系统又有着主要的影响，三者之间相辅相成。所谓"行政效率"，是由行政内部效率、行政整体效率和行政外部效率有机结合而形成的一个复合概念。

12.1.2 行政效率的要素

（1）效益

行政管理活动中的效益是行政效率的基本构成要素。效益包括经济效益和社会效益。行政效率中的效益主要是指社会效益。通常效益是指实现政府管理目标的程度，或公共职责的履行程度，如环境质量变化程度、交通状况改善程度、社会福利状况的改善程度、国民受教育的状况等。社会公众的意愿是政府行政管理的出发点和归宿。行政管理必须围绕公众的需求进行，只有当公众对公共服务满意时，行政效率才是高的。行政效益具体表现在三个方面：一是行政活动的总方向和性质，即是否符合人民利益和社会发展要求，是否符合国家的基本方针政策；二是各项行政决策的质量，即是否符合科学规律和现实条件；三是各种行政工作的质量，即其结果是否符合法律的、计划的和科技的要求。这三个方面相互联系、相互影响，反映着行政活动在多大程度上保障国家安全、社会稳定、经济繁荣，在多大程度上满足人民的需要，从而构成整体效益。

（2）经济

行政效率在本质上表现为成本与效益的关系问题，其根本原则是以最少的投入取得最大的产出。这就要求行政活动应尽可能地节约人力、物力、财力，消除不必要的成本消耗，以较小的成本获取较大收益。所以，行政效率的基本要素就是在行政管理活动中要做到经济。经济要素主要是行政管理的投入量。从经济角度来讲，提高行政效率的主要途径在于减少投入，即降低行政管理费用，节约行政开支。

(3) 时间

时间是行政效率的重要要素，也是完成行政任务的基本条件。行政管理工作的完成，通常都需要一定的时间。而时间是一般人类劳动的自然尺度。一切人力、物力、财力的消耗，都是活劳动和物化劳动的消耗，在这个意义上时间是对行政投入的一种量度。主要分为两方面：一是行政工作的速度问题，这主要是指行政活动节奏的快慢，包括公共服务提供之间的时间间隔、社会公众提出要求与行政部门做出反应之间的时间间隔，以及这种频率的变化；二是时间的限制，某种具体的行政工作多久才能完成，必然有现实的时间尺度，这就是行政工作的周期。这里的时间是具体的、现实的，把时间和速度联系起来，追求速度，尽可能地缩短工作周期，是提高效率非常重要的方面。

12.2 行政效率的测定

12.2.1 行政效率测定的原则

(1) 质的标准与量的标准相结合

行政效率与一般机构的效率不同之一，是它包含质的要素。评价行政管理工作的结果，不仅要考虑它所完成的工作数量，还要注意其质量，要坚持数量与质量相统一的原则。测定行政效率，一方面要统计所完成的行政工作的数量，另一方面要对工作的质量作出评定；做到定量分析与定性分析相结合，既要为各种行政工作设定尽可能精确的工作量标准，也要为每一类行政任务设定质量标准；在可能的情况下，还要确定不同质量等级对效率指标的影响程度。

(2) 经济效益和社会效益相结合

行政效率的测定不能以净经济价值数量为中心，要确定一定的社会价值指标，评估其社会效益。行政部门与私人部门在价值取向上是有区别的，私人部门只关心利润因素，而行政部门除了关注经济因素外，更要关注政治、社会等因素；私人部门的效益可用市场价格来评估，而政府的公共产出在大多数情况下不存在市场价格，也很难真实反映其成本和收益。因此，在测定行政效率的过程中，要重视对社会效益的评估。

(3) 短期效果与长期效果相结合

行政管理活动是在广泛复杂的社会背景中进行的，有些行政活动的结果是直接的，可以立见功效；有些活动的作用是间接的，起作用的周期较长；还有一些行政工作既有直接的、短期的效果，又有间接的、长期的效果，短期效果与长期效果相互作用、相互影响，甚至相互转化。有些行政工作在短时期内可能看不到明显的社会效益，但对国家或地区的长远发展可能有重要的影响。有些行政工作虽然在短时期内可能收到明显的社会效益，但在以后的发展中可能会逐渐暴露出其消极的方面，给社会带来负面影响。因此，要较准确地评价和测定行政效果，必须坚持短期效果与长期效果相统一的原则，要充分估计工作与效果关系的种种复杂情况，尽可能地把行政工作的成果放在较大的时空范围内去考察。

（4）局部效益与全局效益相结合

在评价行政效率时，对某项行政工作的结果，既要考虑它给本地区、本行业、本部门带来的效益，又要考虑它对整个国家、社会的影响。在局部效益与全局效益不一致甚至相冲突时，应以全局效益为重来进行评价，但也不能忽视对局部利益的保护。问题的关键在于掌握恰当的分寸。有益于全局的工作损害了局部利益，应有所补偿，并且一般应以不破坏该局部的基本发展为条件，不引起群众强烈反感为限度。局部受益、全局受损的事，不符合社会主义行政活动的基本方向，必须予以否定。

12.2.2　行政效率测定的标准

1. 行政工作的质量标准

（1）行政决策的质量

行政决策的质量标准主要有方向标准和优化标准，方向标准指行政决策是否符合国家意志和人民要求；优化标准指是否选择了最优的行动方案。

（2）中间管理层的工作质量

行政机关或组织内中间管理层工作质量的主要标准有：对上级命令执行的程度，反馈下层信息的准确和及时程度，管理系统内部协调一致的程度，对所属部门工作的指挥是否正确、有效、灵活，能否及时有效地处理突发事件等。政府管理目标的实现情况，包括社会秩序的稳定、经济持续增长、收支平衡、资源配置合理、国民财富增加、物价稳定、充分就业、生活质量提高等。

（3）具体执行层的工作质量

具体执行层的工作大部分是操作性的，可以按不同岗位具体制定工作质量标准。具体执行工作的质量标准有：服务态度好坏、有无严格的工作程序标准、执行程度如何、工作成果是否符合计划要求、服务对象的满意程度等。

2. 行政工作的数量指标

（1）行政决策层的工作量

行政决策工作量主要是一定时期作出决策的数量、为各项决策提出的备选方案的数量、处理的信息量等。因为行政决策很多是非常规决策，因此工作量指标是不稳定的，而且决策工作是一种创造性活动，各项决策的风险程度和困难程度不同，许多工作成果是无形的。评估决策工作时，数字的指标难以全面准确地反映实际完成的工作量，因而是参考性的。

（2）中间管理层的工作量

管理层次的行政工作种类繁多，不同职能的中层管理部门，其工作的性质、任务、方式各不相同。测定这些部门工作量的一般指标有：所管理的下属单位数量、地理范围、人口数量、所处理的信息量、处理突发事件的数量等。对每一个具体部门，应根据实际情况测量具体的工作量指标。例如人事管理部门，包括所管人员总数，工种系列数，职务、职称等级数，一定时期内人员流动数量，录用、开除、退休人数，职务任免人数，职工培训次数和人数,各种季度、年度报表的次数和问题等指标。

（3）具体执行层的工作量

具体执行的工作可量化的指标较多。各职能部门工作性质不同,可根据不同情况设立各种反映工作量的指标。例如交通管理部门,包括所管地段总公里数,设置各种交通标志和安全设施数量,道路维修保养工作量,平均车流量,处理各类事故次数,处罚违章次数,出动巡查的车辆、人员和行程数等指标。行政工作的数量指标反映行政工作完成情况。其中有些主动性工作指标可纳入工作计划,设定检查标准；有些工作属于被动性的,工作量大小不完全取决于行政单位和人员,工作量增加不意味着效率的提高。例如处罚违章,处罚增多可能是加强管理的措施,也可能是交通管理不善的结果。这类工作量只有联系其他标准来分析才有意义,不宜设定计划标准。

3. 行政工作的时效标准

时间是行政效率的重要要素,评估行政效率必须有时效标准。这可分为两类：一是强调速度的标准,这主要是指行政活动节奏的快慢,包括公共服务提供之间的时间间隔、社会公众提出要求与行政部门做出反应之间的时间间隔,以及这种频率的变化；二是强调时限的标准。在实践中,要根据需要和条件,为每项行政工作设定速度标准和时限标准,并不断完善。

4. 行政费用指标

这是较容易量化的指标,但在行政管理中的隐性费用较难量化。通常有两种基本尺度：一是衡量人力消耗的尺度,即劳动时间尺度,以工作日或工作小时来计算；二是衡量物力和财务消耗的尺度,以货币来计算。使用这两种指标来衡量行政费用时,需注意两点：一是简单劳动与复杂劳动创造的价值不同,计量人力支出时,应对不同知识水平、能力水平的人员加以区别；二是物质资源不能完全按市场价格来计量,应区别计划物资和非计划物资、供应充足物资和短缺物资。每一项行政费用都要做到"可以量化的量化,不能量化的等级化"。

12.2.3 行政效率的测定方法

行政效率的测定,主要是对行政产出和行政投入及它们之间比率的测定。这其中都包含许多有形的因素和无形的因素。所以,行政效率有的可以直接测定,有的则必须间接测定,有的还必须综合测定。

1. 直接测定方法

第一类测定法称为直接测定方法。直接测定方法,是指通过对行政效率的有形因素进行评估,并直接运用行政效率公式测量产出与投入的方法。直接评估方法有如下三种。

（1）预期效率比较法

这是对行政效率的预期测定与评估,它适用于行政领导决策层。行政效率的高低,首先决定于行政决策质量的高低。为了确保行政决策质量,可以对各种决策方案的预期效果进行评估和比较。在设计备选方案时,由于某些无形的因素可以忽略不计,或者可以转化为有形的因素加以计算,所以各种备选方案投入和产出的指标一般都是比较确定的。把这些指标代入行政效率公式,就可比较预期效率的高低。

（2）行政费用评估法

这是以行政经费的开支和使用的合理性及其效果为依据来评估行政效率的，它适用于管理层及操作执行层。完成同一件行政工作，行政开支较少，则行政效率较高；反之，则效率较低。完成同类行政工作，在行政开支相同的情况下，完成的任务多，表明效率高；反之，则表明效率低。具体可以从以下三个方面来测定。

其一，从单位费用评估。将行政费用分解为一定的单位平均数，并以此单位费用为基准，计算出行政工作的实际费用，比较其效率的高低。

其二，从件数费用评估。通过同类行政工作中每个人员的工作量与其工资额的对比，测算每件工作的平均行政费用，并以此为基准评估和测定行政人员的工作效率。

其三，从人均费用评估。先计算本地区整体行政工作的人均费用，并以本地区的人均行政费用为基准，进一步测算各部门、各单位的人均行政费用，比较其效率的高低。在其他条件相同的情况下，人均费用多，说明效率低；反之，则效率高。

（3）时效评估法

时效是行政效率的一个重要指标，因为任何行政管理活动都是在时间流程中进行的。能否以最短的时间实现预定的目标，是衡量行政效率高低的重要尺度。减少或缩短时间实际上就是提高了行政效率。

2. 间接测定方法

第二类测定法称为间接测定方法。间接测定行政效率主要是通过对行政机关效能和效益的评定，来估量行政效率的高低。因为效能是效率的基础，而且在对机关效能的要求中，一般都含有效率要求的因素。具体的评定方法有以下三种。

（1）行政功能测评法

此法用于测评行政要素的总体效能，即测评该机关能否有效地实现行政目标，出色地完成行政任务。运用此法首先要规定每种行政功能的各项目标，定出理想标准和最低限度标准，确定不同达标情况的分数等级，并确定主要目标和次要目标的权数（反映各种目标重要程度的数值）。然后，根据行政运行实况，对每种功能的各项目标分别评定分数，最后以该功能的总分反映其效能高低。

（2）行政要素评分法

在行政管理中有各种要素起作用，不同要素对工作成败和效率高低有不同影响。通过分析管理活动中各主要要素的情况，可间接评定行政效率。还可能通过分析找出影响工作成败和效率高低的主要因素，按其作用的方向和强弱，确定等级分数标准和最高标准分。评定时，根据实况按标准评分，以各项因素得分总和评估行政机关效能和行政效率。实际得分与最高标准分比较，可反映该机关的该项行政活动在管理方面的先进与落后程度。

（3）标准比较法

此法是对特定行政活动的效果进行评定，看其是否和在多大程度上符合标准，反映的是行政活动的效益。衡量行政效果的标准，或是公认的，或是经专家研究由有关部门规定的，都反映了社会和人民对行政活动的要求。这些标准的设定，也要分等级确定分数，并确定一般标准分。凡达到或越过标准分的为效益优良，低于标准分的为效益差。把行政效益的得分与行政费用情况加以比较，便可对其效率作出评定。

除直接测定和间接测定外，还有一种综合测定方法。在现实的行政活动中，多数行政工作都不是单一的，而是综合的。因此，测定行政效率，除了进行直接测定和间接测定外，还必须对行政效率的各组合因素进行综合测定。这种测定方法可分为两个步骤：首先对行政效率各组合因素分别进行测定评分；再进行加权综合评分，所得总分的高低便表示行政效率的高低。

12.3 提高行政效率的途径

12.3.1 影响行政效率的主要因素

1. 行政环境因素

行政环境因素主要包括一国的政治、经济发展状况、行政管理体系的结构和功能、地理环境形态等内容。国家的政治安定，政治生活的民主化、法制化，是行政活动正常进行的基本条件，也是实现高效率行政管理的大前提。国家经济发展状况是提高行政效率的物质基础。行政管理体系的结构和功能要与经济发展的类型及水平相适应。行政管理体系是否适应经济发展的要求，极大地影响着行政活动的效率。党风、政风、社会风气及公民整体效率意识是影响行政效率的社会心理条件。地理环境形态及与此相关的交通、邮政也是影响行政效率的重要因素。

2. 行政组织因素

在行政组织中，发挥整体力量对提高行政效率是至关重要的，因而整体组合必须遵循"整体最优"原则。结构因素对行政效率的影响有三种情况：一是结构层次的划分是否明确，也就是决策、执行、监督三个层次是否各司其职；二是机构设置是否合理，也就是能否根据职能目标合理设置机构；三是人员的年龄、知识、能力结构是否优化。如果这三方面的结构失调，就会造成职责不清、机构臃肿、功能失调、争权夺利、推诿责任等现象。因此，应当以政府的总体目标为依据，遵循"精简、统一、效能"的原则，合理设置和调整政府的内在机构。目前，我国绝大多数地区已对政府机构设置进行了改革，形成小机构、大服务的体制，较好地解决了机构臃肿、人浮于事等问题，使行政效率明显提高。

行政机关组织结构方面的因素，对行政效率有重大影响。组织因素，即行政体制，是行政活动展开的基础，主要有三方面内容。

（1）行政机构的设置

行政机构的设置、结构、编制和活动原则是否适应社会经济发展的需要，对行政效率有直接影响。功能是否齐全，是否适应社会经济发展的客观要求。简单地说，就是是否事事都有人管，机构是否精简，有没有重设臃肿的情况；权责是否分明，权责划分和组合是否合理；管理的层次和幅度是否适当。

（2）行政职位的设置

行政机构内部各种职位设置由机关的功能、地位和职责范围等因素决定。行政职位的数量应根据实现机关功能的需要，按照科学、高效的原则，经过法律程序确定下来。因人设事、滥设虚职、兼职会造成人浮于事的现象，还会模糊权责界限，增加扯皮、推诿之类的内耗，影响行政机关的效率。

(3) 行政管理各环节的协调

有效的行政组织一方面要合理划分内部活动的各环节，使之专业化、程序化，各司其职，各尽其责；另一方面又必须联结各环节的活动，形成协调的工作关系。行政组织的各部门、行政活动的各环节是否完善，是否尽职，能否很好地协调一致，关系到能否顺利实现总体目标和最大限度地减少内耗，提高效率。

3. 行政人员因素

行政人员是行政管理活动的主体，任何行政管理都要通过行政人员的活动来实现。因此，人员因素对行政效率有直接影响。人员因素可分以下三个方面。

(1) 行政领导者素质

行政领导者在行政活动中居于主导地位，其政治思想、道德品质、决策能力、指挥能力、用人能力等对行政效率有重大影响。

(2) 一般行政工作人员素质

一般行政工作人员是大量行政业务工作的完成者，其政治思想、工作态度、效率观念、业务知识和技能等方面的素质直接影响着行政效率的高低。

(3) 人事管理工作质量

有了高素质的行政人员，还必须有科学有效的人事管理。合理使用行政人员，发挥其专长，调动其工作积极性，才能人尽其才，提高行政效率。

4. 科学技术因素

在现代化的行政管理中，能否大幅度提高效率，在很大程度上取决于能否把现代科学技术有效地运用于管理。

① 运用科学的管理技术可大幅度提高管理效率，如运用科学的决策技术方法，可提高决策水平，更加迅速、准确地选出最佳方案。

② 运用以电子计算机为中心的信息处理技术，逐步实现办公自动化，可以大大提高管理效率。

③ 一般办公设备和其他行政活动技术装备的更新和改进，也对提高工作效率有积极作用。

12.3.2 我国行政效率的现状及存在的问题分析

(1) 行政管理理念落后

首先，重管理、轻服务的思想会阻碍行政效率的提高。传统观念认为政府部门的职责就是管理，行政活动重在管理，服务意识淡薄。基于这种观念，一些政府部门在从事行政管理活动的过程中，以管理者而不是服务者的身份出现，将主动权放在自己手中，办不办事、什么时候办事、以怎样的方式办事，都由政府部门来规定，这样就严重影响了行政效率的提高。

其次，传统观念认为政府是全能的。在传统体制下，政府被视为无所不知、无所不能，扮演着一个高度集中化的资源配置角色。随着社会主义市场经济在我国的发展，这种全能型政府的观念会使政府管理事务的精力过于分散，政府部门对于企业和社会的很多事务都要进行干预，对于该下放的权力不愿下放，对不该管的还想继续管理，管了很多不该管、管不了也管不好的事情，行政效率因此受到极大的影响。

再次，传统观念重视微观管理，轻视宏观调控。由于存在计划经济的固有思维方式，对于深化改革中出现的新情况、新问题认识不够，使得思想观念相对滞后，特别是强调行政管理就是审批，将主要精力放在设置各种行政审批环节上，重视微观管理，轻视宏观调控，难以提高行政效率，也不能适应社会主义市场经济发展的要求。

这些传统观念的产生是由多种原因引起的：第一，我国是个有"官本位"传统的国家，官本位的思想在一些领导者的头脑中根深蒂固，难以将行政同服务联系起来；第二，改革开放以后，由于在一段时间内对政府职能的界定不是很明确，使得一些政府部门有机会私自设立管理项目，获得"寻租"的机会；第三，由于没有相应的法规作为限定，加之政府的许多职能及相关服务、相关信息具有垄断性，权力就成了某些人获得经济利益的砝码。同时，在相当长的时期内忽视了包括职业道德建设在内的精神文明建设，这些因素结合在一起导致了政府部门行政理念的滞后，影响了行政效率的提高。

(2) 组织机构设置不合理

我国行政机构中存在的机构臃肿、层次繁多的情况，是产生推诿扯皮、互相掣肘、手续繁杂等问题的主要原因。组织机构不合理主要体现在：一是机构重叠，这是产生权责界限不明确的主要原因；二是行政机构设置与社会主义市场经济体制不相适应，机构设置没有配合政府职能的转化，使得有些旧机构仍然庞大，有些新问题又没有相应的机构处理；三是管理层次过多，行政审批手续繁琐；四是各部门、各层次之间的沟通协调机制不完善，影响了行政效率的提高。

(3) 人事管理制度不够完善

我国现行人事管理制度在选人、用人、培养人、激励人几个环节上都有一定的缺陷，这是造成行政效率低下的重要原因。行政人员分类制度不完善，管理方法较单一，统得太死，缺乏合理流动，使得某些人不能人尽其才，大才小用或小才大用；考核任用制度不健全，也会使某些真正有觉悟、有能力的人得不到重用；奖惩制度不健全，造成"干多干少、干好干坏一个样"，从而影响广大行政人员的积极性。

(4) 缺乏有效的行政监督

行政监督是否有力也是影响行政效率的一个重要因素。强有力的行政监督体系会保证行政管理活动有序进行，使得行政效率较快提高。我国的行政监督体系庞大，在世界上来说还没有任何国家能够比拟，它不仅具有政府外部的人大监督、司法监督和社会监督，而且政府内部还有各种监督，使得国家行政机关及其工作人员的行政活动要受到来自上下左右各方面的监督。但是行政机关中出现的各种不正之风和腐败现象说明，尽管行政监督体系庞大，但是监督的力度还不够大，行政监督的作用没有能够充分发挥，具体表现如下。

首先，作为国家权力机关的人民代表大会的监督作用不能充分体现。根据宪法规定，各级人民代表大会是我国的权力机关，从理论上讲，权力机关对行政的监督同其他形式的行政监督相比最具有权威性，最具有强制性和法律的约束性。但是在我国现阶段，人大的监督还不得力，对于政府的监督在很多方面难以收到很好的效果。权力机关对行政机关的监督，目前还停留在事后汇报、开会期间质询等方式上，显然这是不够的，对行政机关的工作未能产生强有力的全面监督的作用。

其次，广大群众和舆论的监督作用没有得到充分发挥。在现实行政活动中，由于一些机制不健全，人民群众的监督受到制约，甚至有些行政机关对人民群众的监督进行打击报复，从而直接影响到监督的效果。现实生活中各类媒体舆论的作用和影响在不断扩大，起到越来越重要的作用，但是在行政管理监督中的影响力却是有限的。

第三，各民主党派的监督作用还很有限。在我国的行政监督体系中，由于各民主党派的监督不具有国家权力的性质，因此他们对国家行政机关及其工作人员的监督不具有法律的约束力，从而使行政监督的效力降低。

第四，各级行政机关的自我监督体系不够健全。在我国政府内部拥有一个由多种监督形式组成的监督体系，各类监督形式相互密切配合就能够充分发挥整个监督体系的优势。但是在现实中，各类监督形式却不能充分发挥其监督作用。上级行政机关对下级行政机关往往鞭长莫及，无法实现有力的监督；专门行政监督机关对本级政府的领导成员无权进行监督，对同级各职能部门的监督导致监督机构之间产生摩擦与内耗。同时，各种监督形式由于缺乏明确的职权分工，往往会造成多头监督或监督出现真空，使行政机关内部自我监督体系难以发挥整体的优势作用。

造成上述行政监督不力的主要原因如下。

首先，监督制度构件科学性、配套性差的缺陷，造成许多问题无法可依或有法不依。由于监督制度本身缺乏权威性、预见性和可操作性，一些制度因脱离实际而无法遵守，损害了自身的严肃性。有的制度没有形成相互关联的系统，在执行中存在漏洞，使得操作起来难以把握。还有一些监督制度只有不允许的规定，没有处罚原则，使得监督制度失去应有的效力。

其次，我国的行政监督主体缺少必要的法制保障和权威性，难以有力控制和约束监督对象的行为。由于监督权与执行权不均衡的缺陷，使监督权受制于执行权，制约权力弱于被制约权力。监督机构缺乏应有的权威和独立性，各种监督制约在多种情况下取决于领导者个人素质的高低，这样就难以实现行政监督对行政权力的有效制衡。

最后，行政监督法律不健全，我国目前缺乏有效和可操作性强的行政监督法，导致行政监督不能得到有效的法律支持和保障。

(5) 党政的不正之风尚待根本扭转

目前，国家机关存在着形形色色的不正之风，特别是近年来逐渐引起人们重视的行业不正之风，严重影响了国家机关的效能和行政效率。如果党风、政风不正，官僚主义、以权谋私、贪污腐化、徇情枉法等腐败现象滋生蔓延，就会严重影响广大行政人员的积极性，影响国家机关内部组织的健康，不仅行政效率无法提高，还会危及整个社会主义政治制度。

(6) 部分行政人员道德不正、作风不纯

在我国的行政活动中，也有不少低效率并不是由于种种客观原因造成的，而是直接由于行政人员道德不正、作风不纯的结果。他们往往在道德上信奉极端利己主义，在作风上讲求官僚主义，丢掉我们党和国家关于全心全意为人民服务的行政宗旨，把职位、权力当成谋取私利的途径和手段。在他们的眼里，效率并不是行政本身所要追求的目标，而是满足私利的筹码。有许多低效率正是由于没有满足当事人的欲望而故意造成的，使得一些本来手续已齐全、表格很清楚、一切都符合要求就差盖公章的报告，出于不是通过某种私人关系，或"少请一餐"、"少给礼品"，手续就变得不齐全、表格就变得不清楚，一切都得重来，让你烦个够、急个没商量。凡此种种，不一而足，都是由于当事人的私欲没满足故意刁难造成的低效率。

12.3.3 提高行政效率的途径

1. 更新观念

要提高行政效率，首先要解决思想观念的问题。随着传统计划经济体制向社会主义市场经济体制的转变，人们的价值观念、思维方式、行为准则等都发生了变化。在这种背景下，观念的更新尤为重要。

首先，要树立全局观念。必须从小生产者的私有观念、本位主义和旧的习惯势力中解脱出来，这样行政工作就能自觉地服从大局需要，减少推诿扯皮，提高工作效率。

其次，树立人才观念。行政部门是政府的组成部门，又是人才群集的执行机构，要切实树立"尊重知识、尊重人才"的人才观。只有在选才、用才上有了新的观念，才能把干部选得准、用得当，所起用者才有积极性、主动性，工作起来才会高效率。

再次，树立时间观念。现代的竞争实质上是时间的竞争。人们越来越强调"四维"空间，越来越感到时间就是财富。行政部门的工作人员必须把时间作为行政管理的坐标，处处珍惜时间，事事讲究实效。如果不这样，就不能适应新形势下社会生活的需要，就不能适应行政管理快节奏的需要。能否善于利用时间，已经成为衡量行政干部聪明才智的重要标志。

要提高效率，首先必须打破旧的习惯，树立新的效率观念。要通过宣传和教育使人们认识到提高行政效率的重要性，使得人人重视效率，事事讲究效率，让提高行政效率的观念在行政机关乃至整个社会蔚然成风。

2. 推进机构改革，建立合理的行政管理体制

行政组织机构的合理化，是提高行政效率的基本保证。行政管理是一个不间断的流动过程，并且流程的长与短，直接关系到效率的高与低。十分明显，这个流程的长短，也就是说效率的高低，不仅与机关作风有关，而且也与机构设置有关。推进机构改革，需要进行以下几方面的工作。

(1) 确定正确的目标

当前，要根据经济体制改革的要求，参照以往机构改革的经验和教训，全盘考虑行政管理机构的总体布局，对机构设置作彻底根本性的变革，该精简的就精简，该合并的就合并，该加强的就加强，该合署办公的就合署办公，该另设的还要要另设，一切从实际出发，一切从科学出发。

(2) 确定编制的依据

机构的设置和精简，不仅要有理论根据，而且要有法律来加以保障。机构设置哪些，精简哪些，一定要持慎重态度。现在有些部门在机构设置、精简方面有随意性和盲目性，理论根据不足，科学根据不足，法律依据不足，今天撤了，明天又恢复，给工作带来很多危害。要使机构设置有依据，就必须要有科学化的要求，要有法律观念，逐步将行政管理学的研究成果化为编制立法的实证，并上升到理性思维来认识，以制定合理的方案，进行周密的考证，稳妥地付诸实施。

(3) 确定合理的比例

不能认为政府机构撤一撤、合一合、并一并就高枕无忧了，从国内外一些研究成果看，行

政部门的设置应包括执行系统、监督系统、反馈系统和参谋咨询系统。这四个系统都是直接为决策中心服务的，但是彼此之间应有一定的比例关系。我国现行机构中执行机构过于庞大，监督、反馈、咨询系统比较薄弱，因而直接影响行政管理效率的提高。要使机构设置达到合理和科学的要求，就必须使上述几个系统保持适当的比例。就当前看，应当精简执行系统，加强监督反馈、咨询系统，特别是要加强对政府工作人员的监察。

3. 贯彻依法行政的原则，使行政管理制度化、法律化

依法行政是保证行政畅通，提高行政效率的基本前提。国家行政机关应以完备的立法形式、准确的执法手段和有效的监督机制来规范各种行为，促进效率的提高。

(1) 将行政法制建设作为实现法治的基础和手段

为了实现由人治向法治的转变，应该集中力量制定各种必要的法律和制度，一切政府机关和工作人员都必须依法行政，做到有法可依、有法必依、执法必严、违法必究。

(2) 实现机构精简

在深化行政体制改革中，要实现国家机构组织、编制、工作程序的法定化，严格控制机构膨胀，坚决裁减冗员。

(3) 建立和完善日常工作制度

各级行政机关还应按照法制和科学的原则，建立和完善适合于本机关特点的日常工作制度，如岗位责任、考核奖惩、请示报告、公文管理、工作时效等制度。这些制度的建立和有效执行，对于提高机关工作效率，杜绝人浮于事、敷衍塞责、推诿扯皮、争利避责等现象有十分重要的作用。

4. 全面提高行政领导者及工作人员的素质

提高行政人员队伍的素质是提高行政效率的基础。无论是从质的方面，还是从量的方面，行政效率的高低都与行政领导者及工作人员的素质优劣直接相关。因此，深化人事制度改革，引入竞争激励机制，完善公务员制度，建设一支高素质的、专业化的行政管理干部队伍，是提高行政效率的关键。

(1) 提高行政领导者的素质

任何行政单位，如果没有素质较高的领导者，就没有高质量的行政决策和高效能的行政组织，不可能有高效率的行政管理活动。提高领导素质，首先必须建立和健全科学的干部选拔任用制度，把思想好、能力强的人选拔到领导岗位上。对素质差、不称职的领导者，要及时撤换，改变过去实际存在的干部能上不能下的现象。担任领导工作的人要不断加强自身修养，提高政治觉悟和领导艺术。领导者要有现代化的管理观念，通晓现代行政管理的规律，善于判断形势，分析情况，作出正确决策；要善于协调与处理人与人或单位与单位之间的关系；要善于知人用人，调动下属的工作积极性；要善于控制会议，反对文牍主义，抵制"文山会海"等官僚主义现象；要善于以身作则，惜时守时，讲究效率，影响和带动整个机关提高效率。

(2) 提高一般行政工作人员的素质

主要途径是加强教育和培训，加强思想政治教育和职业道德教育，树立为人民服务的思想和忠于职守的道德准则；加强行政工作人员业务知识和专门技能的训练；合理使用人才，把具有不同能力结构的人放在与之适合的岗位上，做到人尽其才，扬长避短。

此外，还要进一步完善国家机关公务员制度，以公开考试、择优录用的办法吸收社会上

的优秀人才。

5. 正确运用激励手段，充分调动行政工作人员的积极性

活力、效率、积极性是行政管理体制改革所追求的目标。积极性指的是各级行政管理人员和广大人民群众的主动性、创造性，这是提高行政效率极为重要的问题。要在精简机构、下放权力、转变职能和行政管理方式的基础上，健全民主制度，加强法制建设，完善监督制度，保证各级行政管理人员与广大人民群众的合法权利，依法运用民主选举、民主决策、民主管理、民主监督等有效的激励手段，调动他们的积极性，共同为实现行政管理的根本目的——发展社会生产力而奋斗。

6. 大力反对官僚主义，转变机关作风

提高行政效率，除了制度上、人员素质上的因素外，还有一个改进工作作风的问题。作风是一个组织或个人长期形成的习惯性的思想态度和工作方式。机关工作作风的好坏，对行政效率有直接的影响。树立良好的工作作风，根本的一条是要反对官僚主义。官僚主义者脱离群众，脱离实际，势必说空话，不做实事，陷入"文山会海"之中不能自拔。官僚主义者高高在上，搞命令主义、瞎指挥、独断专横，听不得反面意见，势必会堵塞言路、信息不灵、情报不准，或被虚假的情报蒙骗，造成决策失误，指挥失当，工作失败。我党在长期斗争中形成的理论联系实际、密切联系群众和批评与自我批评的三大作风，是反对官僚主义，改进机关工作作风的有力武器。

7. 创造条件，逐步实现管理技术手段的现代化

管理技术和工具是提高行政效率的物质技术保证，其现代化程度的高低，直接关系到行政效率的高低。行政管理工作是一项综合性的、复杂的社会活动，涉及范围广，作用因素多，必须借助一定的技术手段才能完成。尤其是在现代社会中，政治、经济过程运输节奏加快，信息量激增，行政管理单靠经验和传统的文书、通信技术已越来越不适应形势发展的要求，而必须运用现代科学技术来加强行政管理，运用电子计算机信息系统、电子传真设备等来处理公文、传递和储存信息，实现办公自动化，提高行政工作的速度和质量。

由于行政管理的复杂性，决定了行政工作方法的多样性，为了不断提高行政效率，还应当根据实践的需要，不断地加以探索、总结，寻求提高行政效率的新途径。

重 要 概 念

行政效率　　　　内部效率　　　　整体效率　　　　外部效率
预期效率比较法　　行政费用评估法　　时效评估法　　　行政功能测评法
行政要素评分法　　标准比较法

课 堂 讨 论

试分析行政效率与现代科学技术之间的关系。

思 考 题

1. 什么是行政效率?
2. 影响行政效率的因素有哪些?
3. 谈谈你对行政效率测量标准的认识。
4. 试分析提高行政效率的途径。

微 型 案 例

南都：给政府治理绩效打分，民间可以再接再厉

由媒体联合学术机构、社会组织，给一地政府各区市和部门一年来的治理成绩进行考评，并公布名次，日前，由南都发布的广州年度榜很可能创造了全国范围内的先例。一定意义上，媒体作为第三方，承载了独立评判政府绩效的职能，所公布的数据和排名也具备较强的参考意义。因此，榜单引来各方的热议和瞩目，并不令人意外。不过，令人欣喜的是，在1月16日举办的城市公共治理体系评估机制研讨会上，来自广州市法制办的官员也表示，将在今后考虑把媒体的考评数据纳入广州市依法行政考核中。

媒体活跃而不失理性，固然非常重要，但一地政府的官员开明开放，则是实现城市善治更为重要的前提条件。以南都发布的广州年度榜单为例，所涉及的行政透明度等六大分类，以及设计的权重、指标，其核心在于借助数据化的形式更好地展现民意，从而列明政府治理中的不足项目和具体的程度。这样的民间考评，其初衷完全是从建设性的角度出发，力图实现"共治"的目标。反过来，当政府看到媒体发布的系统性的评价，则给出非常正面的反馈，这对于塑造政府与民间的信任及由此衍生出来的良性互动有着相当大的裨益。

当然，在一个利益多元、价值多元、视角多元的时代，强调一份媒体榜单的绝对科学、客观、公正是不切实际的。重要的一点在于，政府治理绩效的评价权是下放的，民间考评政府的行动也是开放的，包括南都广州年度榜单所列出的数据、信息也都是可供查询和商榷的。对于榜单发布方的南都而言，评价权并非自己独有，而是建立在科学、客观、中立的数据采集之上。甚至，从促进广州社会治理的角度出发，类似的榜单应该层出不穷，民间的考评应该在不断规范的进程中牢牢确立起自身的权威。对于政府而言，面对第三方评价，态度上的开放包容当然值得称颂，但在具体的行动上，更需要展开与民间的互动。具体而言，在民间评价政府绩效的工作中，政府必须放弃对数据的垄断，通过公布政府所掌握的大数据，一方面为包括媒体在内的第三方评价机构提供便利，另一方面也为自身的公开和透明做出更关键性的努力。时下，现实的政治结构告诉我们，发挥媒体和社会组织的政府绩效评价功能，对于推进公权力的监督，以及社会本身的成功治理，存在相对多的机会和空间。

所以，假设政府对于温和、理性、建设性的社会监督和制约相对更能够接受，那么民间的声音应该更加的精细和实际，诸如年度榜单之类的报告，也应该追求更加的精准。尤其在科学性上，继续加强与研究机构的合作显得不容置疑，对数据更加广泛的采集和更为规范的使用，将科学的力量握在自己手中，对于有效监督和评价政府行为，必然有着重要的益处。由此，在数量上，类似广州年度榜单这样的民间考评报告，可以是南都首创，但今后不该是南都唯一。而在质量上，正如学者黄石鼎和荔湾区经贸局副局长邓寿生所建议的，南都版的广州年度榜单要在科学性上进一步加强。

一言以蔽之，在民间考评政府治理绩效的合法性问题解决掉之后，如何进一步提升民间考评的科学性、公正性将成为媒体和社会机构所必须要应对的问题。

（资料来源：给政府治理绩效打分，民间可以再接再厉［EB/OL］. http://news.ifeng.com/opinion/society/detail_2014_01/18/33132140_0.shtml.）

案例思考题

结合材料，分析如何进一步发挥第三方组织在推动政府提高行政效率中的作用。

第 13 章

行政改革

行政改革是当代各国普遍关注的问题，也是行政学研究的重大课题。研究行政改革，探讨行政发展的基本趋势，对于建立适应社会主义市场经济需要的新型的行政体制，促进我国行政管理的科学化和现代化具有重要意义。

13.1　行政改革概述

13.1.1　行政改革的基本含义

关于行政改革，国内外学者经过长期的研究，形成了较为丰富的成果。

美国学者蒙哥马利认为，行政改革是一个政治过程，是指调整行政机构与社会其他要素之间的关系，或者行政机构内部的关系，改革的目标和所提出的各种弊病都随着政治情势的不同而改变[①]。这个定义强调了行政与政治的密切关系。凯顿认为，行政改革是指"克服阻力，人为地诱导行政的转变"。这个定义指明了行政改革是人的一种有目的的行为，但是过于抽象和笼统。霍普认为，"行政改革可以被定义为：为了根本改革政府官僚机构的结构和办事程序及有关人员的态度和行为而专门筹划和慎重进行的努力，旨在提高组织的效能，实现国家的发展目标……从技术和实践的观点来看，改革是对政府机器的重建。"这个定义明确提出了行政改革的目的和内容，认为行政改革包括组织结构和组织内人员态度和行为的变革。

我国学者也对行政改革作出了如下表述。黄达强、刘怡昌认为："根据我国情况，行政改革一般是指在政府行政管理范围内，为了提高行政效率，改变旧的和建立新的行政制度和

---

① 蒙哥马利.行政改革的根源.英文版.印第安纳州布鲁明斯顿：比较行政学研究组，1967：1.

方式的行政行为。"任晓则将行政改革界定为：行政改革即行政组织和行政人员的改革，是有意识地改变行政组织的结构、功能和行政人员的行为方式，增强行政效能，以适应环境变化和要求的活动。他进而认为，行政改革包括行政系统的功能再设计、结构再设计和行为再设计三个方面的内容。张国庆认为，可以从广义和狭义两个方面来界定行政改革问题。广义的行政改革包括了一切与国家公共行政权力的归属及其行使相联系的改革。就我国的情况而言，广义行政改革在范畴上接近广义的政府改革，在实施操作方法上则要求政治、经济、行政三大体制改革几乎同时启动，并以其他体制改革的顺利发展为自身顺利发展的充足条件。狭义的行政改革指狭义政府，即以国家行政机关为中心的国家公共行政系统的改革。从某种意义上说，狭义行政改革等同于狭义的政府管理体制改革。夏书章则认为，狭义的行政改革仅指政府机构改革；广义的行政改革则是指国家行政机关为适应内外环境的变化，对行政管理的诸方面因素进行的调整和变革，它包括行政责权的划分、行政职能、行政组织、人事制度、领导制度、行政方式和行政运行机制等方面的改革。张康之认为，行政改革是由政府领导的自觉地改变行政组织结构、改善行政行为方式、理顺行政关系、增强行政功能的运动。

以上定义从不同角度界定了我国行者改革的内涵，在某种程度说明了行政改革本身的复杂性。综合前述观点，我们认为：行政改革是为了适应环境的变化和行政系统内部的要求而对行政管理的组织、人员、功能、制度和观念等进行的调整、创新和发展，从而提高行政效率的活动。这一界定有四个层面的含义：一是行政改革是一种有目的、有意识的理性活动；二是行政改革是一个主动适应的过程，是为适应行政系统内外环境的变化和要求而进行的自我调整、自我适应行动；三是行政改革着眼于改变行政管理组织的结构、功能、制度和人员观念与行为方式，因此是一项系统工程；四是行政改革的目的是为了提高行政效率。

13.1.2 行政改革的原则

行政改革的原则是指贯穿于行政体制改革过程之中，具体指导改革实践的基本准则。

(1) 精简与效率的原则

我国《宪法》明确规定：一切国家机构实行精简原则。当然，精简必须与提高效率紧密结合，没有效率的精简不是行政改革原则。精简是指机构组成人员的配备要少而精，在保证行政系统运转正常的前提下，尽可能地减少机构的层次和数量，下放行政权限，缩减行政人员，使整个系统内部的功能完整，结构科学，充分发挥行政组织的作用，实现政府行政管理系统的"减量运营"。在新的历史时期，随着社会主义市场经济体制的建立，精简就具有更为鲜明的时代意义。邓小平曾经指出："精简机构是一场革命"，"当然，这不是对人的革命，而是对体制的革命"。

效率既是行政改革追求的目标之一，也是行政改革应该遵循的原则。科学的行政管理的重要标志就是建立起精简节约、运转协调、富有效率和充满活力的行政运行机制。目前，效率原则越来越受到各国政府行政管理学界的重视。许多国家已将"效率"确定为国家行政部门进行活动的重要准则，美国曾以"效率与节约运动"进行行政改革，日本把"职员的工作效率必须得到充分发挥和提高"写进《国家公务员法》。效率观念使行政管理科学化向前迈出了重要的步伐。各级政府都要树立效率观念，不断追求管理科学化的目标。

(2) 适应与整体的原则

行政管理体制是由许多要素组成的有机整体，是整个社会管理系统中的一个系统，它受社会各个方面的影响和制约。因此，行政改革必须遵循适应与整体的原则。一是行政改革必须适应国家政治、经济、文化、社会和生态五个方面发展的需要，适应政治体制和经济体制改革的要求和进程，跟上时代发展的步伐；二是行政改革必须与政治制度、经济制度发展的总进程相适应，行政改革必须从整体出发，考虑到行政系统的各个构成要素及其相互关系，追求整体改革效益。单纯靠行政改革来推进社会发展是很困难的。行政改革是否成功和有效，主要看它是否有利于发展社会主义生产力，是否有利于提高社会主义国家的综合国力，是否有利于提高人民的生活水平。

(3) 科学的原则

所谓科学的原则，是指要运用现代管理科学的理论和方法来指导行政改革，以实现政府行政管理科学化。遵循科学的原则，主要应把握以下几个问题。一是要借鉴国外行政改革的科学理论和有益的做法。国外在长期的行政管理实践中积累了许多行政改革的成功经验，创造了许多科学的理论，这是人类文明的成果，尤其是西方发达国家在发展市场经济中创立的行政改革经验，更需要研究和借鉴。当然，研究和借鉴不能脱离我国实际情况，必须与我国行政管理体制紧密结合，否则也没有实用价值。二是要对行政改革涉及的诸多因素进行科学论证，杜绝经验决策。在行政体制和机构改革方面，我国有许多经验教训，要认真总结。对行政改革涉及的诸多因素进行科学论证，得出对行政改革基本规律的正确认识，积极、稳妥地推进行政管理体制的改革。

(4) 政企分开的原则

所谓政企分开，一是指企业的资产所有权与经营管理权分开，确立政企的产权关系；二是指政企利益分开，通过税利分离，保证各自利益，使企业真正做到自主经营、自负盈亏。政府只通过计划指导和市场调节，引导企业生产经营，并通过经济杠杆发挥作用。行政管理体制改革必须贯彻政企分开这一重要原则。这个原则要求各级政府切实给国有企业特别是大中型企业松绑放权；加快市场体系的培育，把企业推向市场，建立和完善宏观调控机制；利用财政、金融、税收、物价等经济杠杆，引导企业的行为；建立和深化社会保障体系，不断增强企业的活力。可以看出，坚持政企分开的行政改革，有助于彻底转变传统行政管理体制下的政府职能，使政府把主要任务放在统筹规划、组织协调、掌握政策、提供服务和监督检查上来。

行政改革的目标应该以社会经济、政治、文化及其他方面的发展为依据。行政改革的基本目标主要是实现行政管理的科学化、法治化和现代化。行政管理科学化、行政管理法治化和行政管理现代化是一个完整的体系，是互相联系、互相促进、互为条件、互为补充的，三者结合形成行政改革的整体目标，不能任意分割。

13.1.3 行政改革的必然性

1. 行政改革是行政环境发展变化的必然要求

行政环境包括经济、政治、文化、社会、自然地理和国际环境等多方面，每一个方面都可以成为推进行政改革的重要力量。

从经济角度来说，一方面，经济体制的变化、经济政策的调整、经济发展的环境与水平等均对行政体系提出不同的要求，从而导致行政改革。政府通过行政改革，谋求建立适应经济发展的行政法规、监督制度、廉政制度、民主制度等。另一方面，在当代国际政治环境较为和平而经济竞争日益激烈的条件下，无论是发达国家，还是发展中国家，都面临着发展经济的重要任务。因此，当代各国政府纷纷进行行政改革，通过管理制度、管理政策、管理机制和管理方式的调整，促进经济的发展。同时，随着世界经济向着国际化、全球化发展，政府的综合协调和宏观调控功能势必大大加强。为此，政府必须对传统的行政职能和行政管理方式进行调整和变革，以适应国际形势发展的需要。

从政治角度来说，政治制度性质的改变，如新的政治制度代替旧的政治制度，将使整个行政管理系统发生质的变化。政治制度的性质决定着行政管理权力掌握在谁的手中，为谁服务的问题，此时行政改革表现为制度的全面重新设计与确立。在根本政治制度不变的前提下，某些具体政治制度的变动，也将影响行政管理组织的具体职能和机构的变革。最后，民主政治本身的发展也提出了行政改革的需求，如依法行政、构建有限政府与责任政府；增强政府管理活动的公开性和回应性；鼓励积极的公民参与，扩大人民群众参政议政的渠道，促进政府与社会公众之间的相互沟通、理解与信任等。

从社会因素的角度来说，一些基本的社会因素成为行政改革的背景压力，如人口的增长、家庭生活模式的改变、失业率的增加等，这些变化对国家提供或资助的服务提出了越来越多的要求，特别是卫生保健、社会保障等方面。这些变化除了使政府的政策做出调整外，也会促进政府自身的变革。此外，社会阶层的分化会引起行政管理体系功能的变化，权力再分配会带来行政管理体系权力力量、权力范围和权力领域的变化，日益增加的社会流动性要求行政管理体系具备相应的功能等。法律环境也是社会因素中的一个重要方面。法律决定了有关任务、结构、资源和行政机构的一般权力及管理它们自己职员的实践中的很多事情。市场经济是法治经济，现代社会也是法治社会，这就必然要求政府治理方式实现由人治向法治的转变。同时，技术的发展也会促进行政改革。

从国际环境的角度上来说，国家之间的交往日益密切，经济、科技上的相互依赖与竞争，文化上的相互渗透，这些都要求各国政府不仅在政策上要相互衔接，而且在职能上、组织机构上相互接轨。同时，随着生产与生活的社会性扩大到全球，各国所面临的许多问题日益国际化，如环境问题、国际反恐问题等。因此，为抵御全球化带来的风险，巩固政府的地位，必须通过行政改革，转变政府职能，重塑政府治理模式。

2. 行政改革是实现行政管理科学化和现代化的需要

行政管理的科学化和现代化是当代行政管理研究的出发点和落脚点，也是各国政府行政管理活动的基本目标。为了实现行政管理的科学化和现代化，需要行政职权的合理划分，政府职能的科学配置，组织机构的精干高效，人事制度、领导制度的不断完善，行政法规、行政制度的建立健全，行政管理方式方法等诸方面的不断改进和完善。而这一切都需要通过行政改革才得以实现。不进行行政改革，旧的行政弊端无法克服和消除，新的行政体制不可能形成和运作。因此，行政改革是促进和实现行政管理科学化及现代化的基本途径与重要手段。英国学者波利特指出："它（指行政改革）是一种达到多重目的的手段。这些目的包括：在公共支出中形成结余，改进公共服务的质量，使政府的运作更有效率，增加使选用和实施的政策变得有效的机会。"[①] 正是通过行政改革，行政管理才能逐步实现科学化、民主化和

---

① 波利特. 公共管理改革：比较分析. 夏镇平, 译, 上海：上海译文出版社, 2003：1.

现代化，才能更有效率地服务于公共利益。

13.2 行政改革的动力、阻力与对策

13.2.1 行政改革的动力

1. 政党推动

任何政治党派总是代表一定阶层的利益，但是任何一个党派要在现代政治社会中有一席之地，必须将其党派利益和人民大众利益有机地联系起来，而不是割裂。特别是实行政党竞选制国家。任何党派的党章和纲领都必须得到大多数公民的认同和拥护，才能迅速发展壮大，一步步走向执政地位。所以，现代社会不管什么党派其在执政的时候都必须代表人民的利益，都要通过改革来维护人民的利益。不进行改革的政党没有出路，就会丧失执政的地位。

我国实行的是共产党领导下的多党合作制，不同于西方国家的"多党制"。共产党是无产阶级的先锋队，它带领全国各族人民进行社会主义现代化建设。党的意志和奋斗目标，不仅写进了党章，而且通过一定形式转化为国家意志和法律。共产党本身就是一个不断前进、不断发展的政治组织，是它为我们制定了改革开放的路线、方针和政策。正是有了党的正确领导，我们的改革事业才有了根本保障。

2. 经济驱动

一个国家或地区经济发展到一定程度，必然要引发政治变革，这是不以人的意志为转移的客观规律。一方面，经济的蓬勃发展要求冲破原有的行政框束，打破陈旧的规章制度，革新落后的办事程序和方法，建立新的适应市场经济运行的行政体制。第三世界各国政府在经济发展中的巨大推动作用，不仅表现在政府对企业经营活动的直接扶持，更主要表现在政府行政改革的力度：给企业"松绑"、下放权力，是对企业最大的支持。不可否认，以理顺政企关系为主要内容的行政改革，既是经济发展的需要，又构成经济发展的强大动力。

另一方面，经济的蓬勃发展带来民众素质的普遍提高，人们由过去的单纯追求物质上的满足转变为同时追求社会地位的实现。特别是随着经济的日益发展，社会分化出不同的利益阶层，各阶层都有相对独立的集团利益，它们在国家政治生活中越来越发挥着重要的作用，构成强大的行政改革动力。难怪不少政治学者认为，改革是一场权力和利益的重新再分配。从改革这一角度看，任何新政策的出台都是不同利益阶层讨价还价、相互妥协的结果。

3. 舆论压力

行政改革既是一种政府行为，又牵涉到社会的方方面面。任何改革者在推行一项新的措施时，总要通过手中所掌握的新闻媒介作舆论宣传。这种舆论一方面有利于新措施的贯彻实施，另一方面也会构成对改革者的强大压力。因为群众一旦认识到改革的必要性，改革便难以逆转并将朝着群众认为理想的方向发展。

与此同时，任何改革都不是凭空产生的，它是一定社会思潮或社会现象相互作用的结果。正像有人所说，思想解放运动是一场大的社会变革的前奏。在思想解放运动过程中，人

们思想观念、情感、行为模式都发生了一定程度的变化，过去许多看来合理的事物现在变得不合理，需要改革。我国当前已经进入一个民主、公开、公正的时代，那种任人唯亲、个人说了算的做法必将成为过去，"公选"已经成为选拔政府官员的一项制度。

4. 专家引导

专家智囊在行政改革中发挥着积极的不可替代的推动性作用，因为他们直接为决策者服务，影响着国家的政策。专家智囊们既拥有较高的社会威望，又具有相当丰富的实践经验；既掌握着科学的理论作为改革的指导，又对改革怀抱巨大的热情和坚定的信心；既有高超的智慧，又懂得适当的技巧；这些有助于他们对行政改革的历史和现实因素作出科学合理的分析。较好地驾驭行政改革这一复杂的系统工程，正是由于他们的介入和推动，一个国家行政改革往往变得更加清晰，更加迅速、积极、有效。

13.2.2　行政改革的阻力与障碍

从动态观点来看，行政改革总是表现为各种动力因素和阻力因素相互对峙、妥协或较量的结果。两方面因素既统一又对立，其矛盾来自组织及其成员两种不同的需要和追求：稳定与变革。因为通常情况下，人们因改革可能带来一定的好处而对其持欢迎态度成为改革的动力；但是，当人们预计改革可能给自己带来不利后果时，就可能对改革持怀疑和反对态度，从而导致改革的种种阻力。行政改革的阻力，既可能来自组织内部也可能来自组织外部；既可能来自国家执掌权力的机构也可能来自社会团体和公民。从改革阻力的性质来划分，主要有如下几方面。

1. 心理障碍

行政改革在本质上是要改革人们长期形成的各种习惯、价值观念、行为方式等。列宁曾经指出，千百万人的习惯势力是最可怕的。因为人们从心理上具有追求平衡的根本倾向，改革要打破旧的观念和已经习惯了的行为模式，人们一时难以适应从而失去心理平衡，造成心理紧张和不安。由于习惯和惰性的作用，人们总是认同旧的观念、态度和行为方式，从而成为改革的阻力。

2. 认知障碍

由于知识水准和文化水平不同，人们对同一事物或现象的认识和判断往往存在明显的差异。对于是否需要改革、改革的成败和价值等的判断，不同阶层的人们有着不同的主张，这就表现为对改革是持支持态度还是持怀疑，甚至反对态度，正如对待我国改革的意识形态问题，有些人偏"左"，而有些人又偏"右"。

实践过程中，有些人之所以反对某种改革行为，是因为其不了解改革的目的和价值；或者，其对于这一改革行为的观念、价值判断存在明显的偏差。所以，任何一场社会改革的过程又是社会动员的过程。

3. 利益障碍

人们说改革实际上就是权力和利益的重新调整或再分配，这有一定的道理。因为改革虽然从长远角度来讲是为大多数人谋福利，对大多数人都有利，但短期来看必然意味着某部分人权力和利益的丧失，尽管它的获取是不公正不合理的，但也会激起既得利益者的强烈反对。具体来分析，改革的利益障碍包括两方面。

(1) 经济利益障碍

如职务的变动引起收入下降；打破"铁饭碗"，实行劳动报酬和工作绩效相挂钩；以及改革时期，由于收入分配机制不健全而导致某些人经济上蒙受损失等，都会引起对改革的冷漠、消极甚至抵制。

(2) 政治利益障碍

如机构精简、职能转变、裁减冗员、废除领导职务终身制、引进竞争机制、公开与监督等，都涉及行政权力的重新调整和分配。而这意味着某些人的政治利益，如特权、地位、荣誉、职位等在一定程度上的丧失。尽管有些人清楚地知道现状应当改革，但当改革触动其既得利益时，他宁愿维持现状。因为改革后他能否拥有目前所有的东西，生活得是否比目前更好，不确定性因素很大。而只有极少数人，如历史上一些伟大的改革家，才能牺牲自身的利益，献身于社会改革。

4. 制度与技术障碍

行政改革不仅需要政府"甩开膀子"，真抓实干地做，也需要做好"顶层设计"。行政改革进程缓慢、效果欠佳的主要原因往往就是制度技术缺失造成的。

(1) 制度缺失

行政改革的成功需要领导人的魄力与决心，但空有改革的动力却没有相应的制度安排是无法实现改革的持续进行并确保改革成果的。改革成功的关键是要保障改革的动力并消除阻力。而改革的阻力不可能完全消失，阻力会随着改革的进程而不断发生变化。当改革缺乏制度保障时，阻力可能会因领导人或领导人改革决心的变化而增强，这就会严重阻碍改革的推进，甚至使已经取得的成果得而复失。缺乏一个长效的制度保障，是阻碍行政改革的重要因素之一。

(2) 技术缺失

科学技术是行政改革的必要工具，掌握并运用先进的技术能够提高改革的效率。但在实践中很多技术还不成熟，将不成熟的技术运用到行政改革中存在着改革风险，因此行政改革中科技利用程度还不充分。并且行政改革是一项复杂的系统工程，需要运用到许多新的技术，但现有的科技水平还没能创造更有推动作用的技术，技术的缺失同样也是阻碍行政改革的客观因素。

13.2.3 克服阻力的对策

分析行政改革阻力的目的是为了有效地克服阻力，达到如下三种结果：削弱阻力、使阻力中立化、变阻力为动力。要做到这一点，需要采取一系列措施，从改革的技巧来说，主要有如下几个方面。

(1) 创造氛围，形成良好的改革环境

越是容易理解的东西越容易被人们所接受，越是被多数人所理解的东西越容易贯彻落实。因此，改革伊始要加强舆论宣传和导向，获取民众的理解、认同和支持，形成良好的氛围。改革前应做好充分的理论准备，将改革过程中可能存在的问题或挫折，事先作出估计，采取预备措施，以妨危急。改革初期采取小步骤、和风细雨式的改革，然后逐步加大改革的力度，提高人们的心理承受能力。改革过程需采用树立典型的方法，使人们体会到改革的成绩和带来的切切实实的好处，强化人们对改革的认同和支持。这样，使整个社会公众对改革产生共识，形成一种非变不可、变革图新的社会氛围。

（2）扩大公众参与

行政管理与公众利益息息相关，行政改革不可能不代表公众的利益，反映公众的意志。一项成功的行政改革，必须是以公众为导向和中心的改革，即让与改革相关的行为主体尽可能广泛地参加改革的讨论、决定和实施。心理学研究表明，人们对某件事情了解和参与的程度越高，人们便会感到自己所承担的责任，对改革的兴趣、责任和支持程度就会越高。参与本身就是一种最有效的激励方法。而且，广泛的公众参与能提高决策的科学性和可靠性，增强公众对改革的理解和执行改革的自觉性、主动性。任何忽视公众意见、一意孤行的改革方案，最终注定要失败。

（3）强制推行

行政改革是一种自上而下与自下而上力量开动的结果。自下而上的改革，需要很好地加以引导；自上而下的改革，需要在自愿的基础上辅以强制性措施。一方面，借助于群体行为规范对公众施加压力，使改革沿着既定的方向发展；另一方面，通过行政命令、行政指示、行政决定、行政法规等行政手段，以国家机器为后盾强制推行行政改革。这种办法虽然是迫不得已，但对于克服一个国家社会转型时期传统、落后势力的极力阻挠，往往是必须而且有效的。

（4）发挥权威的影响

权威一般分为政治权威和社会权威两种，前者如资历较高的行政领导，后者如在社会中有一定影响或在公众中享有崇高声誉的专家、学者、名人等。权威还包括各种社会性组织带头人、党派领袖等。权威对改革的态度及其投入程度会强烈地左右某些社会公众的行为，公众对改革的行为态度是以权威为参照的。因此，行政改革要有效地克服阻力，可以在社会中树立权威，利用权威的个人号召力、凝聚力来影响公众，从而左右整个改革的进程。

13.3 当代西方国家的行政改革

自20世纪七八十年代以来，西方国家面临财政压力、传统官僚体制的低效及对公众的回应能力降低等一系列内部问题，同时也面对着全球化、知识经济变革、公众需求的多样化等一系列外部环境的挑战，为了提升国家的竞争能力，适应技术变革要求，稳固政府的合法性，政府及公营部门自身进行了重大的改革，形成了强大的公共行政改革运动。在各国政府的行政改革中，不断地探索着新的制度与行为规则，调整政府与社会、政府与市场、政府与公民之间的关系，在行政体制、组织结构、管理制度、管理理念方面进行了一系列的改革和创新，并取得了明显的改革成果，为全球行政改革累积了丰富的经验。

13.3.1 当代西方国家行政改革的基本趋势

当代正是行政管理变革频率不断加快，新思潮、新举措大量涌现的时代。纵观世界各国的行政改革，存在不同的改革取向。西方学者彼得斯较为全面地总结了当代西方行政改革实践过程中出现的较具有代表性的新治理模式。在看到西方行政改革过程中的差异的同时，更重要的是要了解其共同的趋势，并为我国的行政改革提供借鉴。西方国家行政改革的共同趋势主要可以归纳为以下几方面。

1. 行政管理行为的绩效化取向

与传统的行政管理相比较，当代行政管理从注重过程和投入转向注重结果和产出，从规则导向转向绩效导向，从简单追求效率到更多地关心效益，围绕政府应该干什么，政府的主要作用是什么等问题，提出不少颇有新意的主张。各国行政改革越来越多地涉及对国家与社会的关系、国家的边界及作为国家机器的政府的重新思考。行政改革不仅包括了组织的变革和公务员素质的改善，而且也包括了对行政国家的重新估价，如它对公共利益和社会目标的界定；它的政策制定和公共领导能力；它调整和适应变化的形势的能力；它在一个不确定和不稳定的环境中处理问题的能力；它对公众的敏感性、反应性和责任；它对行政伦理的严格遵从；它是否最大限度地利用技术；它是否尊重公众的直接参与和控制；等等。

2. 政府职能定位的市场化取向

市场化包括两种趋势。第一种是把原由政府承担的公共事业交由市场调节，主要方式有三种：一是把公共事业承包给非政府机构，如企业、研究机构和非营利机构等；二是放松管制，允许私人企业经营以前由政府垄断经营的公共服务事业；三是非国有化，将国有企业或政府资产卖给私人经营。于是，"公"与"私"的界线变得模糊起来。在美国，大部分国家税收不是由政府征收，而是通过扣除措施由私人征收；邮政部门的管理已按公司形式重新改组；越来越多的对外援助计划包给政府以外的承包者；政府在私方营垒中大量发展按照政府合同从事公共事业的私营公司。

另一种趋势是越来越多地把私人企业的管理办法引进到政府管理中来。英国的"下一步行动"改革把大量行政事务交由从中央政府各部门中分离出去的独立机构承担，这些独立机构均是以市场竞争为基础运作的。在过去数年里，政府机构与私人企业一样，面临着信息时代的挑战。如果政府不改变官僚化组织的精神面貌，将无法适应市场需求的变化。这种行政改革认为：必须把自由市场竞争的文化带到政府部门之内，调整组织机构，分散权力与责任，让政府各机构间相互竞争，才能改进政府作为。公共部门必须和私人企业一样，以服务顾客为主，还要不断地改进和创新，强调任务并追求结果，即要以企业精神改造政府部门。市场化使得一些国家的政府行为更为接近私营机构。

但必须指出的是，政府与私人机构毕竟是不同的，政府行政与企业经营存在着质的差异。尽管有些行政事务可以用私人企业的管理方法来运作，但是行政管理有其自身的逻辑。最显而易见的一点是，任何私人企业都是利润动机所驱使的，而政府是非营利的，因此政府的政策目标不同于私人企业，也不像后者那样清晰可见。再如政府组织体系中授权也比私人部门复杂得多。

3. 政府关系内部的分权化取向

分权化已成为一个遍及世界各国的趋势，几乎所有国家的行政改革都把分权化作为一项重要内容，这种分权化改革主要采取了四种形式。

（1）行政系统纵向分权

行政改革往往引起中央政府与地方政府之间的纵向分权。中央政府与地方政府纵向分权，是中央政府将若干权力（法规制定权、财权、项目管理权、人事权等）转移到地方。为了更好地行使职能，中央政府把某些权力连同责任和资源转移到地方，赋予地方政府以更大的自主权。

（2）权力分散化

中央政府在保留责任和权力的同时，把某些职能下放到各地区和地方，也包括中央政府各部门把责任（而非权力）分散到本部门的地方机构。

（3）企业化

主要是在经济领域把某些职责转移到民间，而非政府机构和社会组织承担某些职责，动员其参与政府项目的计划、执行和评估。

（4）地区平衡化

一些国家，分权化还涉及国内各地区的平衡发展问题，把某些中央政府机构从首都迁往非都市地区，使一部分公务员转移到地方，改变国家投资过于集中的现象，使农村、内地和边远地区也能够获得发展机会。

分权化改革通常包括多种目标，如增强政府运作效能；调整内部组织结构，提高效率；使参与者更接近政策制定过程；减少中央财政的支出和负担；赋予较低的行政层级以立法自主权；改善不同层次和不同地理区域的行政单位间的沟通等。

实行分权化改革必须注意以下几点：提高地方政府官员的行政能力，以承担中央政府下放的职能；与建立新型的行政体制相结合，通过分权改革，建立起一种中央、地方和民间的合作机制，并使得发展规划和项目的计划与执行职能在中央政府与地方政府、政府与私营部门和民间团体之间进行合理、适当地分工；在赋予权力和责任的同时，还应使地方政府增加财力；分权化改革必须分阶段有序地进行，在变革过程中确保政府运作的效率和效能。

4. 服务化

把统治性行政转变为服务性行政，这是当代行政改革的又一个新趋势。从本质上说，这是因为政府也是一个服务性的"产业"，是一个以国民为顾客又关系到国家兴衰的服务性"产业"。政府的主要宗旨、任务就是为了提供服务，这已成为一种新的行政哲学，成为一种越来越普遍的共识。这就要求政府改善同服务对象之间的关系，努力便民、利民、亲民，提高公共服务的质量，在管理过程中反映使用者的要求、愿望和利益，强调公众参与。服务化趋势必然影响行政改革的方向。有的国家要求各级政府都要向公众公布具体改善服务的措施，有的国家在地方政府中设立了"说干就干科"、"减少垃圾科"、"为您服务科"等，提出了"不让市民等候"的口号，这些都是服务性行政的新发展。

5. 国际化

随着全球一体化的不断深化，一国事务的国际化趋势日益增强。20世纪的最后10年，世界进入了冷战后时期，世界进入了一个新的大变革时代，国际竞争也因而进入了一个新的阶段。国际间以科学技术为基础的综合国力竞赛日趋激烈，参与这场竞争的各国无不争先恐后，全力以赴。这场大竞赛的实质是经济竞赛，经济在国际竞争中越来越成为根本性的因素。在这个充满了挑战和机遇的国际化和经济化的时代，各国的行政改革越来越着眼于国家发展和国际竞争。行政改革的国际化，不仅体现在改革已成为十分普遍的世界性课题，而且体现在各个国家越来越关注别国的行政改革，吸收和借鉴别国经验，而各国自身的行者改革又成为别国关注和了解的对象，从而形成了世界各国行政改革互相影响、互相作用的局面。

13.3.2 当代西方国家行政改革的主要特征

(1) 坚持有计划、渐进式的行政改革，使行政改革稳步发展

西方行政改革一般都在计划中渐进实施的。英国政府为了不断地适应国际、国内政治和经济形势变化的需要，解决国内经济发展面临的困难，也一直把行政改革作为主要的战略目标。无论是哪一届新政府上台，都不约而同地对政府行政改革给予高度的重视，长期不懈地进行改革。法国自1982年实施权力下放以来已有30多年的历史，目前仍在继续推进。他们认为，这一改革还需要有一个相当长的时间才能完成。美国调整改革联邦与州的关系的方式也是比较温和的，如正在进行的还权于州的"新联邦主义"改革，从20世纪60年代末尼克松总统上台算起，已有50多年的时间，目前还在有条不紊地进行之中。

(2) 坚持依法改革，建立健全一整套的法律规范

西方国家的行政改革强调了法律依据和法律支持。英国政府在行政改革中也一直强调要有法律依据，实行"先立法后改革"的做法。美国的行政改革也都是依法进行的。美国宪法明确规定，总统和政府行政机构的权力是宪法和法律授予的，其一切改革活动必须以法律为依据，未经授权不得擅自采取任何行动。联邦政府各行政机构的设立及其经费预算、职责任务、管辖范围、人员定额等，也都必须经国会审议批准，有明确的法律依据。此外，美国宪法明确规定了联邦政府与州政府的事权划分，联邦政府主要行使国家的立法、外交、军事和财政等方面的权力，凡是应由州政府行使的权力，联邦政府不得干预。当联邦政府与州政府发生纠纷时，由最高法院依照宪法和法律裁决，联邦政府无权以行政命令的方式强制州政府做什么或不做什么。

(3) 注重政府管理内涵的改革，追求政府管理的效益

尽管西方各国行政改革的具体内容有所不同，但是在注重政府管理内涵的改革，追求行政管理的效率方面是基本一致的，普遍由过去的重行政产出、忽视服务质量，以"政府为中心"向"以顾客为中心"，追求公共服务质量转变。例如，英国每次的行政改革都特别强调用尽可能少的投入来换取尽可能多的产出，少花钱多办事。

(4) 组建精干、高效的改革工作班子，重视发挥参谋咨询机构的作用

美国克林顿政府入主白宫不久，便于1993年3月成立了"政府运行评议委员会"，该委员会由200多名高级官员和资深专家组成，负责对联邦政府的行政运作及工作效率进行考察分析，作出评估，提出改革建议。英国政府的主要行政改革措施都是内阁办公厅属下的"效率小组"、"下一步行动小组"和"市民宪章小组"来组织实施的。这些小组直接对首相的顾问负责，有关报告可以直接呈送最高层。这些精干的机构在推动英国的行政改革中发挥了重要的作用。日本的行政改革也有其健全的组织保证体系。总务厅既是日本政府行政改革的规划、推进部门，又是对各省厅的行政改革进行综合协调的机构，具有统一推进行政，综合协调各省厅机构设置、人事管理，开展行政监察等功能。总务厅的行政管理局具体主管行政改革和定员管理，并负责与各省厅官房的联系与协商，各省厅的官房主管省厅内的综合协调、行政改革和定员管理。这样从总务厅到各省厅官房，形成了具体推进、实施行政改革计划和统一管理机构编制的组织保证体系，从而有力地保证了行政改革的顺利实施。此外，各国政府在行政改革过程中普遍重视参谋咨询机构的作用，注意倾听参谋咨询机构提出的改革建议

和改革方案。这些参谋咨询机构有的隶属于行政首脑或行政部门，有的则是民间组织，具有相对的独立性。它们承担政府交给的咨询任务，为政府行政改革出谋献策，对促进政府行政管理的科学化发挥重要作用。

西方各国的行政改革既是西方特色的社会、政治、经济条件的产物，又在一定程度上凸显出当代行政改革发展的规律和趋势。它在调整政府与社会、政府与市场之间的关系，改革政府机构和管理方式，提高公共服务的效率和质量等方面取得了明显的效果，对于中国的行政改革具有一定的借鉴意义。当然，西方国家的行政改革也有其局限性。

13.4 当代中国的行政改革

13.4.1 当代中国行政改革的进程

自新中国成立以来，为适应政治、经济形势的发展变化，我国先后进行了十次大的以机构改革为主要内容的行政改革。

1. 1954 年的改革

新中国成立初期，我国成立了称谓为政务院的中央人民政府，下设政治法律、财政经济、文化教育、人民监察 4 个综合性委员会及其所局部、委、院、署、行、厅共 35 个。同时，在中央政府以下，省、直辖市以上设立华北、东北、西北、华东、东南、西南六大区域性地方人民政府。至 1953 年年底，政务院工作部门增加到 42 个。

1954 年，首届全国人民代表大会召开，制定了我国第一部社会主义宪法，并在此基础上对政务院进行较大的改革。这次改革将政务院改为国务院，撤销了 4 个综合性委员会；设立了分别协助总理处理政务的 8 个办公室；对部委进行了较大调整，设立了 24 个主管部门。调整后的国务院一共设置了 64 个工作机关。与此同时，各级地方政府比照中央政府对口设置了厅、局，形成了自上而下的以中央为主的、与计划经济相一致的部门管理体制。这是中央政府第一次较大的行政改革。这次改革奠定了我国高度集中统一的行政管理体制的基本模式。

2. 1958—1959 年的改革

随着 1955—1956 年城乡经济建设事业的发展，中央政府为了加强对整个经济建设工作的指导，推动国民经济建设各部门有计划、按比例地均衡发展，对国务院所属的财经部门的机构进行了调整。调整的结果是按行业、产品设置的经济管理部门分工越来越细，机构越来越多。至 1956 年年底，国务院有部委机构 48 个，直属机构 24 个，办公机构 8 个和 1 个秘书厅，总数达到 81 个，形成了新中国成立以来中央政府机构设置的第一个高峰。

国务院行政部门的大量增加，不仅使国务院本身机构臃肿，妨碍了行政效能的发挥和提高，而且强化了部门管理体制，加重了中央集权，影响了地方的积极性。对此，1958 年，中央开始对管理体制进行改革，把一部分计划、基建项目审批、财政、税务、劳动管理、商业、金融和教育管理等权力下放给地方政府管辖，将中央直属的大部分即 8100 多个企业、事业单位下放给地方管理，同时对国务院行政部门进行了精简调整。至 1959 年年底，国务院所属部门设部委39个，直属机构14个，办公室6个和1个秘书厅，机构总数减少到60个，形成了第二次较大的国家行政改革。这次改革是新中国成立后关于国家行政管理体制分权的第一次尝试。

3. 1965年的改革

从1961年开始，中央开始对国民经济实行"调整、巩固、充实、提高"的八字方针，认为对有限的资源实行统一领导和集中管理是恢复国民经济的唯一出路。因此，在总体指导方针上中央重新强调集中管理，将1958年以来下放的单位先后陆续收回中央管理。与此相适应，中央政府恢复和增设了机构。

至1965年年底，中央各部门直属企业、事业单位由1959年的2 400多个增加到10 500多个。国务院部委机构49个，直属机构22个，办公室7个和1个秘书厅，机构总数达到97个，形成了中央政府机构设置的第二次高峰。

粉碎"四人帮"后，从1977年开始，国务院很快恢复了部门管理体制。至1981年，国务院设部委机构52个，直属机构43个，办公机构5个，机构数高达100个工作部门，达到新中国成立以来机构设置的最高峰。

机构大量膨胀不仅使国家机构林立、职责不清、人浮于事、运转不灵，而且导致了严重官僚主义的滋长。这一切显然背离了社会主义国家行政管理的原则。对此，邓小平尖锐地指出，这个问题不解决，不仅"四化"建设没希望，而且可能亡党亡国。在这种背景下，党和政府作出了重大决策，下定决心进行下一轮的行政改革。

4. 1982年的改革

这次改革是在党和国家工作重心全面转移到社会主义现代化建设上来之后首次进行的行政改革。这一阶段，我国的改革首先在农村全面展开，并逐步转向城市。在城市，进行了以增强企业活力为中心，以打破条块分割为目的，扩大中心城市的经济管理权限的改革。与此相适应，行政体制也进行了改革，改变了农村政社合一的"人民公社"体制，实行行政权与生产经营权的分离。同时，政府机构进行了改革和精简，较大幅度地撤并了经济管理部门，加强了综合、调节、监督、法制部门，进行了后勤社会化的试点，并结合机构改革推行干部年轻化，废除了实际存在的领导职务终身制，建立了干部离退休制度。据统计，经过改革，国务院各部委、直属机构从100个减为61个；省、自治区、直辖市政府工作部门从50～60个减为30～40个，县政府部门从40多个减为25个左右。在人员编制方面，国务院各部门从原来的5万多人减为3万多人；省、自治区、直辖市党政机关人员从18万人减为12万多人；市县机关工作人员比原来约减20%。领导班子平均年龄由58岁降到54岁。这一阶段的改革为经济体制的全面改革铺平了道路，为此后的行政改革积累了经验，奠定了基础。但由于这次改革是在经济体制改革尚未全面展开的情况下进行的，因而未能从根本上解决机构林立、职能重叠、人浮于事、效率低下等弊端。

5. 1988年的改革

与1982年的改革相比较，这次改革明显提出以转变政府的职能为关键，要求按照政企分开的原则，把直接管理企业的职能转移出去，把直接管钱、管物的职能放下去，把决策、咨询、调节、监督和信息等职能加强起来，使政府对企业由直接管理为主逐步转向间接管理为主。同时，对国务院机构进行了改革，强化综合部门、经济调节部门、监督部门和社会保障部门，适当弱化专业管理部门。经过这一阶段的改革，国务院部委由原来的45个减为41

个，人员编制比原来减少了9 700多人。此外，进一步改革人事制度，在各级政府机关建立国家公务员制度，实行依法管理和公开监督；人才市场作为新生事物开始自下而上地涌现；地方政府机构的改革也取得了一定的进展。这一阶段的改革为社会主义市场经济体制的确立创造了条件。当然，这场改革毕竟是按照有计划的商品经济模式要求进行的，因而改革难免带有一定的局限性，政府职能的转变未能达到预期的结果。

6. 1993年的改革

这是探索建立与市场经济体制相配套的行政体制的新阶段。1992年10月召开的党的十四大明确提出，经济体制改革的目标是建立社会主义市场经济体制，要下决心进行行政管理体制和机构的改革。按照党的十四大的要求，这一阶段的行政改革以适应社会主义市场经济发展的要求为宗旨，改革的重点在于转变职能、理顺关系、精兵简政，改革的根本途径是实现政企分开。同时以推行国家公务员制度为重点，全面推进机关、事业、企业人事制度的改革，并适应建立现代企业制度的需要，探索国有资产的管理体制。这一阶段的改革由侧重于下放权力转向制度创新，由改革旧体制转向建立新体制。当然，由于历史条件的制约和宏观环境的限制，政府行政体制存在的诸多问题仍未得到根本性的解决，机构设置与社会主义市场经济发展的矛盾仍十分突出，因此改革必须继续向广度和深度全面推进。

7. 1998年的改革

这是历次改革中力度最大、机构变化和人员调整最大的一次。根据党的十五大精神，这次改革的目标是：建立办事高效、运转协调、行为规范的行政管理体制，完善国家公务员制度，建设高素质专业化行政管理干部队伍，逐步建立适应社会主义市场经济体制的中国特色行政管理体制。

（1）改革的基本原则

① 按照发展社会主义市场经济的要求，转变政府职能，实现政企分开。把政府职能切实转变到宏观调控、社会管理和公共服务方面来，把生产经营的权力真正交给企业。

② 按照精简、统一、效能的原则，调整政府组织机构，实行精兵简政。加强宏观经济调控部门，调整和减少专业经济部门，适当调整社会服务部门，加强执法监管部门，发展社会中介组织。

③ 按照权责一致的原则，调整政府部门的职责权限，明确划分部门之间的职能分工。克服多头管理、政出多门的弊端。

④ 按照依法治国、依法行政的要求，加强行政体系的法律建设。

（2）这一阶段改革的主要内容

① 精简政府机构，首先是精简国务院组成部门。党的十五大之后，中央组织专门力量研究制定了《国务院机构改革方案》，1998年3月召开的第九届全国人民代表大会审议批准了该方案。按照该方案的要求，国务院原40个部门减少为29个，机关干部编制总数减少一半。国务院各部门定职能、定机构、定编制的"三定"方案在1998年底以前实施完成，地方各级政府机构的改革也紧接着进行。

② 调整政府与市场、政府与社会、政府与企业的关系。把市场能够做的事交给市场，政府责任的重点放在宏观调控、制定产业政策、规范市场、基础建设和提供公共服务方面，大力发展一批社会中介组织，由中介组织来提供社会服务；规范政府与国有企业的关系，政府按照投入企业资本享有所有者的权益，向企业派出稽查特派员，监督企业生产运营和盈亏

状况，并负责企业主要领导干部的考核、任免，但不干预企业的生产经营。企业则依法自主经营、自负盈亏、照章纳税，对国有资本负有保值增值的责任。

③ 调整中央和地方关系，合理划分中央与地方的管理权限，明确各自的人事权、财权和决策权。

④ 进一步完善国家公务员制度。1993年的改革，要求在机构改革的基础上推行国家公务员制度，这次改革又向前迈进了一步，明确把完善国家公务员制度，建设高素质的专业化行政管理干部队伍作为机构改革目标的重要组成部分；同时认真做好人员分流工作，通过"带职分流，定向培训，加强企业，优化结构"，全面提高公务员队伍和基层工作人员的素质。

⑤ 进行其他多项改革。这一阶段的改革明确提出了"一个确保、三个到位、五项改革"的任务，即确保国民经济的年增长率达到8%，通胀率小于3%，国有企业改革、金融体制改革、政府机构改革到位，粮食流通体制、投资融资体制、住房制度、医疗制度、财政税收制度同时进行改革。

当然，由于中国社会主义市场经济体制还处于建立和完善的过程中，这次改革仍是过渡性的。随着经济体制改革的深入和我国加入世界贸易组织的新形势发展，原有行政管理体制仍然存在一些不适应的问题，必须通过进一步的深化改革加以解决。

8. 2003年的改革

2003年3月第十届全国人民代表大会第一次会议审议通过了新一轮的国务院机构改革方案，启动了新中国成立以来的第八次行政改革。本次改革的目的在于解决行政管理体制中的一些突出矛盾和问题，为促进改革开放和现代化建设提供组织保障。改革的重点是：深化国有资产管理体制改革，完善宏观调控体系，健全金融监管体制，继续推进流通管理体制改革，加强食品安全和安全生产监管体制建设。机构改革涉及七个方面：深化国有资产管理体制改革，设立国务院国有资产监督管理委员会；健全金融监管体制，设立中国银行业监督管理委员会；推进流通管理体制改革，组建商务部；加强食品安全和安全生产监管体制建设，在国家药品监督管理局基础上组建国家食品药品监督管理局；将国家经济贸易委员会管理的国家安全生产监督管理局改为国务院直属机构；将国家计划生育委员会更名为国家人口和计划生育委员会；不再保留国家经济贸易委员会、对外贸易经济合作部。

根据国务院机构改革方案，除国务院办公厅外，国务院组成部门共设28个。国务院机构改革以后，地方各级政府机构改革在中央的统一部署下，也结合本地实际，积极探索符合各地特点的改革路子。

9. 2008年的"大部制"改革

所谓大部门体制，或叫"大部制"，就是在政府的部门设置中，将那些职能相近、业务范围趋同的事项相对集中，由一个部门统一管理，最大限度地避免政府职能交叉、政出多门、多头管理，从而提高行政效率，降低行政成本。2008年国务院机构改革涉及调整变动的机构共15个，正部级机构减少4个。具体内容如下。

① 合理配置宏观调控部门职能，形成科学权威高效的宏观调控体系。国家发展和改革委员会要减少微观管理事务和具体审批事项，集中精力抓好宏观调控，搞好国民经济综合平衡，指导推进和综合协调经济体制改革，协调解决经济运行中的重大问题，加强预测预警和信息引导，促进区域协调发展等。

② 加强能源行业管理，组建国家能源局，设立高层次的议事协调机构，即国家能源委员会，负责研究拟订国家能源发展战略，审议能源安全和能源发展中的重大问题。

③ 组建工业和信息化部，加快走新型工业化道路的步伐，对工业行业相关管理职责进行整合。

④ 组建交通运输部，加快形成综合运输体系。将交通部、中国民用航空总局的职责，建设部的指导城市客运的职责，整合划入该部。

⑤ 组建人力资源和社会保障部，完善就业和社会保障体系，将人事部、劳动和社会保障部的职责整合划入该部。国家外国专家局由人力资源和社会保障部管理。

⑥ 组建环境保护部，加大环境保护力度。

⑦ 组建住房和城乡建设部，深入推进住房制度改革，加快建立住房保障体系，加强城乡建设统筹，促进城镇化健康发展。

⑧ 国家食品药品监督管理局改由卫生部管理，理顺食品药品监管体制。明确由卫生部承担食品安全综合协调、组织查处食品安全重大事故的责任，同时将国家食品药品监督管理局改由卫生部管理，并相应对食品安全监管队伍进行整合。

总的来看，国务院这轮机构改革是在以往改革基础上的继续和深化，改革从促进经济社会又好又快发展的需要出发，着力解决一些长期存在的突出矛盾和问题，既迈出了重要的改革步伐，又保持了国务院机构相对稳定和改革的连续性，并为今后的改革奠定了坚实基础。

10. 2013 始的改革

2012年党的十八大提出要按照建立中国特色社会主义行政体制目标，深入推进政企分开、政资分开、政事分开、政社分开，建设职能科学、结构优化、廉洁高效、人民满意的服务型政府。深化行政审批制度改革，继续简政放权，推动政府职能向创造良好发展环境、提供优质公共服务、维护社会公平正义转变。稳步推进大部门制改革，健全部门职责体系。优化行政层级和行政区划设置，有条件的地方可探索省直接管理县（市）改革，深化乡镇行政体制改革。创新行政管理方式，提高政府公信力和执行力，推进政府绩效管理。严格控制机构编制，减少领导职数，降低行政成本。推进事业单位分类改革。完善体制改革协调机制，统筹规划和协调重大改革。

（1）新一轮的国务院机构改革

2013年3月5日第十二届全国人大一次会议拉开了新一轮改革的序幕，改革的焦点放在国务院职能机构调整上，全会通过了《国务院机构改革和职能转变方案》。这次国务院机构改革，重点围绕转变职能和理顺职责关系，稳步推进大部门制改革，实行铁路政企分开，整合加强卫生和计划生育、食品药品、新闻出版和广播电影电视、海洋、能源管理等机构。具体内容如下。

① 实行铁路政企分开。将铁道部拟订铁路发展规划和政策的行政职责划入交通运输部。组建国家铁路局，由交通运输部管理，承担铁道部的其他行政职责。组建中国铁路总公司，承担铁道部的企业职责，不再保留铁道部。

② 组建国家卫生和计划生育委员会。将国家人口和计划生育委员会的研究拟订人口发展战略、规划及人口政策职责划入国家发展和改革委员会。国家中医药管理局由国家卫生和计划生育委员会管理。不再保留卫生部、国家人口和计划生育委员会。

③ 组建国家食品药品监督管理总局。保留国务院食品安全委员会，具体工作由国家食

品药品监督管理总局承担。国家食品药品监督管理总局加挂国务院食品安全委员会办公室牌子。新组建的国家卫生和计划生育委员会负责食品安全风险评估和食品安全标准制定。农业部负责农产品质量安全监督管理。将商务部的生猪定点屠宰监督管理职责划入农业部。不再保留国家食品药品监督管理局和单设的国务院食品安全委员会办公室。

④组建国家新闻出版广电总局。不再保留国家广播电影电视总局、国家新闻出版总署。

⑤重新组建国家海洋局。为加强海洋事务的统筹规划和综合协调，设立高层次议事协调机构，即国家海洋委员会，负责研究制定国家海洋发展战略，统筹协调海洋重大事项。国家海洋委员会的具体工作由国家海洋局承担。为推进海上统一执法，提高执法效能，国家海洋局以中国海警局名义开展海上维权执法，接受公安部业务指导。

⑥重新组建国家能源局。不再保留国家电力监管委员会。通过这次改革，国务院正部级机构减少4个，其中组成部门减少2个，副部级机构增减相抵后数量不变。改革后，除国务院办公厅外，国务院设置组成部门25个。

（2）加快行政审批事项改革

2013年5月15日国务院决定，取消和下放一批行政审批项目共计117项。其中，取消行政审批项目71项，下放管理层级行政审批项目20项，取消评比达标表彰项目10项，取消行政事业性收费项目3项；取消或下放管理层级的机关内部事项和涉密事项13项。另有16项拟取消或下放的行政审批项目是依据有关法律设立的，国务院将依照法定程序提请全国人民代表大会常务委员会修订相关法律规定。2013年12月10日国务院决定取消和下放68项行政审批项目。2014年1月28日国务院决定再取消和下放64项行政审批项目和18个子项目。另建议取消和下放6项依据有关法律设立的行政审批项目。国务院命令各地区、各部门要抓紧做好取消和下放管理层级行政审批项目的落实和衔接工作，并切实加强事中事后监管。继续大力推进行政审批制度改革，使简政放权成为持续的改革行动。健全监督制约机制，加强对行政审批权运行的监督，不断提高政府管理科学化、规范化水平。

（3）确定新一届政府行政改革的总体方案

2013年11月9日中国共产党十八届三中全会召开，会议的主要内容就是为中国未来的改革设定总体方案，11月12日会议审议通过了《中共中央关于全面深化改革若干重大问题的决定》（以下简称《决定》）。该《决定》阐述了中国全面深化改革的重大意义，总结了中国改革开放35年来的历史性成就和宝贵经验，主要从经济、政治、文化、社会、生态文明、国防和军队六个方面提出了到2020年全面深化改革的指导思想、总体思路、主要任务和重大举措等。

《决定》中有关行政体制改革要求包括：切实转变政府职能，深化行政体制改革，创新行政管理方式，增强政府公信力和执行力，建设法治政府和服务型政府；加强中央政府宏观调控职责和能力；加强地方政府公共服务、市场监管、社会管理、环境保护等职责；推广政府购买服务，凡属事务性管理服务，原则上都要引入竞争机制，通过合同、委托等方式向社会购买；优化政府机构设置、职能配置、工作流程，完善决策权、执行权、监管权既相互制约又相互协调的行政运行机制；推行地方各级政府及其工作部门权力清单制度，依法公开权力运行流程；坚持用制度管权管事管人，让人民监督权力，让权力在阳光下运行，是把权力关进制度笼子的根本之策；必须构建决策科学、执行坚决、监督有力的权力运行体系，健全惩治和预防腐败体系，建设廉洁政治，努力实现干部清正、政府清廉、政治清明；处理好政府和市场的关系，使市场在资源配置中起决定性作用和更好地发挥政府作用。市场决定资源配置是市场经济的一般规律，健全社会主义市场经济体制必须遵循这条规律，着力解决市场体系不完善、政府干预过多和监管不到位等问题。

13.4.2 中国行政改革的主要内容

由于各国的历史、文化和社会环境及改革者的立场、目的和方法的不同，其行政改革的内容也有所不同。西方国家行政改革的着眼点是机构改革，以此来转变行政职能，适应社会环境、提高行政效率。我国行政改革的内容则要广泛得多，是由行政管理的各方面、各层次、各环节构成的全方位的系统工程，是全面的改革，其着眼点是提高政府的整体素质，实现国家发展目标。具体来说，我国行政改革主要包括以下内容。

(1) 理顺关系，建立强而有力的政府工作系统

理顺关系，就是指在行政体制改革的外部条件方面，正确处理政府和党的关系、政府与权力机关（人民代表大会）的关系；政府和企业、事业及社会团体的关系、政府和人民群众的关系等。理顺关系的目的就是为了使现行政治体制合理、协调，建立起对政府体制有良好的影响和制约的政治格局体系。首先必须实行党政分开，即党政职能分开，党对政府工作的领导是政治领导，即政治原则、政治方向、重大决策的领导和推荐领导干部，不包揽政府的具体事务。其次，在政府和企事业的关系上，政府要把经营管理权放到企事业，政府的职责是依法进行服务和监督。在政府和社会团体的关系上，要把社会团体应该办、能够办而且乐意办的事情交给社会团体去办，使政府和社会团体各司其职。

(2) 调整政府职能结构，改革政府机构

政府机构庞大臃肿、层次过多、职责不清、互相扯皮，是形成官僚主义的重要原因。因此，改革政府工作机构势在必行。机构改革的关键是转变政府职能，避免重走过去"精简—膨胀—再精简—再膨胀"的老路。发展社会主义市场经济的需要是政府机构科学配置的依据，应合并裁减专业职能部门，精简综合部门的内部专业机构，加强决策、咨询、调节、监督、信息部门。因人设事的机构必须撤销，人浮于事的部门必须裁员。

(3) 适应经济体制改革要求，转变管理方式

随着经济体制改革的深入，政府对企业由直接管理为主转变为以间接管理为主；对社会经济由微观控制为主转变为以宏观控制为主；政府机构管理经济由以行政手段为主，转变为以经济法律手段为主，辅之以必要的行政手段，使政府机构管理经济既能放活又能管住，从而逐步实行宏观控制、间接管理、加强监督、立足服务的科学化行政管理方式。

(4) 进一步下放权力，更新划分管理权限

随着政府机构设置的结构变革，行政权力结构也必然重新调整。我国长期以来已形成高度集权的行政体制，权力过分集中，领导机关管了许多不该管、管不好、管不了的事，而使基层缺乏自主权，难以调动其积极性。克服这一弊端的有效途径是下放权力，凡适宜下面办的事情都由下面决定和执行。为此，要合理进行行政建制和区域的划分，合理划分中央和地方、中央和各部门之间的权限。中央只管大政方针和进行监督，从而充分调动基层单位和实体的积极性。

(5) 简化行政管理程序，形成新的行政管理运行机制

现行行政体制责权不清、互相扯皮、程序烦琐。现代化建设要求政府必须按照精简、统一、高效能的原则，改革现行的行政运行机制，着眼于节省行政时间和人力，加快速度，保证质量，提高行政效率，明确划分权责，理顺关系，简化行政工作程序，严格责任制度，以杜绝敷衍塞责、拖拉扯皮的现象。

(6) 改革干部人事制度，建立和完善国家公务管理制度

机构改革在人员问题上要解决的，主要是调整结构，提高素质，要有计划、有组织地把一部分人员调整到需要的地方；加强政府部门和经济文化组织之间的联系，鼓励有专业知识和管理能力的人员转到企事业单位；要把人员调整和培训结合起来，更新知识、提高水平、促进干部队伍的革命化、年轻化、知识化、专业化；要逐步建立国家公务员的进、管、出制度，对国家公务人员依法实行分级、分类管理。通过改革，创造人员能合理流动、职业有选择余地的社会条件，破除论资排辈的陈腐观念，做到人尽其才，各展其长。

(7) 健全行政管理法规，巩固机构改革成果

法律约束既是巩固改革成果的保证，也是实行改革的依据。机构改革要与行政立法配套进行。要完善国家行政机关组织法，制定国家行政机关编制法、行政诉讼法，从而使国家的机构编制管理走上有法可依、违法必究的轨道。行政改革的内容还很多，国家行政机关应坚持改革的目标，按照党和国家的方针政策，从实际出发，在不同时期有不同的侧重，不能"一刀切"，以免引起混乱。

13.4.3 当代中国行政改革的价值取向

我国正处在社会大转型时期，面临着繁重的任务和复杂的矛盾。适应时代的要求，适应经济发展的要求，以高效的行政系统保证和促进经济社会发展，这是行政改革的意义。我国行政改革应当以提高行政效率、强化政府能力为首要选择，以经济的持续稳定发展为战略取向，以体制优化、制度创新为主要内容。具体来说，我国行政改革应坚持以下价值取向。

(1) 市场化取向

建立社会主义市场经济是我国行政改革的逻辑起点。现代化的行政管理是在市场经济环境下运作的管理，因此现代化的行政管理思想必须确立市场在资源配置中优位的观念。政府要通过市场实现生产要素的优化组合，实现社会资源的合理配置、资产的最大增值与经济效益的不断提高；政府不是市场竞争的主体，而只是市场规则的制定者和执行者。这就要求我国政府切实转变政府职能，置身于直接的市场竞争之外，通过行政改革，在严格规范市场主体行为的同时，严格规范政府自身行为，并在市场行为规范与政府行政行为规范之间建立起良好的互动关系。行政改革市场化包括两种趋势。第一种是把原由政府承担的公共事业交由市场调节，把公共事业转让或承包给私营机构或非政府组织；允许私人企业经营以前由政府垄断经营的公共服务事业；将国有企业或政府资产卖给私人经营。第二种是把私人企业的管理办法引进到行政管理中来。但必须指出的是，政府与私人企业毕竟是不同的，行政管理与企业经营存在着质的差异。

(2) 法治取向

依法行政是依法治国的重要内容，行政法治化俨然已成为世界各国政府改革的目标之

一。改革开放以来推行的历次行政管理体制改革，越来越强调法制化意识，使得改革的内涵从单一的以政府机构设置调整为主进一步扩展到法律法规、制度建设等相关领域。作为公民集体意志的集成和宣示，法律被视为公民权利的保障书。实行行政法治，其最基本的核心要旨就在于以法制权，即通过颁布和执行法律，使得政府行政行为相对于广大公众而言具有可预期性和合法性基础，广大公众能够通过法律来切实保障自身利益。党的十八届三中全会也强调，必须切实转变政府职能，深化行政体制改革，创新行政管理方式，增强政府公信力和执行力，建设法治政府和服务型政府。

生产力标准是衡量社会进步、检验一切工作的根本标准。树立生产力取向的行政改革观，就是要以解放和发展生产力作为全部职能管理的中心任务和核心目标，无论是行政权力的配置，还是行政体制及其行为，都要以生产力标准作为最终的衡量标准。按照生产力取向重新界定政府职能，改革政府机构，创新行政制度，改进行政管理方法，强调现代化的行政管理的生产力取向，是因为在传统行政管理思想作用下出现了生产力危机，而且忽视政府生产力问题；既然政府占有并使用的资源包括权力、物力、人力、财力等都是有限的，那么政府必须考虑成本与收益间的比较关系，从而尽可能地以较少的投入来获得较大的产出。因此，行政改革必须确立生产力取向，提高行政管理的效率。树立行政管理的生产力取向，也有利于政府从事无巨细的沉重负担中解放出来，集中力量履行好自己应当承担的职能，即解放生产力和发展生产力。

(3) 服务取向

在计划经济体制下，我国形成了以"审批"和"管制"为主导的政府管理模式，以致"行政管制"的理念在许多政府官员的头脑里根深蒂固。在政府与民众的关系上，传统行政文化强调民众对政府的服从关系，因而在管理方式上表现为以行政命令、行政指令为主，服务观念自然无从谈起。其实，政府及其公共权力产生于人民直接或间接的授权，政府与民众的关系是一种委托代理关系、一种契约关系，民众把手中的权力委托给政府，政府就要恰当地行使受托的权力，运用这种权力服务于民众。行政管理就其本质而言，不是管制而是服务，行政管理过程是一个服务过程。行政管理也就是为社会提供优质、高效的管理服务。行政管理的根本目的就是为人民服务，政府和行政官员不过是人民的公仆，政府不过是公民为使自己和社会共同利益得到有效保护而通过契约正式建立的服务性组织，其公共管理和社会服务职能显得日益重要。在管理实践中，都要以便民、利民为原则，以服务对象满意为衡量行政效率的根本标准。既然行政管理的本质是服务，那么就应该以政府服务的对象的满意程度作为评价行政效率的标准。在市场经济和全球竞争条件下，提供公共服务已成为政府部门的基本理念和主要职责。通过行政改革，政府要变传统的单纯控制取向为服务取向，要从原来扮演的"管制者"角色转变，由"政府中心"转变为"公众中心"。政府服务既包括提供有效的制度规则，建立和维护良好的公共秩序和市场秩序，提供公共信息，为企业、社会组织、个人的合法权益提供各种政策支持和法律保护。

(4) 民主取向

民主取向就是通过行政改革实现行政民主。行政民主是指政府的行政机关在制定和实施公共政策及社会管理中的民主制度、民主作风和民主意识。行政民主不仅包括行政参与，而且包括行政分权、行政咨询和行政监督等。行政民主反映了行政主体与相对人的辩证关系，从终极意义上来说，行政主体与相对人之间是一种服务关系而非统治关系；行政主体与相对人之间并非是一种单向的管理关系，而是一种双向作用的合作关系。行政改革的民主取向，要求在行政改革中注意以下内容。一是强化非强制合同。非强制性的行政方式主要包括行政合同与行政指导。无论是行政指导还是行政合同，作为行政改革的一种取向，包含着平等观念、权利观念、自由意志观念、协作观念，旨在提高相对人与行政主体的对话能力，平衡行政主体与相对人之间的权利义务关系，改变行政过程中行政主体只有权利而无义务，而相对人只承担义务而不享受权利的局面。二是扩大行政参与。随着社会公众及各种公众组织自主意识的提高，参与政府决策。目前在行政改革中，健全社会信息反馈机制，使公众意志和利益及时地体现在行政管理中建立重大决策的公众论证、提议、民意表决制度，使公众直接参与。三是推进行政授权。随着社会"自我管理、自我服务、自我教育"能力的不断提高，政府把本来由自己履行的职能和职权转移给社会，在政府与社会比较模糊的情况下，这种职能与职权的转移实际上就表现为一种行政授权。行政授权还可以体现为一种行政系统内部的民主，它主要是指在行政等级系统中，行政决策机关要赋予下级决策执行机关以更大的灵活性，或者说要给执行机关更大的主动性，这样可以提高行政效率。四是实行政务公开。政务公开既是公众了解行政程序和信息、参与行政管理的需要，也有助于把政府置于公众的监督之下，保证政府的透明和廉洁。政务公开是全球行政管理的趋势，各国把它列为行政管理的一条基本原则。

(5) 效率取向

提高行政效率是我国行政改革的基本要求。行政效率包括行政效果与行政能力两个方面。行政效果主要体现在经济效益和社会效益等方面，行政能力主要是指行政机关为社会和公众提供公共产品和服务，管理社会公共事务的能力。行政改革就是要通过提高行政能力来提高行政效率，因而无论是行政职能调整，还是行政机构改革、行政运行机制改革，都要以是否有利于提高行政效率为价值取向。提高行政能力是提高行政效率的保证，通过行政管理改革提高以下政府的行政能力。一是政策能力，即正确地制定和有效地执行公共政策的能力。我国正处在实现现代化建设的关键时期，随着改革的不断深化，社会利益关系的调整和改变，各种价值观念的丰富化、多元化等，公共政策环境也相应大大地复杂化。政府的反应和应变能力和创新能力面临前所未有的挑战。为此，需要改进政策制定系统，提高公共政策的品质。二是管理能力，即综合实施社会行政管理发展的能力，主要包括维护社会秩序的能力，实现社会公正的能力，促进社会可持续发展的能力。三是服务能力，即有效地向公众全面提供公共产品和公共服务的能力。提高我国政府公共服务能力主要集中在两个问题上：一是如何尽快开发和建设各项公共基础设施，如公共信息网络、政府数据库等，进而最大限度地公开、增值公共信息资源；二是如何尽快建立和完善政府的社会支持、社会保障、社会救援的制度和网络，直接为公民及公民团体服务。四是自控能力，即自律和自我更新能力。政府的自控能力主要是指政府依据法律和法规，对政府及其官员的行为进行有效约束的能力。

重 要 概 念

行政改革　大部制　市场化　绩效化　分权化　价值取向

课 堂 讨 论

如何理解制度创新与行政改革的关系？

思 考 题

1. 中国行政改革的内涵是什么？
2. 如何理解西方行政改革的发展趋势？
3. 中国行政改革基本价值选择的具体内容是什么？
4. 联系实际，谈谈中国行政改革的现状。

微 型 案 例

从国际经验看中国大部制改革方向

党的十八大报告提出，要稳步推进大部门制改革，健全部门职责体系。关于大部门体制，国际上有不少可资参考的经验。引发大部制改革的诸多背景因素，如市场经济和宏观调控、公民社会和民主发展、国际竞争和区域合作及管理信息化等在我国同样存在。我国政府也面临着应对危机、提高效能、协调利益、增强服务等推动行政改革深入开展的现实压力和要求。因此，大部门体制应当成为我国行政改革的重要目标取向。国外大部制改革的经验教训，值得我国借鉴。

自20世纪70年代以来，英美等发达国家率先开启了以政府部门归并与精简为特点的大部制改革。随着新公共管理浪潮的兴起，法、德等西欧发达国家、东欧及拉美等体制转轨国家，日本、新加坡等东亚国家也相继开展了各有特色的大部制改革。这些国家在大部制改革中实施了一些具有共性的基本做法，主要有：设立推动改革的专门机构和咨询机构，精心制定改革方案；撤并政府部级部门，拓展职能，建立"超级部"；合理配置部门的决策、执行和监督功能；加强大部门之间的相互协调和部门内部的整合；等等。为了保证大部制改革的顺利进行，这些国家在承接职能、精简机构、理顺体制、加强监督、立法保障、技术支撑等多个方面，根据各自国情，采取了系列配套措施。一些国家的大部制改革取得了显著成效，增强了政府的行政效率和服务能力，解决了一些突出的矛盾和问题，推动了经济社会发展，积累了宝贵的经验。

（资料来源：朱昔群．从国际经验看中国大部制改革方向［EB/OL］．http：//www.qstheory.cn/zz/ggts/201404/t20140408_337917.htm，有删节。）

案例思考题
1. 大部制改革为什么是我国行政改革的一个重要目标取向?
2. 结合材料并查阅相关资料,简要谈谈国外大部制改革对我国的经验启示。

参 考 文 献

[1] 夏书章. 行政管理学. 5版. 北京：高等教育出版社，2013.
[2] 中国行政管理学会. 新中国行政管理简史：1949—2000. 北京：人民出版社，2002.
[3] 张成福，党秀云. 公共管理学. 北京：中国人民大学出版社，2001.
[4] 张国庆. 行政管理学概论. 北京：北京大学出版社，2002.
[5] 谢庆奎. 当代中国政府与政治. 北京：高等教育出版社，2003.
[6] 竺乾威. 公共行政学. 上海：复旦大学出版社，2000.
[7] 郑志龙. 行政管理学. 北京：高等教育出版社，2011.
[8] 郭济. 中国公共行政学. 北京：中国人民大学出版社，2003.
[9] 荣仕星. 实用行政管理学. 北京：人民出版社，2004.
[10] 谢明. 公共政策导论. 北京：中国人民大学出版社，2002.
[11] 竹立家，李登祥. 国外组织理论精选. 北京：中共中央党校出版社，1997.
[12] 张金马. 政策科学导论. 北京：中国人民大学出版社，1992.
[13] 林尚立. 国内政府间关系. 杭州：浙江人民出版社，1998.
[14] 刘靖华. 政府创新. 北京：中国社会科学出版社，2002.
[15] 薛刚凌. 行政体制改革研究. 北京：北京大学出版社，2006.
[16] 朱光磊. 当代中国政府过程. 天津：天津人民出版社，2002.
[17] 刘智峰. 第七次革命：1998—2003年中国政府机构改革问题报告. 北京：中国社会科学出版社，2003.
[18] 陆士桢. 以德治国. 北京：新华出版社，2001.
[19] 邓小平. 邓小平文选：第3卷. 北京：人民出版社，1994.
[20] 朱立言. 行政领导学. 修订版. 北京：中国人民大学出版社，2011.
[21] 罗元铮，焦宝文. 电子政府导论. 北京：中国财政经济出版社，2002.
[22] 马克思，恩格斯. 马克思恩格斯全集：第1卷. 北京：人民出版社，1972.
[23] 黄达强，刘怡昌. 行政学. 北京：中国人民大学出版社，1988
[24] 金太军. 行政改革与行政发展. 南京：南京师范大学出版社，2003.
[25] 宋德福. 中国政府管理与改革. 北京：中国法制出版社，2001.
[26] 荣仕星. 论领导者责任. 北京：人民出版社，2004.
[27] 列宁. 列宁选集：第3卷. 北京：人民出版社，1995.
[28] 李乾贵. 依法行政问题研究. 北京：中国法制出版社，2002.
[29] 齐明山. 行政学导论. 北京：中国人民大学出版社，2006.
[30] 刘学华. 审计学. 上海：立信会计出版社，2005.
[31] 刘秋华. 管理学. 北京：高等教育出版社，2004.
[32] 魏娜，吴爱明. 当代中国政府与行政. 北京：中国人民大学出版社，2002

[33] 毛泽东．毛泽东选集．北京：人民出版社，1991．
[34] 纪培荣，宋世明．国家公务员制度教程新编．济南：山东大学出版社，2005．
[35] 徐颂陶．新编国家公务员制度教程．北京：中国人事出版社，1993．
[36] 邓子基．财政学．2 版．北京：高等教育出版社，2005．
[37] 陈小京，伏宁，黄福高．中国地方政府体制结构．北京：中国广播电视出版社，2001．
[38] 应松年．行政法学新论．北京：中国方正出版社，1998．
[39] 贾湛，彭剑峰．行政管理学大词典．北京：中国社会科学出版社，1989．
[40] 李善岳．中国政府管理概论．北京：中共中央党校出版社，1997．
[41] 郭宝平，余兴安．政府研究概览．太原：山西人民出版社，1992．
[42] 陈奇星．行政监督论．上海：上海人民出版社，2001．
[43] 张一弛．人力资源管理教程．北京：北京大学出版社，1999．
[44] 任爽．科举制度与公务员制度．北京：商务印书馆，2002．
[45] 毛寿龙．西方公共行政学名著提要．南昌：江西人民出版社，2006．
[46] 林新奇．中国人事管理史．北京：中国社会科学出版社，2004．
[47] 张德信．中国政府改革的方向．北京：人民出版社，2003．
[48] 陈振明．公共管理学．2 版．北京：中国人民大学出版社，2003．
[49] 郭小聪．行政管理学．3 版．北京：中国人民大学出版社，2012．
[50] 丁煌．行政管理学．2 版．北京：首都经济贸易大学出版社，2013．
[51] 张国庆．公共行政学．3 版．北京：北京大学出版社，2007．
[52] 彭和平．公共行政学．4 版．北京：中国人民大学出版社，2012．
[53] 杨寅．行政决策程序监督与责任制度．北京：中国法制出版社，2011．
[54] 麻宝斌．当代中国行政改革．北京：社会科学文献出版社，2012．
[55] 魏礼群．行政体制改革论．北京：人民出版社，2013．